Gewürzkunde

Gewürzkunde

ÜBER URSPRUNG, GESCHICHTE
UND VERWENDUNG VON GEWÜRZEN
IN ALLER WELT

Jan-Öjvind Swahn

ORBIS VERLAG

Die Originalausgabe ist unter dem Titel "Boken om kryddor. Historien om kryddornas ursprung, bruk & egenskaper" bei AB Nordbok, Göteborg, Schweden erschienen.

CHEFREDAKTEUR: Ingela Bruce
REDAKTEUR: Siri Reuterstrand
GRAPHIK: Munir Lotia
ILLUSTRATION: Ulf Söderqvist
BERATER: Ingvar Nordin
ÜBERSETZUNG AUS DEM SCHWEDISCHEN:
Alexander & Christiane Pankow

Nordbok bedankt sich besonders bei András Bánovits (Universitätsbibliothek, Göteborg) und Ingrid Skoglund (Botanische Bibliothek, Göteborg) für ihre Fachbeiträge zu diesem Buch.

Inhalt

Vorwort

Die Idee, ein allseitiges Gewürzbuch zu schreiben, hatten sowohl der vielseitige Sachbuchautor Jan-Öjvind Swahn als auch der Verlag. Nach mehreren Jahren gemeinsamer Arbeit ist diese Reise in die Gewürzgeschichte aus aller Welt noch interessanter und lehrreicher geworden, als wir uns jemals gedacht hatten. Als Ergebnis liegt nun eine Kulturgeschichte der Gewürze vor, die mit botanischen Angaben, nützlichen Ratschlägen und unterhaltenden Geschichten über die wohl wertvollsten Gewächse unserer Erde angereichert wurde.

Nach einem einleitenden Kapitel werden die einzelnen Gewürze nach ihren Ursprungsländern in vier übergreifenden Kapiteln vorgestellt. Die wichtigsten Gewürze werden in einem eigenen Kapitel beschrieben, das durch eine zusammenfassende Übersicht mit dem entsprechenden botanischen Namen und ihren Bezeichnungen in vier weiteren Sprachen ergänzt wird. Hier wird auch erklärt, welche Teile der Pflanze als Gewürz verwendet werden, aus welchem Teil der Welt die Pflanze stammt und in welchen Ländern sie angebaut

wird. Es sind nur die Länder aufgenommen worden, die sowohl die Gewürze anbauen als auch exportieren. Dazu wurde eine Karte über alle Gewürzproduzenten der Welt zusammengestellt (S. 8 -9). Wir haben uns bemüht, eine gute Auswahl über Wachstumsbedingungen und Verwendung von Gewürzen zusammenzustellen, ohne daß von uns Vollständigkeit angestrebt wurde, weil der Phantasie des Würzens keine Grenzen gesetzt sind.

Die wichtigsten Gewürzfamilien werden am Ende des Buches übersichtlich zusammengefaßt (S. 202 - 203). Unsere Klassifizierung folgt der Systematisierung von Carl Skottsberg.

Die schönen detailreichen Farbtafeln stammen aus botanischen Büchern von Sammlungen aus der Göteborger Botanischen Bibliothek und der privaten Sammlung von Bibliotheksrat Nils Sandberg.

Wir hoffen, daß der Leser das Thema so appetitanregend empfindet und dabei so viele neue Anregungen bekommt wie wir während unserer Arbeit an der GEWÜRZKUNDE.

Gewürzproduzierende Länder der Erde

Die Karte vermittelt einen Überblick über die wichtigsten gewürzproduzierenden und exportierenden Länder der Erde. Vielerorts gibt es Gewürzanbau in kleinerem Maßstab und zum Eigenverbrauch, was hier jedoch nicht berücksichtigt wird.

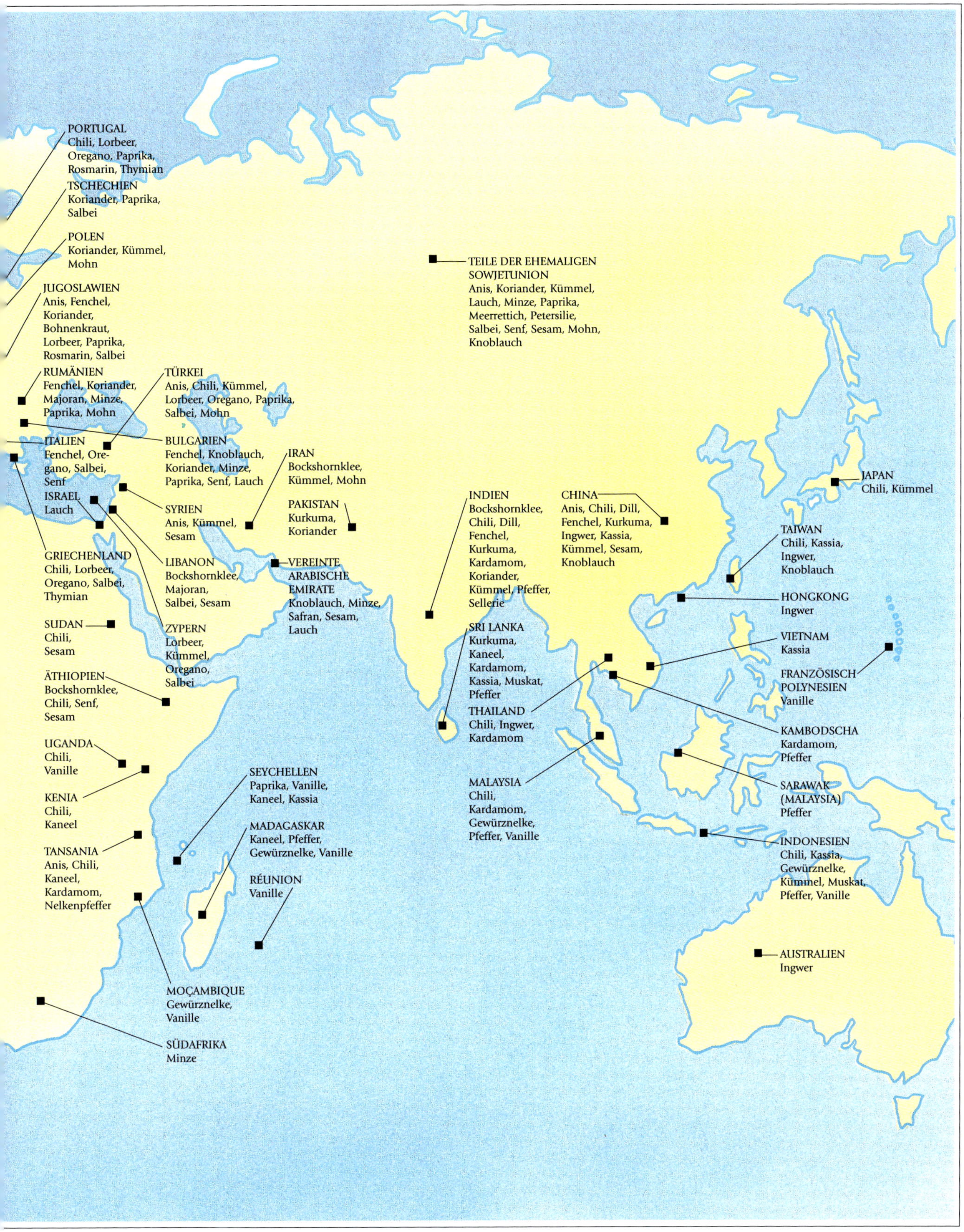
PORTUGAL
Chili, Lorbeer, Oregano, Paprika, Rosmarin, Thymian
TSCHECHIEN
Koriander, Paprika, Salbei
POLEN
Koriander, Kümmel, Mohn
JUGOSLAWIEN
Anis, Fenchel, Koriander, Bohnenkraut, Lorbeer, Paprika, Rosmarin, Salbei
RUMÄNIEN
Fenchel, Koriander, Majoran, Minze, Paprika, Mohn
TÜRKEI
Anis, Chili, Kümmel, Lorbeer, Oregano, Paprika, Salbei, Mohn
ITALIEN
Fenchel, Oregano, Salbei, Senf
BULGARIEN
Fenchel, Knoblauch, Koriander, Minze, Paprika, Senf, Lauch
IRAN
Bockshornklee, Kümmel, Mohn
ISRAEL
Lauch
SYRIEN
Anis, Kümmel, Sesam
PAKISTAN
Kurkuma, Koriander
GRIECHENLAND
Chili, Lorbeer, Oregano, Salbei, Thymian
LIBANON
Bockshornklee, Majoran, Salbei, Sesam
VEREINTE ARABISCHE EMIRATE
Knoblauch, Minze, Safran, Sesam, Lauch
SUDAN
Chili, Sesam
ZYPERN
Lorbeer, Kümmel, Oregano, Salbei
ÄTHIOPIEN
Bockshornklee, Chili, Senf, Sesam
UGANDA
Chili, Vanille
KENIA
Chili, Kaneel
TANSANIA
Anis, Chili, Kaneel, Kardamom, Nelkenpfeffer
SEYCHELLEN
Paprika, Vanille, Kaneel, Kassia
MADAGASKAR
Kaneel, Pfeffer, Gewürznelke, Vanille
RÉUNION
Vanille
MOÇAMBIQUE
Gewürznelke, Vanille
SÜDAFRIKA
Minze
TEILE DER EHEMALIGEN SOWJETUNION
Anis, Koriander, Kümmel, Lauch, Minze, Paprika, Meerrettich, Petersilie, Salbei, Senf, Sesam, Mohn, Knoblauch
INDIEN
Bockshornklee, Chili, Dill, Fenchel, Kurkuma, Kardamom, Koriander, Kümmel, Pfeffer, Sellerie
SRI LANKA
Kurkuma, Kaneel, Kardamom, Kassia, Muskat, Pfeffer
THAILAND
Chili, Ingwer, Kardamom
MALAYSIA
Chili, Kardamom, Gewürznelke, Pfeffer, Vanille
CHINA
Anis, Chili, Dill, Fenchel, Kurkuma, Ingwer, Kassia, Kümmel, Sesam, Knoblauch
JAPAN
Chili, Kümmel
TAIWAN
Chili, Kassia, Ingwer, Knoblauch
HONGKONG
Ingwer
VIETNAM
Kassia
FRANZÖSISCH POLYNESIEN
Vanille
KAMBODSCHA
Kardamom, Pfeffer
SARAWAK (MALAYSIA)
Pfeffer
INDONESIEN
Chili, Kassia, Gewürznelke, Kümmel, Muskat, Pfeffer, Vanille
AUSTRALIEN
Ingwer

Gewürzgeschichte in einer Nußschale

Gewürze gehören nicht nur in unseren Alltag, sie gehören auch zu den festlichen Augenblicken des Lebens, wenn wir einem kulinarischen Leckerbissen den letzten Touch verleihen, während die Gäste bereits andächtig auf das Gericht warten. Es gibt kaum einen Tag, an dem unsere Finger und unser Gaumen nicht in Kontakt mit allerlei Gewürzen kommen, die aus entlegenen Teilen der Welt in unsere Küche gelangen. Jedes Gewürz hat seine eigene Geschichte, sowohl in der Natur als auch in der Kulturgeschichte. Das vorliegende Buch will diese beiden Aspekte mit einem dritten, dem gastronomischen, vereinen.

Was sind Gewürze?

Die Frage kann unnötig erscheinen - wer weiß nicht, was Gewürze sind - sie bedarf aber vielleicht doch einiger Erläuterungen. Daß Pfeffer und Kardamom dazu gehören, weiß wohl jeder, aber wie ist es z.B. mit Soja, Zwiebel oder Tomatenpuree? Und wo liegt eigentlich die Grenze zwischen Gewürzen und Konservierungsmitteln? Salz und Zucker können ja sowohl das eine als auch das andere sein. Es gibt auch viele Berührungspunkte zwischen Gewürzen auf der einen Seite und Medikamenten und Drogen auf der anderen. Fing der Mensch an, Gewürznelken dem Essen beizufügen, weil es so besser schmeckte, oder weil sie - wie Ingwer und Kardamom - den Ruf hatten, sexuelle Lust entfesseln zu können? Außerdem dürfen wir die Gewürze nicht vergessen, die in vielen

Eine britische Zollstation. Der Handel mit Gewürzen war in vieler Hinsicht gewinnbringend, nicht zuletzt für den Staat.

Gewürzdüfte lassen uns an exotische Orte denken: Ein Gewürzhändler in Madras, Südindien.

unserer Getränke enthalten sind: Hopfen im Bier, Wacholder im Gin und Genever und Wermut in Vermutweinen.

Anfänge der Kultur - Anfänge des Würzens

Seit wieviel Jahrtausenden die Menschheit Gewürze benutzt hat, können wir nicht einmal ungefähr sagen, sicher ist jedoch, daß das Würzen der Nahrung genauso alt ist wie die Kochkunst selbst. Diese steht ihrerseits mit der vielleicht größten Entdeckung aller Zeiten im Zusammenhang, dem domestizierten Feuer. Es war das gezähmte Feuer, das es dem Menschen ermöglichte - im Unterschied zur Tierwelt - seine Nahrung zu garen, anstatt sie nur roh zu verzehren. Damit geschah die höchstwahrscheinlich wichtigste Kulturrevolution der Menschheitsgeschichte. Genau genommen begann die menschliche Kultur mit dem Zubereiten der Nahrung, weil das gekochte bzw. gebratene Fleisch bedeutend einfacher zu verzehren war als das rohe, und dadurch erhielt der Mensch mehr Zeit für anderes als nur zum Kauen - z.B. zum Nachdenken und zur Verwirklichung neuer Ideen.

Weder aus unserer eigenen Geschichte noch von den heutigen sogenannten "primitiven" Völkern sind solche bekannt, die überhaupt kein Wissen über Gewürze besaßen. Gewürze können also mit Sicherheit zu den frühesten Bestandteilen der menschlichen Kultur gerechnet werden.

Gewürze sind jedoch leicht vergänglich. Die archäologischen Funde, die zur Geschichte der Gewürze beitragen, sind unbedeutend. Man weiß aber auch, daß viele Völker in vorhistorischer Zeit den verstorbenen Geliebten und Nächsten im Jenseits ein angenehmes Dasein sichern wollten, indem man in ihre Grabstätten u.a. Tongefäße mit Gewürzen beilegte. Anhand von ausgetrockneten Essen- und Getränkeresten konnte somit festgestellt werden, daß es die Europäer des Bronzezeitalters vor ungefähr 3500 Jahren wohl verstanden, ihr Bier mit denselben bitteren Kräutern zu würzen, die ihre Nachkommen noch lange Zeit nach ihnen benutzen.

Die alten Ägypter verwendeten enorme Mengen von Gewürzen, und nicht nur zum Zubereiten von Gerichten. Zum Einbalsamieren wurden Gewürze kiloweise benutzt.

Schon die alten Ägypter...

Zum erstenmal traten Gewürze massiv im alten Ägypten in Erscheinung. Das Volk der Pharaonen war ein großer Gewürzkonsument, und nicht nur im Diesseits, sondern auch im Jenseits als Mumie. Eine Mumie stellt nichts anderes dar als eine besonders gut gewürzte Leiche, wozu kiloweise Kümmel, Anis und Majoran benutzt wurden.

Die Ägypter wußten übrigens Gewürze noch auf eine ganz andere Art zu verwenden, als es heute bei uns üblich ist. Die ägyptische Oberschicht verbrannte in ihren Feuerschalen Zimtstäbchen, um damit den Gestank des Pöbels zu überdecken. Die königlichen Konkubinen rieben ihre Körper sowohl mit Ingwer als auch mit Zimt ein, um bei ihren Herren und Königen noch begehrenswerter zu erscheinen, was für den heutigen Geschmack vielleicht etwas übertrieben klingt. Damals war es jedoch nichts Besonderes.

Auch die damalige Apotheke war größtenteils ein Vorratsraum für verschiedene Gewürze, weil man ja den meisten Gewürzen auch pharmazeutische Eigenschaften zuschrieb; es war daher selbstverständlich, daß die ägyptische Zivilisation einen gut organisierten Gewürzhandel brauchte, um funktionieren zu können. Bereits einige Jahrtausende vor unserer Zeitrechnung fing man an, gewaltige Mengen von Gewürzen auf Meereswegen nach Westen zu transportieren, u.a. Kardamom und Pfeffer. Dies war der Beginn des Ost-West-Handels, dessen spätere Auswirkungen sowohl für die ökonomische als auch auf die kulturelle Entwicklung bedeutend wurden.

Monarchentreffen wegen Gewürzkrieg?

Ungefähr im Jahre 950 v.Chr. empfing Salomo, der König von Israel, hohen Besuch in Jerusalem. Es war die Königin von Saba, die ihm die Ehre erwies - an der Spitze einer Karawane von Kamelen, mit Gold und Spezereien schwer beladen, alles zu Ehren ihres jüdischen Amtskollegen. In der Bibel wird darüber ausführlich berichtet, wie sie von Salomos Palast und dem dortigen Reichtum beeindruckt war; liest man jedoch in den Büchern der Könige und in den Chroniken zwischen den Zeilen, muß man den Eindruck bekommen, sie wäre dort nicht nur zu einem Freundschaftsbesuch angereist. Es steht geschrieben, "als sie zu Salomo kam, redete sie mit ihm über alles, was sie sich vorgenommen hatte, und der König gab ihr Antwort auf alles, was sie fragte, und es blieb Salomo nichts verborgen, was er ihr nicht hatte sagen können". Worüber genau sie sprachen, erfährt man jedoch nicht. Es wäre aber nicht schwer anzunehmen, daß es sich um Fragen der Handelspolitik handelte. Salomo hatte nämlich gemeinsam mit König Hiram von Tyrus eine Handelsflotte ausgerüstet, die in Elath am Roten Meer stationiert war. Mit prachtvollen Schiffen aus libanesischem Zedernholz betrieben die königlichen Geschäftspartner einen Schiffsverkehr nach Ophir, dem legendären Ursprungsland der Gewürze, um den Abgaben an Zwischenhändler zu entkommen. Wo das dubiose Land Ophir liegen mochte, kann heute niemand beantworten - vielleicht in Indien, Ostafrika oder Oman? Wie auch immer, am meisten fühlten sich von diesem Unternehmen sicherlich die Zwischenhändler des Sabäerreiches betroffen, das im heutigen Jemen im Süden der arabischen Halbinsel lag. Die phönikische Handelsflotte bedrohte nun den sabäischen Transithandel durch Karawanen, weswegen ihre Herrscherin natürlich einen guten Grund hatte, mit König Salomo "über alles zu reden, was sie sich vorgenommen hatte", u.a. über seine künftigen Pläne in der Reedereibranche. Das Seeunternehmen der Israeliten war aber allem Anschein nach nur von kurzer Dauer und konnte niemals die Stellung sabäischer Händler in Gefahr bringen. Wem es gelang, war stattdessen ein Kapitän um die Zeit von Christi Geburt, der die Monsunwinde für den regelmäßigen Schiffsverkehr in Richtung Osten und Westen ausnutzte. Dadurch wurden Gewürze am Land der Sabäer vorbei transportiert, womit ihre große Zeit als Handelsmacht auch vorbei war. Es entstanden nach und nach andere semitische Handelszentren, die mit dem Gewürzhandel fortsetzten und mit reichen Gewinnen die Feinschmecker des Römischen Reiches mit heiß ersehnten Waren versorgten.

Wie würzten die Römer die Flamingozungen?

Will man Gerichte z.B. nach dem Kochbuch des römischen Feinschmeckers namens Apicius zubereiten, braucht man einen guten Gewürzvorrat - in Apicius' Küche wurden nämlich ca. sechzig verschiedene Gewürzarten regelmäßig benutzt. Viele davon kennen wir heute auch, auf einen Teil dagegen sollte man eher verzichten. Eines der beliebtesten Aromen hieß bei den Römern *garum*, das mit der heute bekannten Worchestersauce zu vergleichen wäre, das aber aus Fischinnereien und Hefe hergestellt war. Das Rezept zum Zubereiten von Flamingos - wo die Zunge geschmacksmäßig als der feinste Teil galt und zu derselben Geschmacksklasse wie die Kükenzunge gehörte - enthielt neben diesem *garum* u.a. Pfeffer, Liebstöckel, Selleriesamen, Sesam, Petersilie, Minze, Lauch, Datteln, Wein, Honig, Öl und einige andere Leckereien. Bei derartigen Gewürzmischungen spielte vermutlich die Qualität der Rohware eine ziemlich untergeordnete Rolle.

Ein Dutzend Favoritkräuter der Römer wurden aus fernen Ländern im Osten importiert. Mit Monsunwinden kamen die Schiffe bis in das Rote Meer, und die Händler lieferten ihre Ware an Grossisten in Alexandria, eine Stadt, die eine sehr lange Periode das Handelszentrum für Gewürze war. Einige Gewürze wurden auf Karawanenwegen aus Persien und noch weiter gelegenen Ländern geliefert. Noch früher waren sie in die phönikischen Städte des Libanons importiert worden, vor allem nach Tyrus. Im Laufe der Zeit wurde jedoch Alexandria zum Anlaufhafen des Gewürzgroßhandels, wo Gewürze in Lagern gestapelt lagen, ehe sie weiter exportiert werden konnten. Die einzige ernsthafte Konkurrenz für die Alexandriner wurde allmählich Konstantinopel.

Die Römer selbst betrieben ihrerseits einen nicht unbedeutenden Gewürzhandel, indem sie die Ware weiter in die Provinzen beförderten - nach Gallien und Britannien, aber auch zu den Nachbarn im Norden, den Germanen. Daß auch diese an Gewürzen ihren Gefallen fanden, davon zeugen die 2,5 Tonnen Pfeffer, die auf der Wunschliste des Westgotenkönigs Alarich standen, als er im Jahre 410 n. Chr. Rom in Brand setzte.

Die Finsternis des Mittelalters erreichte auch die Küche

Die gesamte antike Kochkunst mit ihrer Begeisterung für Gewürze wurde bekanntlich durch die Völkerwanderungen aus Nord und Ost ebenfalls in Schutt und Asche gelegt. Die verfeinerte römische Kochkunst geriet praktisch vollkommen in Vergessenheit. Die rohen Barbaren, die jetzt in Rom die Macht ausübten, besaßen nur primitive Eßgewohnheiten. Die aus den inneren Gebieten Asiens eingewanderten Hunnen bewahrten z.B. ihre Steaks unter dem Sattel auf, die dadurch reichlich mit Pferdeschweiß gewürzt - eine vielleicht ungewöhnliche Art des Marinierens - und zugleich auch mürbe wurden. Die ungekämmten Germanenhäuptlinge schlugen ihre Lager in den traditionellen Grenzgebieten zum Römerreich auf, wo noch Spuren der antiken Hochkultur zu finden waren. Der germanische Adel, der die alten Patriziergeschlechter der Römer ersetzte, war in seinem Wesen noch zu sehr der Bauernkultur verpflichtet. Man stopfte sich voll mit gegrillten Steaks oder mit gekochtem Fleisch und spülte alles reichlich mit Bier oder - je nach Zugang - mit Wein herunter.

Hopfen gehörte zu den Gewürzen, die im europäischen Mittelalter hochgeschätzt waren.

Das wichtigste Gewürz, das während dieser dunklen Jahrhunderte zur Kochkultur hinzukam, war vielleicht nicht unerwartet der Hopfen, dasselbe Biergewürz, das wir heute so schätzen. Im Laufe mehrerer Jahrhunderte verblieben östliche Gewürze im Westen eine teure Rarität, deshalb löste ein Frankenkönig große Verwunderung aus, als er einem Kloster in der Normandie ganz nebenbei ein halbes Kilo Zimt schenkte.

Aus der germanischen Oberschicht entwickelte sich mit der Zeit eine neue Aristokratie, die anfing, ihre Sitten zu verfeinern. Was aber für das mittelalterliche, feudale Europa in Bezug auf die Verfeinerung der Sitten von grobschlächtigen Baronen und Grafen bei Tisch von entscheidender Bedeutung war, das waren die Kreuzzüge, die im 11. Jahrhundert begannen. Sie waren eine Reaktion auf die Eroberungen durch die Araber, die seit dem 7. Jahrhundert den gesamten Nahen Osten und damit alle wichtigsten Handelswege und -zentren systematisch unter ihre Kontrolle brachten, u.a. Alexandria, das seine alte Funktion als Umschlagplatz der Waren zwischen Ost und West jedoch weiterhin erfüllte.

Gewürze als Statussymbol

Daß der Handel mit Gewürzen so attraktiv war, hing teils mit guten Verdiensten, teils mit der einfachen Art des Transports zusammen, aber auch mit jenen unglaublich großen Mengen von Gewürzen, die konsumiert wurden, besonders von jenen Teilen der Bevölkerung, die sich in der Nähe der herrschaftlichen Burgen ansiedelten. Gewürze wurden also in recht unvernünftigen Proportionen verwendet, und das hat auch seine Erklärung, denn die damals zur Verfügung stehenden Nahrungsmittel waren von jämmerlicher Qualität; sie waren mehr oder weniger ranzig, halb verrottet oder in Salz eingelegt, das die einzige Konservierungsmethode von damals war. Mit Getränken war es nicht viel besser bestellt: Die Weinsorten erhielten schnell einen Essiggeschmack, wenn sie in Behältern aus den Ursprungsländern transportiert wurden; auch das selbstgebraute Bier wurde schnell sauer. Neben dem Geschmack spielte bei der Verwendung von Ge-

Nicht nur Genua und Venedig, sondern auch andere Handelsstädte wie z.B. Neapel verdankten ihrem Aufblühen dem Gewürzhandel der Renaissance.

würzen auch der Status eine Rolle. Gewürze waren teuer, und daher galt es als fein, sowohl das Essen als auch die Getränke zu würzen - und so stark wie möglich. Einige Ergebnisse dieses Strebens sind noch heute gebräuchlich, z.B. Pfefferkuchen und Glühwein.

Ein Beispiel der Gewürzfreude unserer Ahnen soll genannt werden, es kommt aus der Peripherie des damaligen europäischen Kulturkreises: Als Schwedens Nationalheiligtum, die Heilige Birgitta im Jahre 1328 das Grab ihres Vaters ölte, wurden dazu - nach einer überlieferten Rechnung - u.a. 700 g Safran (!), 5 kg Kümmel, knapp 1 kg Ingwer, 500 g Zimt, 3 kg Pfeffer und 40 kg Mandeln verbraucht.

Gewürze und Kultur

Bis in die Mitte des 15. Jahrhunderts floß dieser Gewürzstrom mit den arabischen Karawanen nach Konstantinopel und Alexandria, von wo die Waren auf Schiffe verladen und nach Europa gebracht wurden. In Italien verwandelte der Gewürzhandel Kleinstädte wie Genua und Venedig in glanzvolle Weltmetropolen. Gerade die Gewinne aus dem Gewürzhandel machten den enormen kulturellen Aufschwung in Norditalien möglich. Ohne Übertreibung kann man behaupten, daß es die Großzügigkeit der Neureichen gegenüber Künstlern, Schriftstellern, Architekten und Philosophen war, die die Kultur der Renaissance schuf, deren Nachwirkungen noch heute zu spüren sind. Wer weiß - ohne Gewürze und ohne Engagement dieser Kaufleute wären wir vielleicht im Mittelalter verharrt?

Die Erde wird rund

Im 15. Jahrhundert erlebte die politische Landschaft Europas große Veränderungen. Die Türken besetzten den ganzen Balkan, beherrschten das Schwarze Meer und streckten ihre Fühler bereits weiter in Richtung Naher Osten und Ägypten aus. Die alten Handelswege waren dadurch für die Europäer abgeschnitten, und Venedigs Gewürzmonopol löste sich in Rauch auf. Es wuchsen neue, dynamische Staaten in Westeuropa an der atlantischen Küste heran, die sich mit ihrer Rolle als Endstation des Gewürz- und Seidenhandels nicht mehr zufrieden gaben und die Herstellungsländer dieser Waren selbst kontrollieren oder mindestens die Waren an ihrer Quelle beziehen wollten. Das neue Weltbild von der Erde als Kugel, mit dem Weltozean als offenen Weg in alle Richtungen im Unterschied zur früheren Vorstellung von einer platten Scheibe mit Wasser umgeben, führte zum Entstehen neuer Hafenstädte in Ländern wie Portugal, Spanien, England, Frankreich und die Niederlande. Nun begann eine bemerkenswerte Epoche in der Geschichte des Okzidents, die mit Gewürzen als Triebkraft die kleine Halbinsel, die Europa am mächtigen Körper von Eurasien eigentlich darstellt, zu einem Machtzentrum im Weltmaßstab verwandelte. Es war die Jagd nach Gewürzkräutern und die Suche nach neuen Handelswegen zu den Orten ihres Ursprungs, die die großen Entdeckungsreisenden des 16. Jahrhunderts in die Weite der Ozeane vorantrieb. Zum bedeutendsten Tag in der Geschichte des Welthandels wurde der 20. Mai 1498, als der Portugiese Vasco da Gama an einem Ort namens Calicut an der indischen Westküste an Land stieg. Mit diesem Schritt veränderte sich im Handumdrehen die gesamte interkontinentale Seefahrt und der gesamte Handel mit Gewürzen. Über die fortgesetzte Konkurrenz und die Weiterentwicklung des Gewürzhandels wird aber erst in den Geschichtsabschnitten im Zusammenhang mit den einzelnen Gewürzen und ihren Produzenten weiter berichtet.

Von der Pflanze zum Reagenzglas

Heute beginnt die Chemieindustrie, in die Gewürzstände einzudringen, und es bleibt nur zu

Als der portugiesische Seefahrer Vasco da Gama im Jahre 1498 an der Westküste Indiens an Land ging, bedeutete dies den Sieg Portugals über die spanischen Interessen im Gewürzhandel.

hoffen, daß es noch eine Weile dauert, bis die natürlichen Aromen von den chemischen ganz ersetzt werden. Die Vanille ist ein Beispiel dafür, wie gut die Chemiker doch sein können. Gewürze sind noch heute eine wesentliche Einkommensquelle für viele Entwicklungsländer, wo die meisten Gewürzkräuter auch beheimatet sind. Es gibt sogar Länder, deren Wirtschaft mit der Produktion von Gewürzen steht und fällt. Ein kleiner Staat wie z.B. die Inselgruppe Grenada hätte kaum existieren können, wenn er nicht für ein Drittel der Weltproduktion von Muskat und einen wesentlichen Anteil an der Produktion von Gewürznelken aufkommen würde.

Gewürze für alle?

Die Geschichte der Gewürze hat nicht nur geographische, sondern auch soziale Aspekte, denn Gewürze verkehren nicht nur von Land zu Land, sondern auch zwischen sozialen Schichten. Die Geschichte der europäischen Feinschmeckerkunst zeigt auch, wie verschiedene Trends einander ablösten. Aus der italienischen Küche - mit allerdings nur wenigen Resten der antiken römischen Kochkunst - entwickelte sich zu Beginn der Neuzeit die französische, und aus Deutschland kamen im 16. Jahrhundert neue kulinarische Moden in die Fürstenhäuser der Nachbarländer. Die franzö-

Das Exportprodukt aus Grenada: Muskatnuß.

Die einfache Stadtbevölkerung war nicht reich genug, um sich größere Mengen der extrem teuren, importierten Gewürze leisten zu können. Auf dem Bild bereitet eine schwedische Bürgerfrau im 17. Jahrhundert Gewürze aus eigenem Garten zu.

sische Küche wurde allmählich zum gemeinsamen Kulturgut der westlichen Welt und ist es noch heute. Wir dürfen dabei aber nicht vergessen, daß all dies nicht in die Volksmassen eingedrungen war. Die Bauern, die noch zu Beginn des 20. Jahrhunderts den größten Teil der Bevölkerung in den europäischen Ländern ausmachten, waren von den wechselnden kulinarischen Moden der Kochkunst der oberen Schichten kaum berührt worden. Der Bauer benutzte natürlich jene Kräuter, die ihm die heimische Natur bot, denn importierte Gewürze waren ihm einfach nicht erschwinglich. Auch die damalige Küchenausrüstung einfacher Haushalte war für eine mehr nuancierte Gewürzkultur nicht unbedingt förderlich. Der einfache Mensch bereitete seine Nahrung in einem einzigen Topf, wo er Fleisch oder Fisch mit vorhandenem Gemüse mischte - vor allem verschiedene Kohlsorten und Rüben - und dazu paßten die traditionellen Kräuter ausgezeichnet; so etwas wie Steak gehörte sowieso nur in die Küche der Wohlhabenden. Erst im 19. Jahrhundert wurden neue Arten von Öfen und Küchenzubehör für jedermann zugänglich, und erst dann begannen die exotischen Gewürze der Oberschicht bei der Nahrungszubereitung auch in breiten Schichten der Bevölkerung eine Rolle zu spielen.

Europas Gewürzgarten

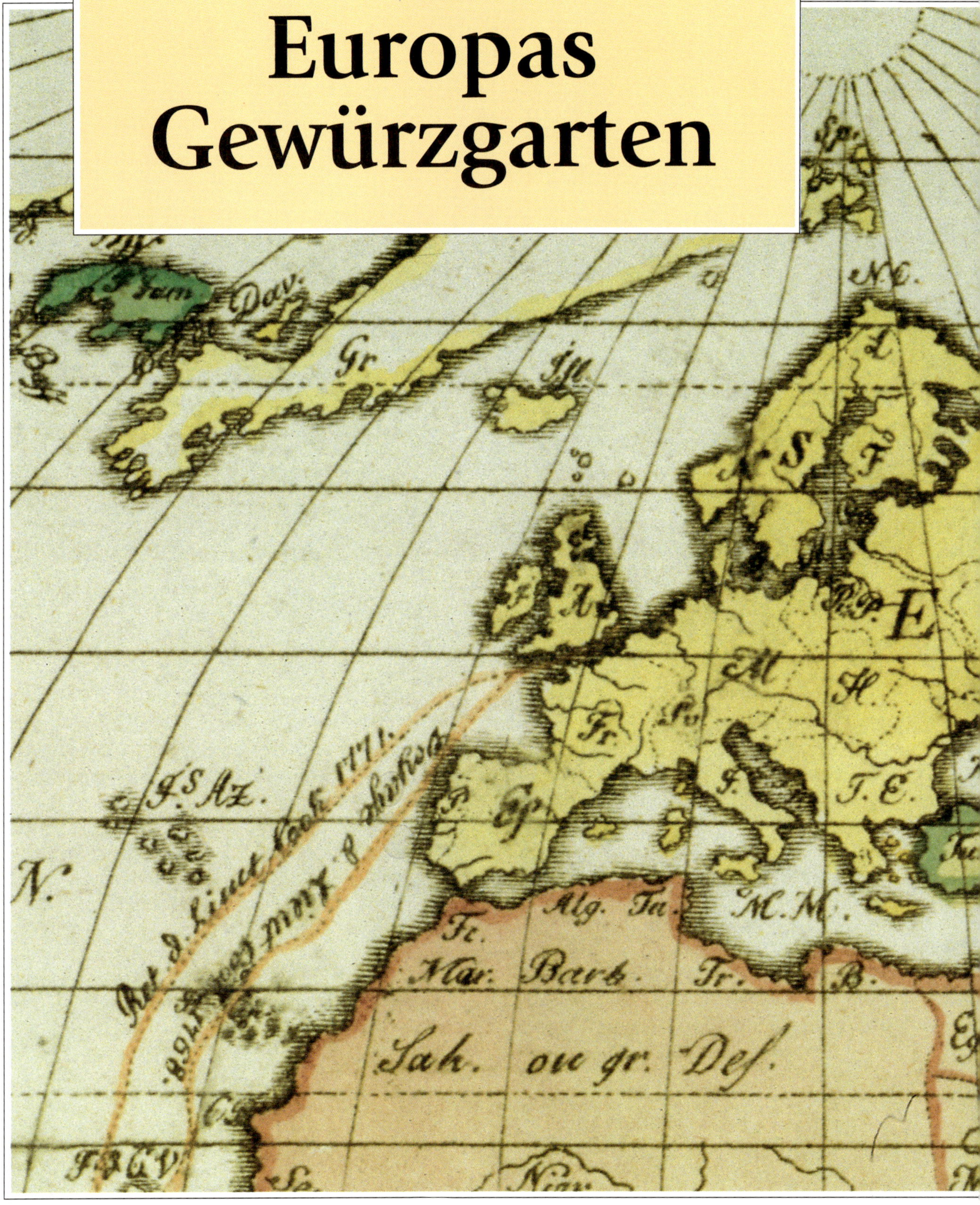

Das antike Erbe

Unsere naturwissenschaftlichen Traditionen sind auf die klassische Antike zurückzuführen. Man kann annehmen, daß vor den Griechen und Römern das Verhältnis des Menschen zur Pflanzenwelt ausschließlich praktischer Art war. Die Flora lieferte ihm Rohwaren zu seiner Nahrung, gab ihm heilende Kräuter und Material für allerlei Werkzeug; das dazu notwendige Wissen über ihre Anwendung wurde durch die mündliche Überlieferung von Generation zu Generation weitergegeben. Was die großen existentiellen Fragen, das Nachdenken über die Welt und über die Zukunft betrifft, darauf gaben die Religion und die Mythen Antwort.

Erst durch Aristoteles und seine Athener Schule wurde der Grundstein für eine theoretische Naturauffassung gelegt, wo der Mensch und seine irdische Existenz von Anfang an und während einer langen Zeit im Zentrum stand. Das deutlichste Beispiel dafür ist die Astronomie, aber auch die biologische Umwelt betrachtete man in erster Linie aus der Sicht ihrer Verwendbarkeit. Theophrastos, ein Schüler von Aristoteles, schrieb um das Jahr 300 v.Chr. zwei der ältesten erhaltenen Werke zur Botanik. Er gilt heute auf diesem Gebiet als Pionier der wissenschaftlichen Traditionen des Abendlandes. Sein Buch *Pflanzengeschichte* leitete ein ganzes Genre ein, das sich über 2000 Jahre in die Zukunft erstreckte - die Kräuterkunde. Hier gingen Botanik und Medizin Hand in Hand, und viele der botanischen und pharmakologischen Ratschläge in diesen Büchern waren in jenen medizinischen Theorien verwurzelt, die vor langer Zeit von Hippokrates geschaffen wurden. Im Mittelpunkt seiner Heilkunst stand die Humoralpatho-

1597 erschien in England die von John Gerard geschriebene Kräuterkunde "The Herball". Das zeittypische Titelbild zeigt seine beiden antiken Lehrmeister auf diesem Gebiet - Theofrastos und Dioskorides -, auf die im Buch auch sonst reichlich bezug genommen wurde.

logie, die Lehre darüber, wie Gesundheit und Krankheit im Zusammenhang stehen mit dem Gleichgewicht der vier Flüssigkeiten im menschlichen Körper - Blut, Schleim und schwarze bzw. gelbe Galle. Der gesunde Mensch wäre demnach im Gleichgewicht durch die "gesunden Flüssigkeiten"; das Gleichgewicht der Flüssigkeit eines Erkrankten sollte durch Aderlaß, Darmspülung, Abfuhr- und Brechmittel wieder hergestellt werden können. Eigenschaften, die die Botaniker oder Ärzte einzelnen Pflanzen zuschrieben - mit Bezeichnungen wie "kalt", "warm", "trocken" oder "feucht" usw. - wurden in das humoralpathologische Systemdenken aufgenommen und verblieben dort noch eine lange Zeit als medizinische Empfehlungen zur Anwendung von Pflanzenarten.

Von Teufels Dung zu Medizin und Parfüm

Neben fundierten Lehrsätzen auf diesem Gebiet gab es natürlich auch recht primitive Gedankengänge. Der Gebrauch von Medizinalpflanzen wurde häufig von abergläubischen Beschwörungen begleitet und nach der Einführung des Christentums teilweise durch Gebete ersetzt. Solche Art verstärkender therapeutischer Wirkung, diese suggestive Seite der Heilkunst sollte man vielleicht als Placebo-Effekt betrachten, wenn man sie mit der Wirkung vergleicht, die heutzutage der goldene Federhalter des Arztes beim Ausschreiben des Rezeptes ausübt.

Hinzu kamen einige magische Aspekte der Weltbetrachtung. Oft waren es einfache Ähnlichkeiten in der Form bestimmter Körperorgane und einzelner Pflanzenformen, die zu einer spezifischen medizinischen Anwendung führten. Das Blatt des Leberblümchens, dessen Form der Menschenleber tatsächlich ähnlich ist, wurde lange Zeit als Heilmittel gegen Lebererkrankungen angesehen. In einem dänischen pharmakologischen Nachschlagewerk war dies noch im Jahre 1772 zu finden.

Böses mit Bösem vertreiben

Ein anderer Aspekt in der älteren medizinischen Botanik war auch die Beschaffenheit der Pflanzen. Ein deutlich scharfer, bitterer Geschmack von Blumen oder Blättern, ein ungewöhnliches Aussehen konnte die Phantasie nach dem Prinzip in Gang setzen, wenn eine Pflanze so eigentümlich aussieht und schmeckt, müssen dahinter verborgene Kräfte stecken, die vom Menschen ausgenutzt werden können. Daß z.B. Flugahorn und Mistel in der Volksmedizin so eine magische Rolle gespielt haben, hängt mit ihrer besonderen Art zusammen, auf anderen Bäumen zu wachsen. Die Absonderung vom Teufelsei, einer widerlich stinkenden Morchelart, fand verbreitete Verwendung als Heilmittel in der Tiermedizin bis in das 20. Jahrhundert; vielleicht meinte man, was so furchtbar riecht, muß ganz einfach heilende Eigenschaften haben.

Viele von den damals so bewunderten Drogenpflanzen behielten ihre Stellung später als Gewürzpflanzen.

Kräuter gehörten früher zum Sortiment der Apotheken. Viele davon werden auch heute verwendet, wenn auch nur als Zutaten beim Zubereiten von Gerichten.

Aus der Apotheke in die Küche

Gemeinsam für die Mehrzahl ursprünglich europäischer Gewürze ist ihr mildes Aroma, das in den meisten Fällen von den Blättern kommt. Zu den wenigen reizbaren Ausnahmen gehören einige Körner (wie Senf) oder Pflanzenteile, die unter der Erde bleiben (Zwiebel, Meerrettich). Diese drei konnten ihre traditionelle Rolle als Alltagsgewürze in unserer Küche beibehalten, während mehr raffinierte Blattgewürze vor allem im kulinarischen Bereich der Restaurantküche ihre Anwendung finden, ausgenommen jene Fälle, wo wir auf unsere Gäste mit der eigenen Kochkunst Eindruck machen wollen, besonders mit südeuropäischen Gerichten.

Senf

Sinapis alba (Weißsenf), Brassica nigra (Schwarzsenf)

Gewürz für feine Leute

Einmal gingen zwei Bauern, nachdem sie gute Geschäfte auf dem Pferdemarkt abgewickelt hatten, in ein vornehmes Hotel, um dort einen Teil des wohlverdienten Geldes bei einem festlichen Essen auszugeben. Im Restaurant sahen sie, wie eine Gesellschaft von Stadtbewohnern am benachbarten Tisch aus einer kleinen Glasdose etwas Gelbes auf ihre Fleischbällchen schmierte. Die beiden Bauern glaubten, daß es sich um etwas sehr Teures handeln mußte , da man so wenig davon zu sich nahm. Das werden wir jetzt auch bestellen, freuten sie sich, dafür haben wir heute genug Geld! Will man feiern, dann richtig, wie die feinen Herrschaften aus der Stadt!

Beim Kellner bestellten sie dann diesen gelben Brei, es sollte aber nicht eine jämmerliche kleine Dose sein, nein, einen ganzen Teller für jeden! Den sie dann auch bekamen. Als sie später mit tränengefüllten Augen ihr Essen in sich hineinquälten, waren sie sich einig, daß herrschaftliches Essen doch nichts für den ehrlichen, einfachen Mann sei.

Diese an sich unwahre Geschichte stammt aus Estland, allerdings wurde sie von "feinen Leuten" in den Städten erzählt, die sich über die tollpatschigen Bauern lustig machen wollten. Sie trägt aber ein Körnchen Wahrheit in sich: Der Senf, den wir neben Zucker und Salz als alltägliche Würze betrachten, stand damals wirklich nicht auf der Speisekarte estnischer Bauern, so daß die Bauern aus der Geschichte mit ihrer scharfen Erfahrung durchaus nicht allein waren.

Bereits die alten Griechen...

Die Verwendung von Senf als Gewürzmittel gehörte zu den vielen kulinarischen Neuheiten, deren Wurzeln in der antiken Mittelmeerkultur liegen. Zu Anfang betrachtete man den Senf allerdings als Heilkraut. Pythagoras wußte schon zu seiner Zeit über die vortreffliche Wirkung des Senfs als Heilmittel gegen Skorpionbisse (nach dem Prin-

wissenschaftliche Bezeichnung:	Sinapis alba
Pflanzenfamilie:	Cruciferae, Kreuzblütler (Brassicaceae)
Englisch:	mustard
Französisch:	moutarde
Italienisch:	senape
Spanisch:	mostaza
nutzbare Teile:	Samen; Blätter (als Salat)
Herkunft:	Mittelmeer
Anbauländer:	Dänemark, Deutschland, Großbritannien, Kanada, Niederlande, USA

wissenschaftliche Bezeichnung:	Brassica nigra
Pflanzenfamilie:	Cruciferae, Kreuzblütler (Brassicaceae)
Englisch:	mustard
Französisch:	moutarde
Italienisch:	senape
Spanisch:	mostaza
nutzbare Teile:	Samen; Blätter (als Salat)
Herkunft:	Mittelmeer
Anbauländer:	große Anzahl Länder, die größten Exportländer USA und Chile

zip "Böses mit Bösem austreiben"?), und Senf ging auch ein als Ingrediens in die Aufgüsse von seinem 100 Jahre jüngeren Kollegen Hippokrates. Der römische Gelehrte Plinius d.Ä. glaubte im ersten Jahrhundert n.Chr., daß faule Frauen sich durch den Verzehr von Senf zu idealen Hausfrauen verwandeln konnten. Zur selben Zeit tauchte der Senf auch zum erstenmal auf den Eßtischen der Römer auf. In dem berühmten Kochbuch, das dem Zeitgenossen von Plinius, dem Genießer Apicius zugeschrieben wird, kommt Senf bereits in einer ganzen Reihe von Rezepten vor, nicht zuletzt als Senfsauce. Senf gab es in den Saucenrezepten für Vogelgerichte (z.B. Strauß, Kranich und Ente), gebratene Tauben, gekochtes Wildbrett (u.a. Wildschwein), aber auch für die Zubereitung von Schweinszitzen und mehreren Fischgerichten. Und genau wie es in unseren Wurstbuden gebräuchlich ist, empfahl Apicius Senf zu gekochten Würstchen. Die klassische Sauce der französischen Küche, die *sauce Robert*, deren Spuren zurück in das 17. Jahrhundert zu verfolgen sind und die Senf und Zwiebeln als Hauptingredienzien hat, half der römischen Tradition der Saucenzubereitung sich bis in unsere Zeit zu bewahren.

Aus Rom breitete sich die Verwendung von Senf u.a. bis ins Frankenreich aus, wo man während der Regierungszeit Karls des Großen Senf u.a. in den Klöstern rund um Paris und auf den kaiserlichen Gütern anbaute. In Deutschland und England machte man mit dem Senf erst im 12. Jahrhundert Bekanntschaft. Ob er aber nach Spanien und Portugal bereits durch die Römer oder erst später durch die Araber gekommen war, weiß man nicht mit Sicherheit. Als Vasco da Gama seine erste Seefahrt nach Indien machte, hatte er bereits eine Dose Senf bei sich.

Der Senfgeschmack entfaltet sich erst, wenn die Körner zermahlen sind und das Pulver mit Wasser vermengt wird.

Warum heißt Senf auf Englisch *mustard*?

In Frankreich, genauer gesagt in Bourgogne mit der Stadt Dijon als Senfstadt Nr.1, entwickelte sich die Tradition der Senfanwendung nicht nur in der raffinierten Kochkunst, sondern auch in der alltäglichen Nahrungszubereitung. Aus Frankreich stammt auch die westeuropäische Benennung für Senf - *moutarde* auf Französisch, *mustard* auf Englisch -, wozu es auch eine mehr oder weniger romantische Erklärung gibt. Angefangen hat es angeblich mit der Devise "Moult Me Tarde", mit der Herzog Philip der Mutige von Burgund 1382 die Stadt Dijon beglückte. Bald begannen die Senfhersteller der Stadt diesen Spruch auf ihre Senfgläser zu setzen, da sie aber der Kunst der Rechtschreibung nicht besonders mächtig waren, wurde daraus einfach *moutarde*. Eine mehr prosaische Version liefert uns dagegen die Etymologie: *moutarde* ist eher die Vereinfachung des lateinischen *mustum ardes*, zu Deutsch heißes Weinmus. Die Burgunder Senfhersteller benutzten zur Herstellung von Senf Traubenmus, möglicherweise auch Weinessig.

Das Wort Senf ist auf das lateinische Wort *sinapis* zurückzuführen, über dessen Ursprung man nicht mehr weiß, als das es nach Rom aus Ägypten über Griechenland gelangt war. Die lateinische Bezeichnung lebt weiter im Italienischen, und ihre Verbreitung in den meisten germanischen Sprachen veranschaulicht die Ausbreitung dieses Gewürzes aus Rom im frühen Mittelalter. Mit einer Ausnahme: Im mittelalterlichen Norwegisch hieß der Senf *mustarðr*, sicherlich eine Entlehnung aus dem Englischen oder aus dem Französischen. Daß man die Benennung vom Kontinent übernahm, beweist, daß man keine einheimische Entsprechung hatte; wo *mustarðr* in alten westnordischen Quellen erwähnt wird, handelt es sich um literarische Entlehnungen durch Übersetzungen. Eine recht

Ein blühendes Senffeld ist eine wahre Augenfreude.

klare Grenze, was die Eßgewohnheiten betrifft, scheint quer durch Südskandinavien zu verlaufen.

Mit Senf überfüttert

In Dänemark - schon früh ein reiches und mit den kontinentalen Traditionen eng verbundenes Land - wurde der Senf nach herrschaftlichen Vorbildern ebenfalls von der Landbevölkerung verwendet, auch in jenen Gebieten, die im 17. Jahrhundert von den Schweden erobert wurden. In Schweden und Norwegen wie auch im heutigen Finnland und im Baltikum verblieb der Genuß von Senf hauptsächlich der Oberschicht vorbehalten.

Nach der Überlieferung war die erste Bekanntschaft der Norweger mit dem Senf recht heftiger Art. Die norwegischen Wikinger begannen sich nach der Eroberung von Isle of Man, wo sie sich niedergelassen hatten, zu langweilen. Eines Tages im Jahre 1234 erfuhren sie von einer ihnen willkommenen Gesetzlosigkeit auf den Orkneyinseln, die gerade dabei waren, sich der Obhut der dort herrschenden norwegischen Fürsten zu entziehen. Mit räuberischen Absichten begaben sie sich dorthin, entdeckten aber zu spät, daß ein anderer verwegener Herrscher, Earl of Conway, ihnen bereits zuvorgekommen war. Dieser nahm sie gefangen und brachte sie später auf eine ausgefallene Art ums Leben: Er steckte ihre Köpfe in gefüllte Senffässer. Soweit bekannt ist, war das die einzige überlieferte Hinrichtung dieser Art in der Geschichte.

Aberglaube und Senf

Es gibt viele volkstümliche Vorstellungen und noch mehr Aberglauben verknüpft mit Senf. In Deutschland glaubte man z.B., daß die Braut das Sagen in der Ehe bekommt, wenn man ihr ein Senfkorn in das Brautkleid einnäht. In zwei so weit voneinander entfernten Ländern wie Dänemark und Indien gab es die Sitte, rund um das Haus Senfkörner auszustreuen, um damit das Böse fernzuhalten. Ebenfalls in Dänemark verabreichte man Ingwer zusammen mit Senfkörnern einer frigiden Frau, damit sie ihre Gelüste freisetzen konnte. Auf den Färöern schmiert man Senfteig auf die Wange als Mittel gegen Zahnschmerzen.

Es gibt Senf und Senf...

Nach einer alten deutschen Sitte wurden Senfkörner in das Brautkleid eingenäht, damit die Braut in der Ehe das Sagen habe.

Senf ist eigentlich eine Sammelbezeichnung für mehrere Pflanzen mit kreuzförmigen Blüten, die zwei wichtigsten davon sind *sinapis alba* (Weißsenf) und *brassica nigra* (Schwarzsenf) - der letztgenannte gehört eigentlich nicht ganz zur Familie der Senfpflanzen, eher zum Kohl. Die meisten Senfsorten, die man in den Geschäften kauft, auch das englische Senfpulver, aus dem sich Senf nach eigenem Geschmack herstellen läßt, bestehen aus Weißsenf, manchmal z.B. mit Gelbwurzel vermischt, um eine gelbliche Färbung zu erzielen. Der Geschmack ist dann davon abhängig, ob man zum Verdünnen außer Wasser Weinessig oder nur Essig benutzt, außerdem von der Menge Zucker und Salz oder anderer Zusätze - je nach Geschmack - wie Honig, Knoblauch, Estragon usw. Schwarzer (bzw. brauner) Senf ist besonders in vielen ländlichen Versionen gebräuchlich, besonders in Frankreich und Schweden (Skånesenf).

Frisch zubereitet und sofort auf den Tisch

Eine Besonderheit des Senfs als Gewürz ist seine Fähigkeit, den Geschmack erst nach dem Zermahlen seiner Körner und der Vermischung mit Wasser zu entwickeln, wobei Stoffe aus verschiedenen Zellen miteinander in Berührung kommen. Das entstandene Senföl besitzt den charakteristischen, leicht säuerlichen und brennenden Geschmack, den man vom Senf kennt. Dieser Prozeß dauert zehn bis fünfzehn Minuten, erst dann hat der Senf sein volles Aroma entfaltet, daher sollte der selbstgemachte Senf ungefähr eine halbe Stunde vor Anwendung angerührt werden. Später verflüchtigen sich einige wichtige Aromen seines Geschmacks. Mit Hilfe von u.a. Essig, Weinessig oder Zitronensaft kann dieser Prozeß deutlich verlangsamt werden, deswegen werden die fertigen Senfsorten in Geschäften immer mit verschiedenen Säuren verstärkt. Das ist eigentlich schade, weil der authentische Senfgeschmack dadurch nicht voll zur Geltung kommt.

Ob Zucker und Senf zusammenpassen, ist eher eine Geschmackssache. Manche mögen etwas mildere, gesüßte Senfsorten, vor allem durch Honigzusätze - was auch durch eine tausendjährige Tradition geheiligt ist -, der Geschmack ist jedoch immer individuell, und so soll es auch bleiben. Es kann sich auf jeden Fall lohnen, das nächste Mal Senf selbst anzurühren, und nicht gleich in ein Geschäft zu gehen, um einen Standardsenf zu kaufen! Sollte Senf zur Sauce verwendet werden, wäre es völlig falsch, seinen Grundgeschmack zu verändern, da die dort enthaltenen Säuren und die Süße ebenfalls in die Sauce geraten und den Saucengeschmack entstellen oder sogar völlig zerstören können.

Ganze Senfkörner werden z.B. als Einlagen für Sauerkohl, saure Gurken oder Pickles in Essig verwendet; sie verleihen dann keine spezifische Schärfe, sondern ganz im Gegenteil - ein feines, mildes Aroma.

Kalbsniere in Senfsauce

Zumeist streicht man den Senf auf etwas: auf Wurst, Fleisch oder Beefsteak oder vielleicht auch auf etwas anderes. Dazu ist sicherlich kein Rezept notwendig, vielleicht sollte man jedoch wissen, daß eine Senfsorte, die zum gekochten Fisch paßt, weniger für Würstchen geeignet ist. Ein wohlsortierter Senfvorrat sollte folgende Sorten haben: Fischsenf, hellen und dunklen französischen Weinessigsenf - für Dressings z.B. - eine Sorte ungesüßten Senf (für Saucen) und eine richtig bissige Sorte vom englischen Typ. Senf ist aber auch ein ausgezeichnetes Zubereitungsgewürz.

Zu den Gerichten, wo Senf häufige Anwendung findet, gehören z.B. Nieren. Der berühmte französische Kochmeister Raymond Oliver erfand die "sautierte Kalbsniere mit drei Senfsorten"; an dieser Stelle soll jedoch eine einfachere Variante empfohlen werden:

Zutaten
(für 2 Personen)

1 Niere vom Kalb (oder Lamm)
150 ml dicke Sahne
3 Teelöffel hellen französischen Senf
3-4 Eßlöffel Cognac
Butter zum Braten
Salz, Pfeffer (eventuell: Kräutersalz oder Kräutermischung)
4 Scheiben leicht gebratenen Bacon
feingehackte Petersilie

Die Niere abspülen und abtrocknen, in zentimeterdünne Scheiben schneiden; das anfallende Fett kann nach Bedarf entfernt werden. Lammniere sollte zunächst, in Scheiben geschnitten, für 1 - 2 Stunden in Milch liegen. Das Nierenfleisch mit Salz und Pfeffer würzen und anschließend sehr schnell auf einer recht heißen Pfanne anbraten - das Fleisch muß innen rosa aussehen und außen braun. Mit Cognac übergießen, nach einigen Sekunden mit einem Streichholz anzünden und die Pfanne dabei leicht bewegen. Wenn die Flamme erloschen ist, die Nierenstücke in eine aufgewärmte Schüssel oder in eine Folie legen, damit sie nicht die Wärme verlieren. Senf im Bratensaft schlagen, mit Sahne verdünnen, danach alles zusammen bis zur richtigen Konsistenz kochen; zum Schluß Salz und Pfeffer hinzugeben. Der Geschmack kann auch mit einer Kräutermischung, mit etwas Kräuterbutter oder mit Worcestersauce zusätzlich variiert werden.

Die Nieren jetzt auf einen warmen Teller legen und mit der Sauce übergießen. Der im voraus gebratene Bacon wird über dem Teller zerkrümelt; zum Schluß streuen Sie etwas Petersilie über das Gericht. Serviert wird mit Reis oder gepreßten Kartoffeln; in Butter angebratenes Weißbrot paßt ebenfalls dazu ausgezeichnet.

Hopfen

Humulus lupulus

Dreihundert Jahre v.Chr., zu Lebzeiten Alexander des Großen lebte ein Mann namens Pytheas. Er war in der griechischen Kolonie geboren, die heute Marseille heißt, und ging in die Geschichte ein als der erste Grieche, der England besuchte. Bei seinem Besuch dort hörte er Gerüchte über ein merkwürdiges Land, das Ultima Thule hieß - weit weg hinter dem eisigen, nebligen Meer, von dem erzählt wurde, seine Einwohner hätten sich statt Wein einem Getränk aus Getreide und Honig verschrieben. Dies war vermutlich die älteste Erwähnung von Skandinavien. Als einige hundert Jahre später Julius Cäsar über die Germanen schrieb, berichtete er, daß sie von Fleisch, Käse und Butter lebten; statt aus ihrem Getreide Brot zu backen, bevorzugten sie, es zu trinken. Tacitus, der 100 Jahre n.Chr. ein bekanntes Werk über dasselbe Volk verfaßte, berichtete ebenfalls mit deutlichem Erstaunen, daß man zum Trinken eine Flüssigkeit zu sich nahm - aus Korn oder Weizen und mit Hilfe von Hefe hergestellt, so daß es eine gewisse Ähnlichkeit mit Wein gab.

Bier - ein uraltes Getränk

Diese Äußerungen beweisen zweierlei - erstens, daß die Germanen bereits vor mehreren Jahrtausenden Bier tranken, und zweitens, daß die Römer zum selben Zeitpunkt dies nicht taten. Die römische Ignoranz diesem Getränk gegenüber ist an sich eigentümlich. Das Biertrinken ist mit Sicherheit eine uralte Art und Weise, die diesseitige Existenz angenehmer zu gestalten. Das Bier hatte bereits damals eine sehr lange Vorgeschichte im Nahen Osten, wo die Technologie zum Bierbrauen seit vorhistorischer Zeit bekannt war. Schon in Babylon und Ägypten schäumte in den Bechern das Hopfengetränk, gebraut - aus heutiger Perspektive gesehen - nach recht modernen Methoden.

Von der schweren Kunst, Bier zu würzen

Im Norden Europas war das Bier seit Urzeiten das wichtigste Getränk für Feste und Alltag. Durch die alte Sitte, dem Toten auf seine letzte Reise etwas Essen und Trinken ins Grab zu legen, hatten die Archäologen die Möglichkeit, ausgetrocknete Reste von Bier in den Fässern zu analysieren. Man stellte dabei fest, daß das Urbier mit aromatischen oder bitteren Kräutern veredelt war - in Skandinavien häufig z.B. mit Baumrinde, Wermut, Schlüsselblume oder Met gewürzt, auf dem europäischen Kontinent mit Wacholder und verschiedenen Arten von Borke.

Andere Kräuter, die zum fröhlichen Rausch beitrugen, waren ebenfalls populär, aber gleichermaßen gefährlich - beispielsweise die teuflische Substanz des Bilsenkrauts, die dem Bier manchmal hinzugefügt wurde. Dasselbe gilt natürlich besonders dem roten Fliegenpilz (und nur dem

wissenschaftliche Bezeichnung:	Humulus lupulus
Pflanzenfamilie:	Cannabaceae, Maulbeergewächse (Moraceae)
Englisch:	hops
Französisch:	houblon
Italienisch:	luppolo
Spanisch:	lúpolo
nutzbare Teile:	zapfenartige Fruchtstände, Zapfen
Herkunft:	temperierte Klimazonen Eurasiens und Nordamerikas; zuerst in Osteuropa angebaut
Anbauländer:	Deutschland, Länder der ehemaligen Tschechoslowakei, USA (jeweils 30% der Weltproduktion)

b
a
c
d.
Humulus lupulus. L.
Humle. Kyrkhult, Blek.
a. Honblomma, förstorad
b. Fruktställning eller kotte
c. Tvenne honblommor med stödjeblad och förblad
d. Hanblomma förstorad.
I Stjälktopp med hanblommor II Stjälktopp med honblommor.
I
II

Hopfen kann recht hoch wachsen. In alten Zeiten hatte jeder Bauer (in manchen Ländern dazu vom Staat verpflichtet) einen eigenen kleinen Hopfenanbau. Heutzutage vollzieht sich der Anbau von Hopfen auf großen Flächen; die Abnehmer sind die Brauereien.

roten, den weißen kann man nur einmal genießen!), der eine Rausch fördernde Droge enthält. Wer sich mit Fliegenpilzen berauscht, wird aggressiv und gewalttätig. Es gibt gute Gründe anzunehmen, daß die Wikinger, unter dem Namen Berserker berüchtigt, sich gerade mit dieser Sorte von Bier berauschten, um in die richtige Stimmung zu kommen. Diese abwegige Bierwürzung kam in mehreren Gegenden des euroasiatischen Nordens vor. Über ein kleines sibirisches Volk wurde berichtet, daß die Frauen der auf diese Art berauschten Männer den Tag danach von ihrem Urin tranken, um dadurch an den Familienfestlichkeiten im nachhinein ebenfalls teilhaft zu werden, weil die entsprechenden Zusätze beim Ausscheiden aus dem Körper immer noch aktiv waren. Ein unserer Zeit näheres Beispiel der nordischen Berserkerwut stammt aus dem letzten Krieg, den Schweden führte, 1814 gegen Norwegen. Die schwedischen Gardeoffiziere, selbst zumeist aus Stockholm, beobachteten verblüfft, wie einige der harten Jungs vor dem Angriff ein paar Happen Fliegenpilz zu sich nahmen. Und dann siegten sie natürlich auch.

Der vielseitige Hopfen

Bereits im Frühmittelalter machten die Biertrinker Europas Bekanntschaft mit dem damals neu entdeckten nützlichen Gewürz, das seitdem mit der Bierbrauerei fest verknüpft ist, dem Hopfen. Der Hopfen wächst wild oder verwildert beinahe überall in den temperierten Klimazonen Eurasiens und Amerikas. Seine Früchte, die wie Zapfen aussehen, entwickeln kleine, gelbe Pflanzendrüsen, die eine klebrige Substanz aussondern, das Lupulin. Lupulin enthält mehrere bittere Substanzen, u.a. Lupulon und Humulon, die die Haltbarkeit des Biers erhöhen - was früher ein großes Problem war -, zudem fördern sie die Schaumbildung und verleihen dem Bier seinen spezifischen, bitteren Geschmack, an dem man ein gutes Bier erkennt.

Hopfen bauten schon die Griechen und Römer an, allerdings als Heilgewürz und als Gemüse; ge-

Getrocknete Hopfenzapfen

gessen wurde der Hopfen ungefähr wie Spargel, was man übrigens in Dänemark und Holland noch im 18. Jahrhundert tat. Schon früh entdeckte man die leicht narkotische Wirkung der Hopfenpflanze. Besonders in England wurde Hopfen ähnlich wie Opium geraucht. Auch aus Dänemark ist bekannt, daß die Soldaten 1864 im Krieg gegen Deutschland, als der Tabak knapp wurde, anfingen, in ihre selbstgedrehten Zigaretten etwas getrockneten Hopfen einzurollen; sogar im Zweiten Weltkrieg war diese Methode noch bekannt. Es soll sich übrigens mit einer Mischung aus Hopfen und Kirschblättern ein noch besseres Aroma entfalten.

Es gab auch Leute, die ihre Kopfkissen mit Hopfen vollstopften, weil es angeblich gegen Schlaflosigkeit half. Als Medizinalgewächs soll Hopfen außerdem Appetit anregen - und es mag vielleicht etwas widersprüchlich klingen, vor allem aber wurde Hopfen als Mittel gegen "Reizungen an Geschlechtsorganen" - wie es ältere Nachschlagewerke fein ausdrücken - eingesetzt. Es waren jedoch kaum diese Eigenschaften, die mehrere türkische, finno-ugrische und slawische Völker an der Wolga und später östlich und südlich der Ostsee dazu veranlaßten, Hopfen zur Bierwürzung zu verwenden. Der Gebrauch von Hopfen etablierte sich in Zentraleuropa im 6. Jahrhundert.

Lieblingspflanze der Mönche

Der erste uns bekannte Hopfenanbau wurde im Jahre 736 in Bayern registriert, wo er von den slawischen Kriegsgefangenen im 7. Jahrhundert eingeführt wurde. Dreißig Jahre später baute man Hopfen im berühmten und in vieler Hinsicht tonangebenden Kloster von Sankt Gallen in der Schweiz an; es ist auch bekannt, daß Hopfen im Jahre 768 auch auf den Gütern des Frankenkönigs Pipin blühte. Nach Skandinavien kam Hopfen wahrscheinlich erst mit der Einrichtung von Klöstern, es gibt aber Gründe anzunehmen, daß dieses Gewächs auch beim Spinnen verwendet wurde (es ist entfernt mit Hanf verwandt). Sicher ist jedenfalls, daß die Verwendung von Hopfen von den Klöstern ausging und allmählich alle anderen Kräuter verdrängte, die man früher zur Bierwürze benutzte. Daß Hopfen gerade in Klöstern so viel Anhänger hatte, hing mit der für ein Mönchleben günstigen Nebenwirkung zusammen. Diese Pflanze dämpfte nämlich die sexuelle Lust - im Unterschied zu den meisten östlichen Gewürzen.

Die schöne Pflanze

Hopfen ist ein Klettergewächs, das sich im Uhrzeigersinn um Baumstämme oder andere Arten

Bei der Hopfenernte war es die Aufgabe der jungen Leute, die Hopfenzapfen zu sammeln. Man wußte auch, Arbeit mit Spaß und Unterhaltung zu vereinen: Es wurden Geschichten erzählt, Lieder gesungen und geflirtet.

von Stützen windet (Rechtswinder), an denen er sich mit Hilfe kleiner armbogenähnlicher Klimmhaken festhält. Die Römer glaubten - völlig grundlos übrigens -, daß der Hopfen die Bäume, an die er sich stützte, aussog und zerstörte, daher auch sein lateinischer Name lupulus, "der kleine Wolf".

Ein Hopfenanbaugebiet gleicht äußerlich keiner anderen Plantage. Die 6 - 7 Meter in die Höhe ragenden Pflanzen brauchen mindestens gleich hohe Stützen zum Klettern, was der ganzen Anlage ein sehr charakteristisches Aussehen verleiht. In manchen Ländern, u.a. in Skandinavien waren die Bauern verpflichtet, in ihren Gärten eine bestimmte Anzahl Hopfenpflanzen anzubauen: Im Jahre 1446 waren es in Dänemark 30 Stück, in Schweden im Jahre 1474 nicht unter 200, in Norwegen im Jahre 1490 dagegen nur sechs.

Hopfen ist eine zweigeschlechtige Pflanze, bei der die männlichen bzw. die weiblichen Pflanzen an verschiedenen Stauden wachsen. Die weiblichen Blüten sitzen in kompakten, zapfenartigen Fruchtständen, bei männlichen Pflanzen entwickeln sich weiß-bläuliche Staubblattblüten. In wildem Zustand wächst Hopfen oft an Flußufern, sein Lupulingehalt ist jedoch bedeutend niedriger als beim veredelten Hopfen. Hopfenanbau wird auf kalkhaltigen, aufgelockerten Böden, in Gegenden mit feuchtem Klima betrieben. Eine Hopfenpflanze ist 15 - 20 Jahre fruchtbar, die Erntezeit liegt im August bis September, wenn die Zapfen eine gelbgrüne bis goldbraune Färbung bekommen. Man erntete die ganze Pflanze auf dem Anwesen, wo sie dann von den Zapfen befreit wurde. In älteren Zeiten war diese Beschäftigung im ländlichen Leben ein richtiges Ereignis (u.a. von H.C. Andersen beschrieben), an dem Erwachsene und Kinder gleichermaßen teilnahmen. Weil das Abnehmen der Zapfen an sich

Das Ergebnis der Mühe, das Bier.

recht lautlos vor sich ging, unterhielt man sich mit Geschichten und mit Gesang. Als alle Ranken abgepflückt waren, kam die Zeit für die Erwachsenen, ein Hopfenfest zu feiern.

Hopfen und Bierwürze werden zum Bier

Die geernteten Zapfen werden dann 4 bis 5 Tage lang zum Trocknen gelagert. Während dieser Zeit müssen sie ständig aufgeschüttelt und gewendet werden. Sie sind gegen äußere Einwirkungen recht empfindlich und müssen auf dem Weg zur Brauerei mit großer Vorsicht behandelt werden. Die Bierwürze wird herausgefiltert und ein paar Stunden zusammen mit dem Hopfen gekocht (je nach dem gewünschten Hopfenprozentsatz zwischen 100 und 400 g per 100 Liter Bierwürze).

Der Rest der Hopfenpflanze wurde in früheren Zeiten noch weiter verwendet: die Blätter als Tierfutter, die Stämme als Rohmaterial zur Herstellung von Garn, aus dem gröbere Webstoffe, z.B. Säcke oder Seile hergestellt wurden.

Die Jahresproduktion von Hopfen beträgt in der ganzen Welt ca. 125000 Tonnen, dabei wird ca. 90000 Hektar Nutzboden verwendet.

Wermut

Artemisia absinthium

Im antiken Rom wurden im Laufe des Jahres viele öffentliche Feste gefeiert. Eines davon hieß das lateinische Fest, ein zentrales Ereignis war ein Pferdewagenrennen auf dem Capitol. Dem Sieger wurde zur Belohnung ein Glas Wermutwein mit der Motivierung verabreicht, die gute Gesundheit, die ihm dieser Wein verlieh, wäre Belohnung genug. Diese feierliche Siegerehrung am Capitol gründete die Tradition der Herstellung einer ganzen Gruppe von Weinen, zu der außer Wermut auch verschiedene Sorten von Bitteren und Schnäpsen gehört, wo Wermut der dominierende Geschmackgeber ist.

Eine bittere Medizin...

Die medizinische Wirkung des Wermuts war schon vor der römischen Zeit bekannt: Bereits die älteste der überlieferten medizinischen Schriften, die 3500 Jahre alte Papyrus Ebers aus Ägypten empfiehlt Wermut als Heilmittel. Mehrere griechische und römische Autoritäten auf diesem Gebiet waren der Meinung, daß Wermut u.a. auf Magen- und Darmfunktionen und auf die Sexualität eine positive Wirkung hätte; der große Galenos hielt Wermut dagegen vor allem für ein Brechmittel. Im Laufe der Zeit veränderte sich die anfänglich positive Einstellung zum Wermut zugunsten einer weniger glamourösen - Wermut verwendete man in erster Linie, um Wurmparasiten aus dem menschlichen Körper zu vertreiben, daher auch möglicherweise seine Bezeichnung im Mittelhochdeutschen (*wermout*) und auch im Englischen (*wormwood*) oder Altschwedischen (*masköirt*).

Wermut in der Küche

Später überschatteten die kulinarischen Aspekte des Wermuts die medizinischen. Schweine- und Lammfleisch schmeckten besonders gut, wenn man beim Zubereiten ein paar Wermutblätter hinzufügte, aber auch die damaligen Sorten von Rüben und Kohlrüben gewannen dadurch deutlich an Geschmack. Die Verwendung von Wermut als wildes Würzgewächs war in den von den Germanen bewohnten Teilen Europas schon üblich, ehe die Klöster mit vielseitigen Gewürzen die europäische Küche beeinflußten. Man wußte auch, daß manche Tiere den scharfen Wermutduft scheuten, sogar solche Schädlinge wie Mäuse und Motten, daher versuchten die Bauern in alten Zeiten, ungedroschene Getreide- und Kornvorräte durch Bollwerke aus Wermutbündeln zu schützen. In manchen Gegenden Deutschlands tat man das noch bis in die 30er Jahre dieses Jahrhunderts. Der Glaube an die schützende Kraft des Wermuts gegen Schädlinge war so stark, daß die Bibliothekare Wermut sogar der Tinte beifügten, damit die Schriftstücke nicht von Mäusen angeknappert würden.

Zweifellos fand aber Wermut seine vorrangige und dauerhafte Anwendung in Getränken. Der griechische

wissenschaftliche Bezeichnung:	Artemisia absintum
Pflanzenfamilie:	Compositae, Korbblütler (Asteraceae)
Englisch:	wormwood
Französisch:	absinthe
Italienisch:	assenzio
Spanisch:	ajenjo
nutzbare Teile:	Blätter (teilweise auch Fruchtstände)
Herkunft:	Mittelmeer
Anbauländer:	lokal angebaut; die wilden Arten gelten als die besseren

a

Arzt Anthimus schrieb im 5. Jahrhundert, daß die Germanen gern eine mit Wermut gewürzte Weinsorte tranken (höchstwahrscheinlich Bier). Eine Reihe anderer antiker Schriftsteller stellte diese Sitte auch im römischen Gallien fest, wo der Brauch, Wermut als Getränkewürze zu verwenden auch später sogar in feinen Kreisen, z.B. bei Hofe der Merowinger in Soisson, weiterlebte. Vom König Chilperich I., der ein besonders unsympathischer Barbar war, wurde erzählt, daß er mit einem Becher Wein, der neben Honig und Wermut einen giftigen Wurm verbarg, umgebracht wurde. Als die ersten Destillationsapparate in den von Arabern besetzten Gebieten in Südfrankreich auftauchten - die Araber kannten die Kunst der Destillierens schon lange Zeit vor den Christen-, gehörte Wermut bereits zu jenen Gewürzen, die den Brandwein veredelten.

Welcher Fusel!

Mochte man also den bitteren Geschmack so sehr? Wohl kaum! Eher wollte man mit dem bitteren, scharfen Aroma des Wermuts, den schlechten Geschmack der altertümlichen Bier- und Weinsorten entschärfen. Das Bier wurde schnell sauer, und die primitiven Transportbedingungen in den Norden taten den Weinen bestimmt nicht gut, so daß am Ende weniger Wein als Essig in den Fässern war. Als im 17. Jahrhundert die Länder ohne eigene Weinproduktion im Norden Europas die Technologie zur Herstellung von Sprit aus Getreide erfanden - und ein Jahrhundert später aus Kartoffeln -, erhielt man aus den primitiven Apparaten einen schrecklich schmeckenden Fusel. Um die ekligen Ausdünstungen des Brandweins zu dämpfen, brauchte man Geschmacksverstärker, und auf diese Weise entstand in England und Holland der Genever - mit Wacholder als Würze; im Norden bevorzugte man doch Wermut. In Frankreich benutzte man den Wermut im Absinth, nicht in erster Linie als Geschmacksverstärker, sondern wegen des narkotischen Effekts von Thuja, einer Substanz, die in den Wermutblättern enthalten ist. Dies führte allerdings oft zu schweren psychischen und physischen Störungen bei den Absinthdrinkern, weshalb der Absinth später verboten wurde, zunächst 1907 in der Schweiz,

Wermut wurde zur Herstellung von Absinth verwendet, einem Getränk, das im 19. Jahrhundert sowohl mit dekadenten Poeten als auch mit dem Elend des Proletariats assoziiert wurde. Degas Gemälde Absinth.

dann später auch in Frankreich und in den USA.

Der heutige Wermut ist mit einer Anzahl von Kräutern gewürzt, wobei der Wermut als Pflanze an sich eine untergeordnete Rolle spielt. Der Erfinder des Wermuts als moderne Weinsorte, Antonio Benedetto Carpato, soll sich bei seinem Geniestreich im Jahre 1786 in Turin bei der Namengebung des Wermuts angeblich durch fleißiges Lesen von Goethes Werken inspiriert lassen haben.

Gewächse mit scharfen und starken Düften hatten schon seit Urzeiten den Ruf, böse Kräfte zurückhalten zu können. Das klassische Beispiel ist der Knoblauch; ähnliche Eigenschaften schrieb man vielerorts in Europa auch dem Wermut zu, der als Schutz vor dem bösen Blick und Hexen galt. In Vietnam hatte Wermut den Ruf, die Dämonen fernhalten zu können.

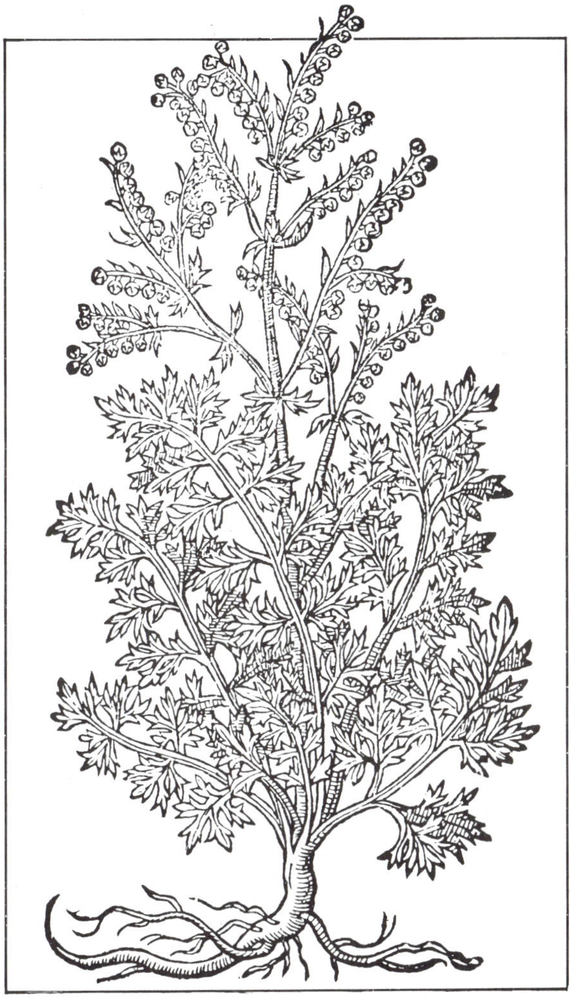

Wermut ist eine Medizinal- und Gewürzpflanze mit langer Geschichte. Er wurde schon vor 3500 Jahren in *Papyrus Ebers* erwähnt. Holzschnitt aus Simon Paullis Flora Danica aus dem Jahre 1648.

Unauffälliges Gewächs

Wermut ist eine mehrjährige Pflanze, sie ist ca. 150 groß und ein Korbblütler, die überall in Europa außer im Hohen Norden wächst. Die ganze Pflanze ist mit seidigen graufilzigen Härchen bedeckt. Die Blütenkörbchen sind klein und halbrund, mit gelben, rohrförmigen Blüten. Die Blütezeit des Wermuts ist im August, und am besten sollte er, kurz bevor die Blüten ganz ausgeschlagen haben, geerntet werden. Der eigentliche Wermut hat viele Verwandte in der Pflanzenwelt, die auf dieselbe Art und Weise verwendet werden.

Wermut

Lorbeer

Laurus nobilis

Der Sonnengott Apollo aus der griechischen Mythologie lehnte sich einst gegen seinen Vater Zeus auf, was jenen so sehr verärgerte, daß er den aufsässigen Sohn vom Olymp jagte und ihn in die Menschenwelt verwies. Hier hatte es Apollo nicht leicht und mußte im Schweiße seines Angesichts seinen Lebensunterhalt verdienen. Andererseits gab ihm dies die Möglichkeit, eine beträchtliche Anzahl irdischer Schönheiten zu verführen - eine Gelegenheit, die er sich auch nicht entgehen ließ. Gewiß war Apollo der schönste Mann, den sich eine Frau wünschen konnte, jedoch nicht alle Mädchen verfielen seinem Charme.

Daphnes bitteres Schicksal

Eine davon, die Nymphe Daphne, gehörte zu jenen jungen Schönheiten, die die Göttin Diana auf der Jagd begleiteten. Apollo verliebte sich in Daphne, stellte aber fest, daß er einen Rivalen, den Jüngling Leukippos, hatte, der sich manchmal als Nymphe verkleidete, um in ihrer Nähe sein zu können. Apollo kam auf die Idee, die Nymphen zum Schwimmen einzuladen, wobei Leukippos sein Geschlecht natürlich nicht mehr verbergen konnte und die Nymphen den armen Liebeskranken umbrachten. Als Apollo nun den Schauplatz allein beherrschte, schlich er eines Tages an Daphne heran, und als sie zu fliehen versuchte, verfolgte er sie. Sie sah bald ein, daß sie ihm früher oder später nicht entrinnen könnte. Daraufhin wandte sie sich mit der Bitte an ihren Vater, den Flußgott Peneios, ihre Unschuld zu retten, worauf er sie in einen Lorbeerbaum verwandelte.

So erklärte jedenfalls der römische Dichter Ovid in seinen Metamorphosen, weshalb man Apollo mit einem Lorbeerbaum in Verbindung bringt.

Nicht nur zur Zubereitung der Nahrung

Der Zusammenhang von Lorbeer und dem Gott Apollo ist vielleicht weniger romantischer, sondern mehr botanischer Natur. Man glaubte nämlich, daß man die Zukunft voraussehen kann, wenn man auf einem Bett aus Lorbeerzweigen schläft und seine würzigen Düfte einatmet. Apollo war auch der Gott der Weissagung. In seinem Tempel in Delphi gab es das berühmte Orakel, bei dem Lorbeer eine wichtige Rolle spielte. Wer von einer Wahrsagerin eine günstige Prophezeiung erhielt, der schmückte seinen Kopf mit einem Lorbeerkranz als Zeichen für seine Dankbarkeit. Bei den pythischen Spielen in Delphi - dem Vorgänger der späteren olympischen Spiele - benutzte man diesen Kranz zur Ehrung der Sieger, später auch für die siegreichen Heerführer. Als Julius Cäsar vom römischen Senat das Recht erhielt, einen Lorbeerkranz auch im Alltag auf seinem Haupt zu tragen,

wissenschaftliche Bezeichnung:	Laurus nobilis
Pflanzenfamilie:	Laureaceae (Lorbeergewächse)
Englisch:	bayleaves, sweet bay, laurel leaves
Französisch:	laurier
Italienisch:	alloro
Spanisch:	laurel
nutzbare Teile:	getrocknete Blätter, früher auch Beeren
Herkunft:	Kleinasien, Syrien
Anbauländer:	Griechenland, Portugal, Türkei

Laurus nobilis Linn.

PHEBVS
DAPHNE
FLEVVE

war vielleicht die Ursache seines Wunsches recht trivial: Er wollte damit einfach sein spärliches Haupthaar verdecken.

Weil Apollo auch der Beschützer der Künste war, entwickelte sich der Lorbeerkranz allmählich zum Zeichen der Ehrung für Dichter. Heute noch gehört zum Personal des britischen Hofes ein bezahlter *poet laureate*, ein lorbeergekrönter Hofdichter, der heute jedoch nicht mehr verpflichtet ist, Neujahrs- und Geburtstagshuldigungen für die Monarchen zu schreiben. Große Bühnenkünstler, nicht zuletzt Opernsänger werden bei Jubiläen oder feierlichen Veranstaltungen mit Lorbeerkränzen geehrt - allerdings werden sie um den Hals gelegt. Solche Ehre kommt bei manchen Gelegenheiten auch Wissenschaftlern zu: z.B. der wissenschaftliche Titel *baccalaureatus*, der Bachelor. *Baccaurea* ist die lateinische Bezeichnung für Lorbeer, aus dem im Französischen später *baie* und nach der Entlehnung ins Englische *bay leaves* wurde.

Zum traditionellen *bouquet garni* gehören Petersilie, Lorbeer und Thymian.

Dem Lorbeer schrieb man allerlei magische Eigenschaften zu. Er sollte u.a. gegen Blitze schützen, weshalb sich der römische Kaiser Tiberius bei Gewitter mit einem Lorbeerkranz auf dem Haupt unter dem Bett versteckte. Einige Jahrzehnte später floh der Kaiser Nero in eine Lorbeerheide, als Rom von der Pest geplagt wurde - der Lorbeer sollte die Pest abhalten.

Daphnes Verwandlung zum Lorbeerbaum war Gegenstand häufiger Darstellungen in der Kunst. Trauriges Ende von Apollos Verführungsversuch in einer französischen Ausgabe von Ovids Metamorphosen, 1450.

Lorbeer in der antiken Küche

Die gastronomischen Qualitäten des Lorbeers haben auch eine weit in die Vergangenheit reichende Geschichte. Die Verwendung von sowohl Lorbeerblüten als auch -blättern beschrieb das von Apicius verfaßte römische Kochbuch aus dem 2. Jahrhundert n. Chr. Es besteht auch kein Zweifel, daß Lorbeer im Mittelalter auch in Europas nördliche Regionen exportiert wurde. Nach seinen zahlreichen Erwähnungen in verschiedenen Schriften zur Heilkunst und in den Gewürzkunden zu urteilen, überwogen jedoch vor allem die medizinischen Aspekte seiner Anwendung. Karl der Große empfahl seinen Untertanen im gesamten Reich, Lorbeerheiden anzulegen. Zum Bereich seines medizinischen Einsatzes gehörte die Behandlung von Magen-, Nieren- und Hautproblemen (u.a. gegen Pickel).

Als François-Pierre de La Varenne 1652 sein wirklich klassisches Kochbuch *Le cuisinier français* herausgab, war dort Lorbeer unter anderen Gewürzen gut vertreten. Es wäre nicht falsch anzunehmen, daß er die Lorbeerpflanze und ihre kulinarischen Eigenschaften als junger Mann während seines Aufenthalts in Florenz kennenlernte, wo er sich den Studien der italienischen Kochkunst widmete. Ehe Maria de Medici nach Frankreich zog, um die Gattin von König Heinrich IV. zu werden, sorgte sie dafür, daß es in ihrer neuen Heimat Köche gab, die eßbare, d.h. italienische Gerichte zubereiten konnten, da die französische Küche von damals noch keinen besonders guten Ruf hatte, und weil sie einfach eine Feinschmeckerin war.

Am prächtigen Hof der Medicis lebten noch

einige antike kulinarische Traditionen weiter, diese griff de La Varenne auf und paßte sie dem französischen Geschmack an. So war die Voraussetzung für die eigene französische Küche geschaffen, die nach und nach die ganze Welt erobert hat. Sein Buch war aber auch ein Meilenstein in der Geschichte der Gewürze. Während in alten Zeiten die Gewürze vor allem verwendet wurden, um den schlechten Geschmack der Rohware zu verschleiern - daher auch ihr enormer Verbrauch -, kam ihnen durch *Le cuisinier français* eine qualitativ völlig neue Rolle hinzu, nämlich den spezifischen Geschmack der Rohware noch zu betonen. Dazu paßte das milde, aber zugleich markante Aroma des Lorbeers ausgezeichnet. Norditalien ist noch heute einer der größten Lieferanten des Lorbeerblattes, das in einer großen Anzahl verschiedener Gerichte seine Verwendung findet - vor allem in Marinaden, in verschiedenen Sorten von Fleischtöpfen, in Frikassees und auch beim Kochen von Fleisch und Fisch. Das Lorbeerblatt gehört - in fast allen Fällen in seiner vollen Größe - in das klassische französische Gewürzbouquet, *le bouquet garni*, das in vielen verschiedenen Bouillons, Saucen und Suppen Verwendung findet. Dieses Bouquet erfand ein zeitgenössischer Kollege von La Varenne, der Meisterkoch der Herzogin von Orleans Pierre de Lune. In der Bouillabaise z.B. ist das Lorbeerblatt obligatorisch. In älteren Kochbüchern kann man Rezepte finden, wo Lorbeer sogar in Puddings und anderen Desserts eingesetzt wird.

Seltene Schönheit

Lorbeer ist ein pyramidenförmiges Gewächs der Familie der Holzpflanzen, das sich zu einem zehn bis zwanzig Meter hohen Baum mit dunkelgrün glänzenden, spitzförmigen und ziemlich harten, glattrandigen Blättern entfaltet. Die Blätter haben auf der Unterseite eine etwas hellere Farbe und sind matt. Die Rinde kann entweder olivenfarben oder auch rötlich und weich sein. Die aus

der Blattfurche hervorragenden Blüten sind recht unscheinbar, gelb- oder weißgrünlich; weibliche bzw. männliche Blüten entfalten sich am selben Baum. Die Früchte sind weintraubengroß und können glänzend und grün, aber auch purpurrot oder schwarz sein. Sowohl die Blätter als auch die Früchte enthalten ätherische Öle (Zimtöl), die ihnen einen bitteren, würzigen Geschmack verleihen. Aus diesen Früchten wird dann das dicke Lorbeeröl gepreßt, das früher eine recht breite medizinische (z.B. Liniment) und technische (z.B. Seife, Kerzen) Verwendung fand.

Die Gattung der Lorbeegewächse ist bekannt für ihren Gewürzgehalt; dazu gehören neben dem Lorbeerbaum u.a. der Zimtbaum und die Kassia. In wildem Zustand kommt Lorbeer am Mittelmeer vor, wo man ihn auch anbaut, aber auch in Südostasien sowie in Zentralamerika. Eine mit dem Lorbeer nah verwandte Pflanze wächst ebenfalls auf den Kanarischen Inseln.

Die Blätter werden mit der Hand in der frühen Morgenstunde geerntet und zum Trocknen unter eine Presse gelegt, damit sie nicht wellig werden. In der Sonne getrocknet, werden sie braun und verlieren außerdem zu viel von ihrer Essenz.

Lorbeer muß jedoch von anderen Pflanzen mit ähnlich klingendem Namen oder ähnlichem Aussehen unterschieden werden, die aus botanischer Sicht zu ganz anderen Familien gehören, z.B. die Traubenkirsche (*Prunus laurocerasus*), die für einen immergrünen und zur Blütezeit angenehm duftenden Hintergrund in vielen Gartenanlagen sorgt. Diese Pflanze gehört zur Rosenfamilie.

Lauch

Porree, Schnittlauch, Zwiebel, Knoblauch

Um den Kriegen zwischen den Griechen und den Persern, Ägyptern und anderen Völkern auf die Spur zu kommen, die das Hauptthema seines berühmten Geschichtswerkes bildeten, machte der griechische Autor Herodotos Mitte des 5. Jahrhunderts v. Chr. ausgedehnte Reisen nach Persien und Ägypten. Er gab auch ausführliche Beschreibungen seiner eigenen Erlebnisse sowie über die Völker der besuchten Länder und ihre für ihn sehr exotischen Bräuche. Als er vor den mächtigen Pyramiden stand - vielleicht genauso beeindruckt wie die Touristen unserer Tage - ließ er sich Inschriften der Cheopspyramide übersetzen. Darüber berichtete er folgendermaßen: "Mit ägyptischen Schriftzeichen wird dort angegeben, wieviel Geld für Rettich, rote Zwiebeln und Knoblauch für die Arbeiter ausgegeben worden war. Ich kann mich sehr gut erinnern, wie der Dolmetscher sagte, daß diese Ausgaben 16000 Silbertalente betrügen (d.h. fast 40 Tonnen Silber, für Herodotos Zeit eine kaum vorstellbare Summe!). Wenn dies stimmte, wieviel wurde dann erst für Eisen, Werkzeug, Essen und Kleidung ausgegeben!"

Als das Geld zu Ende war, befahl Cheops seiner eigenen Tochter, sich ins Hurenhaus zu begeben und auf diese Weise ihren eigenen Beitrag zur Kostendeckung zu leisten. Sie tat alles, was ihr der Vater befohlen hatte; da sie aber wollte, daß man sie auch persönlich in Erinnerung behalten sollte, bat sie jeden ihrer Kunden, neben dem Geldbetrag auch noch einen Stein zu hinterlassen. Diese Steine, behauptete Herodotos, reichten dann zum Bau der mittleren der drei Pyramiden!

Porree

wissenschaftliche Bezeichnung:	Allium porrum
Pflanzenfamilie:	Liliaceae, Liliengewächse (Alliaceae)
Englisch:	leek
Französisch:	poireau
Italienisch:	porro
Spanisch:	porro
nutzbare Teile:	Zwiebel und feinere Blätterteile
Herkunft:	vermutlich am Mittelmeer
Anbauländer:	wird in zahlreichen Ländern angebaut

Zwiebel

wissenschaftliche Bezeichnung:	Allium cepa
Pflanzenfamilie:	Liliaceae, Liliengewächse (Alliaceae)
Englisch:	onion
Französisch:	oignon
Italienisch:	cippola
Spanisch:	cebolla
nutzbare Teile:	Zwiebel, unterirdische Stammteile
Herkunft:	vermutlich Südwestasien
Anbauländer:	wird in zahlreichen Ländern angebaut, u.a. in Bulgarien, Ägypten, Israel, in Teilen der ehemaligen Sowjetunion, in Ungarn und in den USA

Schnittlauch

wissenschaftliche Bezeichnung:	Allium schoenoprasum
Pflanzenfamilie:	Liliaceae, Liliengewächse (Alliaceae)
Englisch:	chives
Französisch:	ciboule(tte), cive(tte)
Italienisch:	cipollina
Spanisch:	ceboletta
nutzbare Teile:	Blätter
Herkunft:	Europa, Nordasien
Anbauländer:	wird in zahlreichen Ländern angebaut

Knoblauch

wissenschaftliche Bezeichnung:	Allium sativum
Pflanzenfamilie:	Liliaceae, Liliengewächse (Alliaceae)
Englisch:	garlic
Französisch:	ail
Italienisch:	aglio
Spanisch:	ajo
nutzbare Teile:	Zwiebel
Herkunft:	vermutlich im Nahen Osten
Anbauländer:	wird lokal in Mittelmeerländern, in Bulgarien, Ägypten, Teilen der ehemaligen Sowjetunion, Ungarn und in den USA angebaut

Lauch als Lohn?

Ob man dem Glauben schenken soll oder nicht, aber überliefert ist, daß die Leidenschaft der Ägypter für Lauch insgesamt und besonders für Knoblauch unbegrenzt war. Die großen Mengen, die konsumiert wurden, schienen für die enorme Anzahl der Arbeiter der Pharaonen auf den Baustellen der Pyramiden Bezahlung genug zu sein. Über die Wichtigkeit dieser Pflanze für das Volk des Nildeltas zeugt auch das vierte Buch Mose, wo die Wanderung der Juden durch die Wüste beschrieben wird: "Da fingen auch die Kinder Israel wieder an zu weinen und sprachen: Wer wird uns Fleisch zu essen geben? Wir denken an die Fische, die wir in Ägypten umsonst aßen, und an die Kürbisse, die Melonen, den Lauch, die Zwiebeln und den Knoblauch"- das war ungefähr der Hintergrund dafür, daß Gott dann seinen Auserwählten Manna über die Köpfe streute.

Die leckeren ägyptische Lauchsorten wurden im vierten Buch Mose erwähnt. Sie gehörten zu den traditionellen Opfergaben und begleiteten natürlich auch die Verstorbenen ins Jenseits.

Die ältesten Zwiebeln der Welt

Die Spuren der Verwendung von Knoblauch und Schnittlauch im alten Ägypten können bis in das 3. Jahrtausend v. Chr. verfolgt werden dank der ägyptischen Sitte, sie den Göttern als Opfergaben anzubieten. Daß dies der Fall war, bestätigen die Malereien in den Grabkammern des alten Reichs. Vielleicht die ältesten Lauchreste der Welt fand man in einem kleinen Häufchen in Tutanchamuns Grabkammer, wo sie im Jahre 1358 v. Chr. hinterlassen wurden. Man ordnete die Zwiebeln elegant in der Form von großen, glockenähnlichen Bündeln an. Die Priester selbst durften dabei die Opfergaben nicht verzehren, so berichtete der griechische Gelehrte Plutarchos, weil sie sonst durstig würden und daher mehr Wein tränken, als es sich für einen Priester ziemte. Sein etwas älterer römischer Kollege Plinius betrachtete Lauch als eine besonders nützliche Nahrung, weil es die Verdauung förderte und "Darmwinde in Bewegung setzte".

Fürstlich!

Bereits zu der Zeit empfand man den Lauch als ein Kulturgewächs; wildwachsenden Lauch gebe es nicht, schrieb Plinius. Die aus Ägypten stammenden Lauchsorten waren wegen ihres milden und leckeren Geschmacks weit bekannt. Gegessen hat man ihn sowohl roh als auch gekocht und in allen sozialen Schichten, nicht sicher ist jedoch, ob er als eine Art *hors d'œuvres* oder nur als Imbiß zum Hauptgericht verzehrt wurde, z.B. so wie Kohl. Ein anderer Grieche, Charmidas, berichtete, daß Männer im alten Ägypten auf dem Heimweg von ihren Liebhaberinnen eine Knoblauchzehe kauten, damit ihre eifersüchtigen Gemahlinnen nicht auf die Idee kommen könnten, eine andere könnte auf so einen stinkenden Knoblauchsack verfallen sein. Der Grieche Kallias sowie später eine Reihe römischer Militärtheoretiker empfahlen den Befehlshabern, ihren Soldaten vor der Schlacht Knoblauch zu geben - vielleicht weniger, um den Feind mit dem scharfen Atem einzuschüchtern, als den eigenen Kämpfern mehr Mut zu verleihen.

Die rote Zwiebel und der Knoblauch fanden ihre Anwendung in erster Linie als Gewürze, die milde gelbe Zwiebel auch noch als Gemüse.

Andere Quellen berichteten über einen riesigen Verbrauch von Lauch und Knoblauch am Hofe persischer Großwesire in Susa. Allein an Knoblauch konsumierte man dort über 25 Kilo täglich - was für einen Duft mußten diese Potentaten um sich verbreitet haben! In China war der Anbau von Lauch bereits aus dem 3. Jahrtausend v. Chr. und in Indien zur Entstehungszeit der vedischen Schriften bekannt.

Heute noch sind die in Ägypten und im Nahen Osten angebauten Lauchsorten milder und spröder als die im Abendland gebräuchlichen Sorten, das gilt allgemein auch für den Knoblauch. Der Lauch der Griechen müßte ebenfalls von hoher Qualität gewesen sein: Homer vergleicht an einer Stelle die feine Qualität der Tunika des Helden mit der "dünnen Haut" der Zwiebel. Die Griechen hatten überhaupt ein reiches Angebot an Lauchsorten aus verschiedenen Anbaugebieten, am leckersten galt aber der Lauch von der Insel Melos - wo die Aphrodite von Melos zu Hause war -, weshalb diese Insel auch unter dem Namen Krommyusa, die Lauchinsel, bekannt war.

Lauch auf Wanderung

Zu den großen Lauchessern gehörten natürlich auch die Römer. Aus Italien nahmen sie dann mehrere Sorten von Lauch mit sich in die erworbenen Provinzen, wo sich der Lauch noch weiter bis zu den Germanen und sogar nach Britannien ausbreitete. Im Mittelalter genoß der Lauch insbesondere im griechischen Byzanz ein hohes gastronomisches Ansehen. Ein Bischof namens Liutprand aus Cremona in der Lombardei reiste als Abgesandter des Kaisers Otto des Großen zum Hof des byzantinischen Kaisers Nikeforos II., der in den Jahren 963 - 969 regierte. In seinem Bericht legte er mit mäßigem Enthusiasmus die Gewohnheiten des Selbstherrschers dar: "Er lebt von Knoblauch und anderem Lauch und spült alles mit reichlich Wein nach, der wie Badewasser schmeckt". Der Wein, der hier gemeint ist, war wahrscheinlich mit Harzzusätzen angereichert und noch mit Wasser verdünnt. (Dieser Wein ist heute als griechischer Retsina bekannt.)

Man nimmt an, daß Lauch zu den ersten Samen zählte, die die Europäer in Amerika angepflanzt haben. Schon auf seiner zweiten Amerikareise hatte Kolumbus Lauch bei sich, den er im Januar 1494 in Isabela in der heutigen Dominikanischen Republik auch in die Erde setzte. Der Lauchanbau breitete sich rasch durch die Spanier über ganz Zentral- und Südamerika aus, und sogar die nordamerikanischen Indianer übernahmen später diese Sitte von den europäischen Kolonisten.

Schalottenzwiebeln stammen ebenfalls aus den Ländern rund um das Mittelmeer; ihren Namen hat die Zwiebel von der Stadt Askalon in Israel bekommen, in deren Umgebung sie fleißig angebaut und woher die Zwiebel durch die Kreuzritter nach Europa gebracht wurde. Der Verzehr von Lauch unter den Juden Palästinas war so enorm, daß der feingesittete römische Kaiser Marcus Aurelius bei seinem Besuch in ihrem Land im

Zwiebeln können in den meisten Gärten angebaut werden. Es findet sich immer eine Sorte, die den klimatischen Bedingungen entspricht.

Jahre 175 angeblich ausgerufen haben sollte: "Oh Ihr Markomannen, oh Ihr Quaden, oh Ihr Sarmaten, die ich soeben besiegt habe, jetzt habe ich ein Volk gefunden, das noch gräßlicher riecht!"

Porree - für anspruchsvolle Geister

Porree war im orientalischen Altertum bereits bekannt, wovon die Erwähnungen in der Bibel und in den ägyptischen Inschriften zeugen. Auch die antike Welt kannte ihn wohl: Kaiser Nero z.B. aß an bestimmten Wochentagen nur Porree mit etwas Öl und sogar ohne Brot. Angeblich sollte das seine von der Umgebung nicht besonders hochgeschätzte Singstimme schonen. Die Idee bekam er vielleicht von Aristoteles, der einmal äußerte, das klare Gekrähe der Rebhühner komme daher, daß sie viel Porree verzehrten. Auf den Britischen Inseln war Porree unter den Kelten als Nahrung besonders populär und hatte außerdem einen Symbolwert. In einer irischen Legende wird behauptet, daß der Heilige Patrick den Porree höchstpersönlich schuf. Bei den Schotten gehört cook-a-leekie, die Porreesuppe, zur Nationalküche, und in Wales war Porree das nationale Symbol der dortigen Kelten seit den vielen erfolgreichen Schlachten gegen die eindringenden Angelsachsen im 5. Jahrhundert. Unter König Cadwallader zogen sie mit Porree als Erkennungszeichen auf den Helmen und auf der Rüstung in den Kampf.

So sieht der Porree im ersten Jahr aus, im zweiten Jahr blüht er.

Zwiebeln waren schon immer eine wichtige Vitaminquelle, die außerdem längere Zeit gelagert werden können. Klassische Zwiebelzöpfe auf einem Markt in Portugal.

Knoblauch - volksnaher Lauch

In der Antike konnten die Griechen und die Römer Knoblauch bei den umherwandernden Knoblauchverkäufern erwerben; mit der Zeit fing er jedoch in den feineren Kreisen an, als unfein zu gelten, nicht zuletzt wegen des berüchtigten Geruchs, der in feine Gemächer nicht mehr paßte. Seitdem entwickelte er sich zum Symbol der Eßgewohnheiten des einfachen Volkes auf dem Lande und in der Stadt. Der römische Dichter Horatius meinte in einem Gedicht, Knoblauch passe lediglich in die gegerbten Magen der Bauern. Er erinnerte seinen Gönner Maecenas, der ihm einmal ein Bündel des "teuflischen Zeugs" schickte, daß die listige Medeia ihren Geliebten Jason während seiner Jagd nach dem Goldenen Flies mit Knoblauch einschmierte, damit die feuerspeienden Stiere ihres Vaters (dem das Objekt der Begierde gehörte) sich nicht in seine Nähe wagten.

Bis in unsere Zeit war es vor allem in östlichen Gebieten Europas, und später bei den osteuropäischen Immigranten in den USA, wo Knoblauch am höchsten geschätzt wurde, ganz besonders in der jüdischen Küche. Die französische Küche kannte natürlich auch Knoblauch, man zog es jedoch vor, damit sehr sparsam umzugehen: Es galt unter Köchen als ausreichend, den Teller mit einer Knoblauchzehe einzureiben, oder eine Knoblauchzehe zu kauen und dann das fertige Gericht nur anzuhauchen. Nach dem Zweiten Weltkrieg stieg jedoch seine Popularität wieder an, nicht zuletzt aufgrund der Bekanntschaft mit exotischen Gerichten und Kochtraditionen, wo Knoblauch eine wichtige Zutat ist. Es spielten außerdem die gesundheitsfördernden Aspekte eine Rolle, wobei der rein medizinische Nutzen von Knoblauch allerdings etwas übertrieben erscheint.

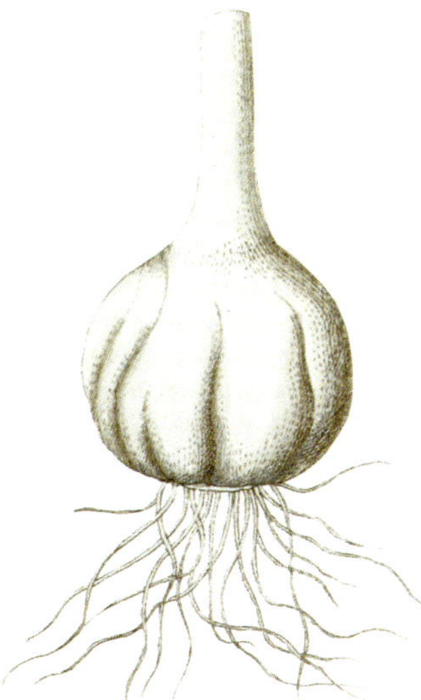

Der zarte Schnittlauch

Der Schnittlauch mit seinen zarten, hohlen Blättern kommt beinahe überall in Europa, Nordasien und in Nordamerika vor, dort insbesondere an den Großen Seen. Daß Schnittlauch in der Antike bekannt war, bestätigt seine Erwähnung durch den Epigrammdichter Martialis, der die Leser vor die schwere Wahl stellte, in festliche Stimmung durch den Verzehr von Schnittlauch oder durch die Küsse hübscher Mädchen zu kommen. Für ihn selbst schien die Wahl selbstverständlich. Es dauerte jedoch bis ins Mittelalter, daß Schnittlauch allgemein hoch angesehen war und viel angepflanzt wurde.

Aus den skandinavischen Chroniken des 11. Jahrhunderts über den Krieg des Wikingerfürsten Olav Haraldssons gegen andere norwegische Klanführer ist bekannt, daß es dort eine Hexe gab, die den Kriegern mit Bauchverletzungen nach der Schlacht Schnittlauch zum Essen gab. Nach ein paar Stunden roch sie an ihren Wunden: Wo der Lauchgeruch zu verspüren war, bedeutete es, daß die Gedärme zerstört waren und der Verletzte nicht überleben konnte. Danach konzentrierte sich die Hexe auf die Verletzten, die bessere Überlebenschancen hatten. Im übrigen waren Lauch und Knoblauch im Norden seit langer Zeit wohlbekannt gewesen. Bei den vorhistorischen Bewohnern des Nordens standen sie sicherlich auf der Gewürzliste, bis sie später vor allem vom Pfeffer, einem damals neuen Gewürz, etwas in den Schatten gestellt wurden. Was das einfache Volk betrifft, dem der Pfeffer zu teuer und exklusiv war, verblieb Lauch ein fester Bestandteil des alltäglichen Gewürzbestandes.

Medizinische und magische Eigenschaften

Neben kulinarischen Verdiensten und allgemeiner Nützlichkeit schrieb man dem Lauch auch medizinische und magische Eigenschaften zu. Dies gilt zuerst dem geschmackstärksten von

Schnittlauch ist eine wild wachsende Art. Sein milder Geschmack gefällt vielen.

ihnen, dem Knoblauch, der - wie man schon seit den 30er Jahren aus Horrorfilmen weiß - die Vampire auf Abstand zu halten vermag. In der Antike und im Mittelalter hing man Kindern Knoblauchkränze um den Hals, um sie damit gegen Hexerei zu schützen. Diese Sitte überlebte bis in das 19. Jahrhundert so gut wie in ganz Europa, sie galt allerdings nicht mehr Kindern, sondern Kühen und Gänsen. Gab man einem Hund etwas Lauch am Neujahrstag, sollten seine Bisse besonders scharf und schmerzhaft sein, dies glaubte man jedenfalls in manchen Gegenden Deutschlands und Tschechiens.

Eine große Familie

Wie schon gesagt, die Herkunftsspuren des Lauchs in unserer Kultur verlieren sich in der Dunkelheit vergangener Epochen. Eine denkbare Urheimat des Lauchs in den Steppengebieten von Westasien halten die Botaniker für nicht ausgeschlossen. Die gesamte Lauchfamilie, Allium, besteht übrigens aus 450 Arten, ihre Verbreitungsgebiete sind sehr unterschiedlich, und der Mensch begann sie vermutlich an mehreren Orten zum Essen zu verwenden. Wohl bemerkt verwendeten die nordamerikanischen Indianer bereits vor dem Erscheinen der Europäer auf ihrem Kontinent eine einheimische Art von Knoblauch, Allium canadense. Es gibt zwei Hauptarten von Lauch: solche, die aus einem einzigen, großen und rundförmigen Stammteil bestehen (Lauch ist keine Wurzelpflanze!) - dazu gehören der gelbe und der rote Lauch, und jene, die mehrere Zwiebeln haben, z.B. die Schalotte und der Knoblauch. Lauch läßt sich aber auch danach einteilen, ob man zum Essen die unterirdisch bzw. die überirdisch wachsenden Teile verwendet. Bei Porree gilt dies jedoch beiden Teilen. Zwiebeln und Knoblauch können recht lange gelagert werden; die Zwiebeln müssen dabei zunächst getrocknet werden, so daß die äußeren Blätter verhärten und die inneren vor Austrocknung schützen. Sowohl Zwiebeln als auch Knoblauch eignen sich gut zum Trocknen und späterem Zermahlen zu Lauchpulver (Lauchsalz, Knoblauchsalz). Zwiebeln werden auch häufig in Scheiben oder gehackt verkauft.

Eine Auswahl von Laucharten: Silberzwiebel, Perlzwiebel, Knoblauch

Das spezifische Laucharoma kommt von dem schwefelhaltigen ätherischen Öl mit Dialylsulfid als Geruchsträger.

Meerrettich

Armoracia rusticana

Meine Großmutter war glückliche Besitzerin eines fetten, schönen Schweineebers. Ich hätte dies gar nicht erwähnt, wenn dieses Schwein nicht eine Besonderheit aufwies, nämlich seine drogenähnliche Abhängigkeit von Meerrettich. Als das triste Dasein im Stall ihm unerträglich wurde, brach er in die Freiheit aus, stürmte zu Großmutters Meerrettichbeet und grub so viel davon aus, wie er es in aller Hast nur schaffen konnte. Dann saß er glücklich da, mit der begehrten Delikatesse angenehm vollgefressen und mit tränengefüllten, erröteten Augen. Es macht schon nachdenklich, wie gering eigentlich manchmal der Unterschied zwischen Menschen und Schweinen ist.

Der Mensch lernte jedoch nicht von den Schweinen, den pikanten Geschmack dieses Gewächses zu genießen. Folgt man den Mythen, war es Apollo höchst persönlich, der den Verzehr von Meerrettich den Menschen nahegebracht hatte. Sein Orakel in Delphi gab eine durchaus positive Empfehlung: "Radieschen ist sein Gewicht in Blei wert, Rettich in Silber, aber Meerrettich in Gold!" Die hier aufgezählten Wurzelgemüsesorten sind miteinander eng verwandt und enthalten scharfriechende Substanzen, die mit ihrem irritierenden Aroma die Augen zum Tränen bringen.

wissenschaftliche Bezeichnung:	Armoracia rusticana
Pflanzenfamilie:	Cruciferae, Kreuzblütler (Brassicaceae)
Englisch:	horseradish
Französisch:	raifort, moutarde des allemands
Italienisch:	rafano
Spanisch:	rabano picante
nutzbare Teile:	Wurzel (Blätter zum Salat)
Herkunft:	Balkan, Südrußland
Anbauländer:	zum lokalen Verbrauch in Ost- und Nordeuropa und in den USA

Wurzelgemüse mit dunkler Wurzel

Die obengenannten, wohlschmekkenden Gemüsesorten - und viele andere - wurden in älteren Quellen oft miteinander verwechselt, was verläßliche Aussagen über Verwendung und Anbau in älteren Epochen wesentlich erschwert. Die Behauptung, die alten Ägypter hätten Meerrettich schon gekannt, beruht sicherlich auf einer falschen Deutung der Quellen; auch Apollos bereits erwähnter Meerrettich hinterläßt einen gewissen Zweifel - den Zweifel liefert in diesem Fall die Philologie. Meerrettich wächst jedoch tatsächlich auch an der Westküste der Balkanhalbinsel, so daß die alten Griechen Meerrettich wohl gekannt haben könnten.

Diese sprachwissenschaftliche Unsicherheit sowie das Vorkommen verschiedener Wurzelgemüsearten mit ähnlich brennendem Geschmack innerhalb derselben Pflanzenfamilie bereiten sowohl Kulturhistorikern als auch Botanikern Schwierigkeiten, weshalb die ursprüngliche Heimat von Meerrettich in sehr verschiedenen Gegenden angenommen wird. Die Anliegerländer des Mittelmeers haben ihre Führsprecher, die des Orients ebenfalls, und sogar Sibirien kam ins Gespräch. Die moderne Auffassung verlegt das ursprüngliche Anbaugebiet von Meerrettich nach Südrußland. Seine russische Bezeichnung *chren* wurde später von anderen slawischen Völkern übernommen; auch in Österreich ist seine Bezeichnung deutlich slawischen Ursprungs: *Kren*.

Zu den notorischen Meerrettichessern gehören in Europa seit jeher auch die Deutschen, die Meerrettich durch die Slawen kennengelernt haben. In vielen europäischen Küchen gilt Meerrettich als etwas typisch Deutsches; nach Frankreich gelangte er teilweise durch die elsässische Bevölkerung, wo Meerrettich schon seit langem populär gewesen war. Dies bestätigt auch der französische Name *moutarde des allemands* (Senf der Deutschen). Die deutsche Bezeichnung Meerrettich hat nicht mit Meer zu tun, sondern geht auf die alte germanische Bezeichnung für Pferd zurück (vgl. fr. *marechal*, engl. *mare*, schw. und norw. *märr*). Diese Beziehung erklärt dann auch das englische Wort *horseradish*, eine modernisierte Version des deutschen Lehnwortes. Woher die nordischen Völker ihre Bezeichnung für Meerrettich übernommen haben - ob aus dem Deutschen oder aus dem Russischen -, bleibt unklar; die Bezeichnung *pepparrot* (wörtlich: Pfefferwurzel) ist nur in diesen Ländern gebräuchlich.

Gegen Fieber und Armut

Nimmt man an, Meerrettich wäre zuerst am Mittelmeer beheimatet, ist es höchst wahrscheinlich, daß er durch die Klöster zunächst nach Mitteleuropa und dann in andere europäische Regionen gelangt war. Wohl bemerkt aß man nicht nur die bittere Wurzel dieser Pflanze, sondern auch seine Blätter als Salat.

Als Heilpflanze besaß Meerrettich einen guten Ruf, hauptsächlich im Mittelalter: z.B. in England im 13. Jahrhundert, in Schweden zweihundert Jahre später. Es wurde recht hartnäckig geglaubt, er helfe gegen Fieber, aber auch gegen Nierensteine, Lungenkrankheiten, Wassersucht und Gallensteine. Als Umschlag sollte er ein Mittel gegen Gicht sein. Außerdem versprach man sich von seinem Verzehr eine Stärkung des Haarwuchses. Es soll auch die damalige Vorstellung erwähnt werden, das man mit einem Stück Meerrettich im Beutel immer gut bei Kasse sein würde.

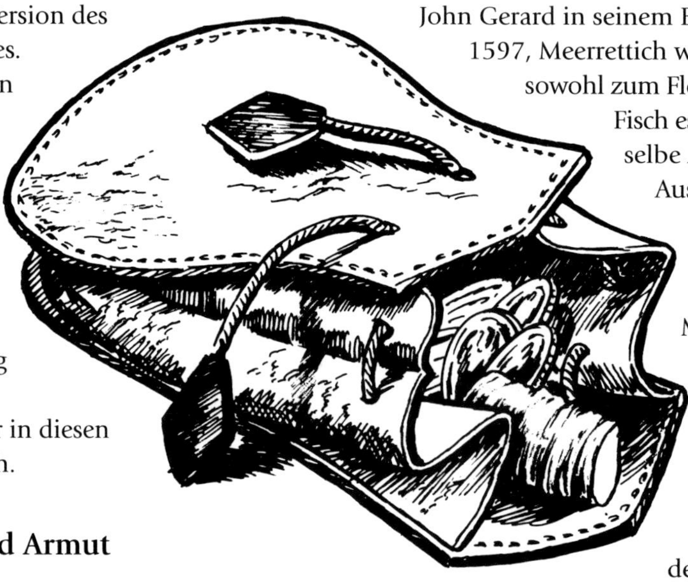

Nach einer alten Vorstellung sorgte ein Stück Meerrettich im Geldbeutel für Wohlstand.

Bester Geschmack: frischgepflückt

Seit dem 16. Jahrhundert überwogen jedoch die kulinarischen Verdienste des Meerrettichs. Der deutsche Botaniker Tabernaemontanus stellte fest, daß seine Landsleute Meerrettichsauce gern zu gekochtem Fleisch aßen, und hielt dies für eine appetitfördernde Methode. In England schrieb John Gerard in seinem Buch *Herball* im Jahre 1597, Meerrettich würden die Deutschen sowohl zum Fleisch als auch zum Fisch essen, ungefähr auf dieselbe Art wie die Senfsauce. Aus einem englischen Bericht aus dem Jahre 1640 ging bereits hervor, daß Meerrettich auch auf den Britischen Inseln unter der Landbevölkerung bekannt und angesehen war, er paßte jedoch am besten zu den "Leuten, die schwere körperliche Arbeit verrichten, jedoch nicht den feineren Magen der Stadtbewohner haben". Eine kurze Zeit danach aß man Meerrettich in England schon überall auf dem Lande und in den Städten z.B. zum Rindfleisch.

Heute sind die Anwendungsbereiche des Meerrettichs in der Küche deutlich festgelegt: Frisch gerieben serviert man ihn *au naturel* u.a. zu Roastbeef, Zunge und Austern, als Meerrettichsahne z.B. zum geräucherten Lachs; als pikante Würze wird er auch in Mayonnaise verwendet.

Meerrettich soll bis zur kalten Jahreszeit in der Erde bleiben.

Ein eßbares Unkraut

Die mehrjährige Meerrettichpflanze wird knapp ein Meter hoch und bekommt zunächst lange, elliptische bis spitze Blätter, die direkt aus der Wurzel emporragen. Im Hochsommer kommt dann ein meterhoher Stiel hinzu, der eine beträchtliche Sammlung kleiner, weißer Blüten am Blütenstand trägt. Meerrettich ist biologisch steril (vermutlich war er von Anfang an eine Kreuzung) und besitzt kein Samensystem, daher pflanzt man seine Wurzelstücke neu ein. Das erklärt auch, warum er so schwer auszurotten ist, weil er in aller Ruhe versteckte Ableger schafft - ein Unkraut und Alptraum für jeden, der ihn nicht anbaut oder nicht auf seinen Geschmack steht. Reißt man ihn aus der Erde, ohne die gesamte Wurzel herauszunehmen, kehrt er zurück, da ein kleines Stückchen immer in der Erde übrig bleibt. Besonders in manchen nordöstlichen Gegenden der USA, wo er von den Einwanderern eingeführt wurde, ist er recht unbeliebt.

Eine im Frühjahr eingepflanzte Wurzel ist im September erntereif, sie bleibt jedoch oft lange im Feld stehen, weil ihr Aroma durch die Ernte bei kälterem Wetter angeblich schärfer wird.

Meerrettich verhindert die Bildung von Schimmel beim Einlegen und wird besonders gern beim hauseigenen Konservieren von z.B. roten Beeten und Gurken eingesetzt. Er besitzt außerdem einen hohen Gehalt von Vitamin C, weshalb er früher von Seeleuten als Antiskorbutikum eingenommen wurde.

Verwendet wird nicht nur die Wurzel; die Blätter kann man als Salat essen.

Mohn

Papaver somniferum

Der Opiummohn gehörte zu den Attributen der griechischen Göttin Demeter (von den Römern Ceres genannt), wie sie in der klassischen antiken Kunst dargestellt wurde. Häufig hielt sie einen Stengel Mohn in der Hand. Auf Kreta wurde eine gut bewahrte Frauenstatue ausgegraben, in deren spitzenförmigen Hut unmißverständlich ein paar Kapseln mit Mohnsamen stecken. Demeter gehörte zur älteren Generation der Götter und wurde durch die Griechen nach ihrer Einwanderung auf den Balkan ca. 1500 v. Chr. wahrscheinlich von dem dort bereits ansässigen Volk übernommen. Es ist natürlich verlockend, aufgrund der gefundenen Samen diese Statue als eine sehr frühe Abbildung von Demeter bzw. ihrer Vorgängerin identifizieren zu wollen. Doch warum identifiziert man Mohn mit Demeter überhaupt?

Nach Überlieferung hatte sie eine inzestuöse Verbindung mit ihrem Bruder Zeus, von dem sie auch die wunderschöne Tochter Persephone gebar. Persephone pflückte Blumen und amüsierte sich eines Tages zusammen mit Freundinnen auf einer Wiese, als sich die Erde plötzlich öffnete und Hades, der Herrscher des Totenreiches, auf einem goldenen Kampfwagen erschien und sie raubte - wozu er sich zuvor einer Erlaubnis von seinem Vater Zeus vergewissert hatte. Hades führte die schöne Jungfrau in sein unterirdisches Reich, wo sie u.a. die Aufgabe bekam, dafür zu sorgen, daß die gegenseitigen Verwünschungen der Menschen oben auf der Erde wirklich funktionierten.

Demeter, ihre Mutter, suchte sie aber neun Tage lang, bis sie von dem Sonnengott Helios erfuhr, was geschehen war. Voller Kummer ließ sie sich in der Stadt Eleusis nieder (wo später auch ihr Mysterienkult entstand), und um den Schmerz des Verlustes zu überwinden und schlafen zu können, nahm sie Mohnopium. Persephone wurde übrigens neben ihrer Mutter Demeter ebenfalls als Vegetationsgöttin verehrt.

So erschreckt man Götter

Zwischen Demeter und Mohn gibt es aber noch eine weitere Beziehung. In Eleusis bewirkte sie durch ihre göttliche Macht, daß die Saat auf den Äckern nicht aufgeht, solange sie ihre Tochter nicht zurückbekommt. Zum Schluß war beinahe die ganze Menschheit dabei, an Hunger zu sterben, was eigentlich bedeuten würde, daß die olympischen Götter keine Opfer mehr bekommen könnten. Angesichts dieser Bedrohung bekam Zeus einen Schreck, so daß er Hades sofort überredete, Persephone in die Oberwelt zurückkehren zu lassen. Vereinbart war, daß sie nur ein Drittel des Jahres auf der Erde weilen und vor allem den Winter bei ihrem Gemahl verbringen sollte. Im Frühjahr durfte sie wieder zu ihrer Mutter gehen.

Demeter und Persephone stellen eine Variante des

wissenschaftliche Bezeichnung:	Papaver somniferum
Pflanzenfamilie:	Papaveraceae, Mohngewächse
Englisch:	poppy
Französisch:	pavot
Italienisch:	papavero
Spanisch:	adormidera
nutzbare Teile:	Samen
Herkunft:	Vorderasien, Zentralasien
Anbauländer:	(Samen) Bulgarien, Dänemark, Deutschland, Indien, Iran, Niederlande, Rumänien, Türkei

b.
a.

Fruchtbarkeitskultes dar, der vergleichbar ist mit denen anderer früherer Kulturen: die syrisch-phönikische Göttin Astarte und der ursprünglich aus dem Nahen Osten stammende Adonis, die frygischen Götter Kybele und Attis und die ägyptischen Götter Isis und Osiris. Die Verknüpfung des Mohns mit den Fruchbarkeitskulten kann an seiner eigenen Vermehrungskapazität liegen. Aus einer einzigen Kapsel mit ihren winzigen Samen - sie sind so klein, daß ein Kilo aus ca. einer Million Körnern besteht - kann eine beträchtlich Zahl Mohngewächse entstehen.

In der Regel sind die Mohnkörner blau, es kommen aber auch weiße vor.

Eine weitere Assoziation zwischen den beiden Gottheiten und dem Mohn besteht darin, daß in den eleusinischen Mysterien, bei denen Demeters und Persephones Offenbarungen für die Eingeweihten den Höhepunkt darstellten, Opium eine wichtige Rolle spielte. Sichere Beweise dafür fehlen allerdings, da die Mysterienteilnehmer mit Schweigepflicht belegt waren, jedoch liefern zahlreiche parallele Kulte genügend Gründe, dies anzunehmen.

Schlafmittel für Säuglinge

Sicher ist jedenfalls, daß der narkotische Effekt des Saftes in den unreifen Mohnkörnern den alten Griechen bekannt war. Betrachtet man die auf Kreta gefundene Statue mit Mohnkapseln etwas näher, kann man feststellen, daß die Kapseln auf dieselbe Art angeschnitten sind, wie es heute noch die Opiumzüchter tun, um den Saft auslaufen zu lassen, der später zu einer zähen, braunen Masse austrocknet. Über die lateinische Bezeichnung der Mohnfamilie Papaver kann angenommen werden, daß es sich etymologisch um ein Wort in der lateinischen Kindersprache für "Essen", papa, handelt, was insbesondere der Milchsuppe galt. Die gestreßten römischen Eltern sollen ins Essen unruhiger Kindergeister etwas Mohn beigemischt haben - eine Methode, auf die wir heute verzichten müssen, obwohl die Idee recht pfiffig ist.

Die Verwendung von Opium als schmerzstillendes und magenberuhigendes Mittel übernahmen die Römer von den Griechen. Das Wissen über die medizinischen Eigenschaften des Mohns drang dagegen erst im fortgeschrittenen Mittelalter nach Europa vor. Ohne sich in die Einzelheiten der dramatischen Drogengeschichte des neuzeitlichen Europas begeben zu wollen, soll nur erwähnt werden, daß Opium die Ursache des britisch-chinesischen Kolonialkriegs im 19.

Mohnsamen ist ein wesentlicher Bestandteil vieler Gewürzmischungen, nicht zuletzt, weil sie den fertigen Gerichten eine dickere Konsistenz verleihen.

Der Mohnanbau ist ein wichtiger Wirtschaftsfaktor vieler Länder, nicht nur wegen der Herstellung von Opium.

Jahrhundert war, als die Ostindische Kompanie versuchte, in China einen Markt für den Absatz des indischen Opiums zu schaffen.

Opium auf Brötchen?

Der Grund, weshalb der Mohn ein Kapitel in diesem Buch bekommen hat, sind natürlich seine Eigenschaften als Gewürz. Sein milder, angenehmer, etwas nußähnlicher Geschmack wurde schon sehr früh entdeckt. Der griechische Arzt Galenos empfahl ihn als Brotwürze, und solche Brotsorten essen wie heue noch. Die Verwendung von Opiummohn als Gewürz ist heute sehr begrenzt - z.B. in manchen Currysorten. Der Anbau von Opiummohn wird dagegen in vielen Ländern der Welt mit temperiertem Klima betrieben; in Europa stehen Holland und Dänemark für den Hauptanteil. Dem Vorsichtigen sollte an dieser Stelle gesagt werden: Die Mohnkörner auf Ihrem Frühstücksbrötchen enthalten keine Drogen, dafür aber eine ganze Menge schmackhaften und nützlichen Öls, das teilweise auch in anderen Speiseölen enthalten ist.

Safran

Crocus sativus

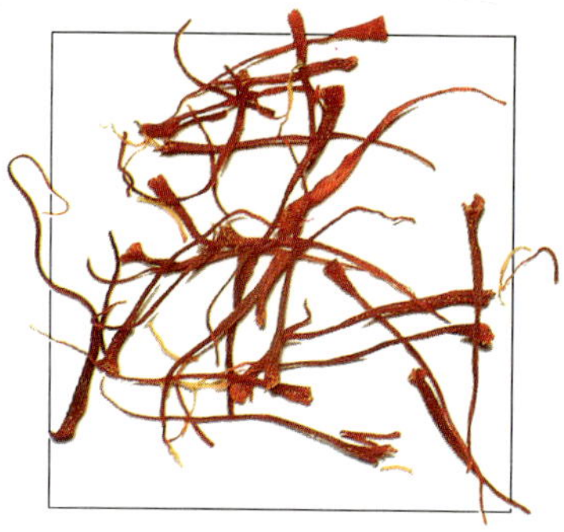

Crocus hieß nach der antiken Mythologie ein sehr schöner Jüngling. Auf welche Weise sein Schicksal mit einem Gewürzgewächs, aus dem Safran gewonnen wird, verbunden war, dazu gibt es verschiedene Sagen. Die eine erzählt, daß der Gott Hermes, dessen Geliebter Crocus war, ihn aus Versehen tötete. Wo sein Blut auf die Erde fiel, wuchsen die ersten Krokuszwiebeln. Nach einer anderen Überlieferung waren Crocus und die Nymphe Smilax so intensiv ineinander verliebt, daß sie nicht aufhören konnten, einander zu umarmen. Zu peinlich zuzusehen, fanden die Götter und - um diese innige Passion zu beenden - verwandelten sie Smilax in ein Eibengebüsch und den armen Crocus in einen Safrankrokus. Daß damit der Wunsch nach einer ähnlich passionierten Beziehung danach Zeus veranlaßte, auf einem mit Safran gefüllten Kissen zu schlafen, kann nicht ausgeschlossen werden, da sein Liebesleben nur allzu gut bekannt ist.

Das Auftreten von Krokus in der antiken Götterkunde scheint durchaus motiviert zu sein, wenn man bedenkt, welche Bedeutung dem aus dem Krokus gewonnenen Gewürz, dem Safran, in der antiken Kultur beigemessen wurde. Ohne Übertreibung kann man den Safrankrokus als den Florakönig des Altertums bezeichnen.

wissenschaftliche Bezeichnung:	Crocus sativus
Pflanzenfamilie:	Iridaceae, Schwertliliengewächse
Englisch:	saffron
Französisch:	safran
Italienisch:	zafferano
Spanisch:	azafrán
nutzbare Teile als Gewürz:	strahlige, dreiteilige Blüten und die anliegenden Stielteile
Herkunft:	Vorderasien (ev. Kleinasien, nicht mehr in freier Natur)
Anbauländer:	Griechenland, Iran, Spanien

Es gibt solche und solche Krokusse

Safran besteht aus den getrockneten Blütenstempeln des Schwertliliengewächses *Crocus sativus*. Er darf nicht mit unseren heutigen Krokusarten im Garten verwechselt werden, z.B. mit dem blauen *Crocus vernalis* oder mit dem gelben *Crocus flavus*. Es muß wohl auch in diesen Sorten etwas Leckeres geben, was jeder Gartenbesitzer weiß, da sich an seinen Frühlingslieblingen fliegende Feinschmecker wie z.B. Sperlinge ständig vergreifen. Der richtige Safrankrokus blüht außerdem erst im Herbst, wenn aus der Zwiebel eine oder zwei veilchenfarbene Blumen schießen. Wo die Urheimat des Safrans lag, weiß man heute nicht, weil er keine Entsprechung mehr in freier Natur hat, es ist jedoch wahrscheinlich, daß er aus den Gebieten zwischen dem Ägäischen Meer und dem Iran stammt. Vieles spricht auch für Kleinasien, wo insbesondere das griechische Kilikien, in der heutigen Türkei gelegen, eines der wichtigsten Anbaugebiete war.

Augenschmaus

Wer gegen Ende Oktober die indische Provinz Kaschmir und insbesondere die Gegend um die Stadt Pampore südwestlich von Srinagar besucht, wird mit Sicherheit vom Anblick der riesigen Krokusplantagen entzückt sein, die sich auf über 2000 Hektar Land erstrecken. Dieser Anblick ist vielleicht schon mehrere tausend Jahre alt, weil Safran bereits seit ca. einem halben Jahrtausend v. Chr. eine wichtige Rolle in der klassischen indischen Heilmedizin spielt.

Crocus sativus L.

Das ganze Tal ist eine betörende Schönheit, besonders im Mondschein. Ähnliche Ansichten - wenn auch vielleicht in bescheidenerem Ausmaß - kann man aber in uns näheren Regionen erleben, z.B. in der spanischen Provinz La Mancha, der Heimat von Don Quijote im Südwesten von Madrid, aber auch in vielen anderen Ortschaften Spaniens, z.B. auf den Balearen, in Andalusien, in der Nähe der Städte Zaragoza, Alicante und Valencia.

Eine bedeutende Safranproduktion gab es auch in Südfrankreich, wo dieses Gewürz erstmals in der Grafschaft Venaissin (im heutigen Departement von Vaucluse) bereits im 12. Jahrhundert zur Zeit der "babylonischen Gefangenschaft" der damaligen Päpste angebaut wurde. Da diesen die Grafschaft gehörte, kann man sich auch einen Zusammenhang vorstellen - vielleicht vermißten die verbannten Kirchenoberhäupter Safran, an den sie in Italien gewohnt waren? Und es ist sicherlich kein Zufall, daß gerade manche spanischen Gerichte wie Paella und die südfranzösische Bouillabaisse mit Safran gewürzt sind.

Safranstadt

Einige Dutzend Kilometer südlich von Cambridge liegt Saffran Walden, eine der idyllischsten Kleinstädte von Essex. Die Stadt trägt noch Spuren ihrer vergangenen Größe, als sie ein wichtiges Zentrum der Textilindustrie war, was ihr Wohlstand und Ansehen brachte. Das Stadtwappen schmückt sich mit drei Safranblumen, auch sein Name deutet auf eine gemeinsame Geschichte hin: In der Gegend um diese Stadt baute man schon im 12. Jahrhundert Safran an. Traditionell wird dies folgendermaßen erklärt: Es wurde erzählt, daß ein Pilger auf der Heimwanderung aus dem Heiligen Land ein paar Krokuszwiebeln mit sich nahm und sie in seinem hohlen Wanderstock versteckte. Diese pflanzte er nach seiner Rückkehr nach England auch ein. Seine Nachkommen versorgten nicht nur die lokalen Bäcker mit Safran, sondern lieferten auch die daraus hergestellten Stoffarben. Gegen Ende des 18. Jahrhunderts befand sich jedoch die britische Textilindustrie in einer tiefen Krise, was sich

Safran spielte im Laufe der Jahrhunderte eine wichtige Rolle als Gewürz und Heilgewächs. Krokusplantagen sind oft auf riesigen Flächen angelegt wie hier in Spanien.

auf den Bedarf der Safranproduktion ebenfalls negativ auswirkte. Safranblüten konnte man früher übrigens sogar in London bewundern, was den Namen Saffron Street erklärt. Wo diese Straße liegt, gab es im 17. Jahrhundert ein großes Safranfeld.

Das teuerste Essen...

Der Safrankrokus blüht höchstens zwei Wochen. Die Blüten müssen frühmorgens vor der Rückkehr der Tageswärme gepflückt werden. Der darauffolgende Tag wird zum Abtrennen des Stempels verwendet. Mehr Zeit hat man dazu nicht, sonst verwelkt die Blüte und das Aroma verflüchtigt sich. Dieser Aufgabe widmen sich traditionell Frauen und Kinder. Man hält die Blüte in der linken Hand, kneift mit dem linken Daumennagel den Stempel ab, nimmt ihn mit den Fingerspitzen der rechten Hand und wirft ihn in eine Schale. Der Arbeitsprozeß ist aufwendig, weshalb die Preise für Safran nicht gerade niedrig sind. Die Stempel behandelt man in Ost und West auf unterschiedliche Weise: In Spanien werden sie in einem Sieb über schwach brennendem Kohlenfeuer getrocknet, in Kaschmir ist diese Prozedur komplizierter, weil man mit einem Wasserbad verschiedene Stempelqualitäten voneinander trennt.

Um ein Kilo Safran herzustellen, werden 150000 Blüten benötigt. Berechnet man noch dazu die zwei Jahre, die eine eingesetzte Zwiebel zum ersten Blühen braucht und die Notwendigkeit, nach einigen Jahren die Zwiebel aus der Erde zur Durchsicht herauszunehmen und dann wieder einzupflanzen, dann ist es schon verständlich, daß Safran eine der teuersten eßbaren Pflanzen überhaupt ist.

Unser ältestes Gewürz?

Im Nahen Osten hatte Safran bereits seit vielen Jahrtausenden einen guten Ruf. Zu den ältesten Belegen gehört das altägyptische Buch über Heilmedizin aus der Zeit um 1500 v. Chr., das seinen Namen von seinem Entdecker und Deuter Georg Ebers erhalten hat. In diesem Buch wird gesagt, der gelbe Krokus sollte in den fürstlichen Gärten von Luxor angebaut worden sein und noch früher in Mesopotamien. Die Bezeichnung Safran kam ins Deutsche vermutlich auf Umwegen über

Persisch und Arabisch aus der Sprache der Sumerer, der Schöpfer der ersten uns bekannten Hochkultur und Erfinder der ältesten überlieferten Schrift. Damit begeben wir uns bereits in die Zeit vor 5000 Jahren zurück, so daß es keine Übertreibung ist, Safran für die älteste Gewürzpflanze zu halten, die wir in unserer Küche heute noch verwenden.

Safran betrachtete man zuerst vor allem als eine Medizinalpflanze nicht zuletzt in der babylonisch-assyrischen Hochkultur. Die älteste bekannte Erwähnung von Safran finden wir in einem chinesischen Buch zur Heilkunde ungefähr aus dem Jahre 2600 v. Chr. Safran galt vielerorts als ein stärkendes und auffrischendes Mittel - auch als Aphrodisiakum, was auch die phönikische Sitte erklärt, zur Hochzeitsnacht die Laken mit Safran gelb zu färben. In einem der prächtigsten Liebesgedichte des Altertums - dem Hohelied Salomos, einem Produkt derselben semitischen Hochkultur wie die babylonische - vergleicht die Braut ihren Geliebten mit einem Garten, in dem bestimmt auch Safran seinen Platz hatte. Wahrscheinlich durch den Handel mit phönikischen Hafenstädten wie Tyros, in der Nähe der kilikischen Safranfelder gelegen, lernten dann auch die Griechen dieses Lebenselixier kennen - offensichtlich schon in der vorhistorischen, minoischen Periode. Auf den ca. 3500 Jahre alten Wandfresken in den Palästen auf Kreta sind u.a. Krokuspflücker beim Ernten dargestellt. In den Schriften von Hippokrates figuriert Safran allerdings lediglich als Heilmittel, aber auch Celsus, sein römischer Kollege und Nachfolger auf diesem Gebiet, schloß Safran in eine Reihe verschiedener medizinischer Rezepte ein, was Unterleibbeschwerden sowohl bei Frauen als auch bei Männern betraf, jedoch auch als Mittel gegen Lethargie und Starre oder als Gegengift. Das bekannteste der letztgenannten hieß *Mithradates antidot* nach dem persischen König Mithradates IV., einem erfolgreichen Despot, dem sowohl die Römer als auch die eigenen Landsleute gern ein paar Tropfen Gift ins Essen hinzugeben wollten. Um gegen eine möglichst hohe Anzahl von Toxinen schützen zu können, bestand dieses Gegengift aus ca. 40 verschiedenen Substanzen, wovon Safran - mit Honig verrührt - ein Teil war. Im antiken Rom verwendete man Safran als Vorbeugungsmittel gegen Alkoholvergiftung: Vor einem Festessen nahm man eine Portion Safranwasser zu sich, wenn man nüchtern bleiben mußte.

Die Griechen verwendeten Safran bereits in vorhistorischer Zeit. Eine 3500 Jahre alte Wandmalerei im minoischen Palast von Knossos auf Kreta stellt einen Affen als Safranpflücker dar.

Kaiserliche Safranorgien

In Rom wurde Safran außerdem hochgeschätzt für seine Fähigkeit, unangenehme Düfte zu dämpfen. Mit wohlduftendem Safranwasser und -öl verbesserte man z.B. die Luft im Theater vor den Vorstellungen, zumindest in den Teilen, wo die Patrizierfamilien ihre Plätze hatten; bespritzt wurden damit sicherheitshalber auch die feinen Patrizier selbst. Später wurde eine noch feinere Methode entwickelt, die Luft auf öffentlichen Plätzen zu veredeln: Kaiser Hadrian ließ hohle Statuen mit Safranwasser füllen, in denen extrem feine, porenähnliche Löcher gebohrt wurden, so daß die Statuen kontinuierlich ihren Duft von sich gaben. Mit derselben Absicht wurden auch Safranblüten auf den Fußboden gestreut. Derselbe Kaiser Hadrian erfand - wenn die Behauptung seines Biographen Aelius

Spartianus stimmen sollte - eine noch effektivere Methode der Luftverbesserung. Er ließ während einer Theatervorstellung Safranwasser die Treppen herunterlaufen. Der im Jahre 222 ermordete wahnsinnige Kaiser Heliogabalus ließ dagegen sein Schwimmbecken mit Krokuswasser füllen und bei Mahlzeiten Safranblüten auf die Liegen seiner Gäste streuen.

Safranrenaissance in Europa

Mit dem Untergang des Römischen Reiches schien auch Safran aus der europäischen Kulturgeschichte verschwunden zu sein. Der feine Geschmack der Römer paßte vermutlich nicht dem von Salz und Senf gegerbten Magen germanischer Barbaren. Mit den arabischen Eroberern kehrte jedoch im 8. Jahrhundert der Safrananbau nach Spanien zurück und von da aus teilweise nach Frankreich, doch einen richtigen Schub verliehen der Anwendung von Safran in Europa die Kreuzzüge. Daß der antike Krokus den Europäern bis dahin weitgehend unbekannt war, darauf weist seine jetzige, ursprünglich arabische Bezeichnung Safran hin.

Eine Zeitlang dominierte auch hier der medizinische Aspekt seiner Verwendung, und Safran erlebte erneut seine große Zeit als Bestandteil verschiedener Heilmittel. Teuer war er bereits in der Antike, jetzt aber - aufgrund der langen Transportwege und vieler Zwischenhändler - stiegen die Preise nochmals in die Höhe. Safran wurde dadurch zur lukrativsten Ware für die Händler, und viele Handelsgesellschaften führten Handelszeichen oder Firmennamen, in denen Safran abgebildet bzw. genannt wurde. Sogar die königlichen Lilien der Bourbonen verwandelten sich beinahe zu Safrankrokussen.

Safranblüten zu säubern ist eine sehr arbeitsaufwendige Prozedur, was die hohen Preise für dieses Gewürz verständlich macht.

Nicht alles ist Gold, was glänzt

Die außerordentlich hohen Preise gaben natürlich auch Anlaß für Betrug mit Safranhandel. Das Problem an sich war keinesfalls neu - bereits Plinius war der Meinung, beinahe überall verkaufe man mehr oder weniger gefälschten Safran: Es reichte schon, das echte Produkt mit anderen gelbfarbenen Blättern, beispielsweise mit Ringelblumen oder mit Pflanzen der distelähnlichen Familie Carthamus, zu vermischen. Oder man ließ echte Safranblüten in einer Ölsorte eine Weile liegen, damit sie das Öl einsaugten, und erhielt dadurch mehr Gewicht; es war unter Betrügern ebenfalls gebräuchlich, ganz einfach pulverfeinen Gips dem gemahlenen Safran beizumischen, der das Gipspulver schnell gelb färbte. Viel später entdeckte man die südafrikanischen Gewächse *Lyperia crocea* und *Tritonea aurea*, deren getrocknete Stempel eine gewisse äußere und aromamäßige Ähnlichkeit mit dem echten Safran besaßen; diese wurden prompt Kapsafran genannt.

In den mittelalterlichen italienischen sowie süddeutschen Städten, die ihren guten Ruf durch das Pfuschen mit Safran nicht aufs Spiel setzen wollten, wurden Qualitätskontrollen eingeführt, denen Safran unterlag, ehe er in den Handel gelangte. Die Strafe für einen derartigen Betrug waren u.a. Verbrennung auf dem Scheiterhaufen bei lebendigem Leibe oder Eingrabung in die Erde. Die letztgenannte Strafe wurde z.B. einer Elsa aus Prag zuteil, die im Jahre 1456 zusammen mit einigen Nürnberger Kaufleuten am Safranbetrug beteiligt war. Mit der Zeit wurde die entsprechende Strafe etwas humaner (vielleicht auch wirtschaftlicher): Statt der Todesstrafe wurde das gesamte Eigentum der Betrüger einschließlich ihrer übrigen Lagervorräte beschlagnahmt und die falschen Waren verbrannt.

Ein vielseitiges Gewürz

Safran war nicht nur ein Gewürz, eine Grundlage zur Herstellung von Duftstoffen und ein Heilmittel, sondern wurde auch vielerorts als Farbstoff verwendet. Sowohl irische Klanhäuptlinge als auch indische Nabobs trugen mit Safran gefärbte Kleidung als Statussymbol; bei den Römern galt die Farbe safrangelb als die zweitedelste nach dem Purpur. Auch bei den griechischen Herrschern hatte diese Farbe einen symbolischen Wert zur Erhöhung der Würde seiner Träger; sein Ansehen erlebte jedoch eine Abwertung, als die griechischen Hetären anfingen, sich derselben Symbolsprache zu bedienen - im gewissen Sinne waren sie natürlich auch Königinnen auf besagtem Gebiet. Persische Herrscher trugen safranfarbene Schuhe als Symbol des himmlischen Lichts. Allmählich galt Safrangelb auch als göttliches Symbol. Heute noch tragen buddhistische Mönche ihre traditionell safrangelbe Kleidung.

Der im Krokus enthaltene Farbstoff ist so ergiebig, daß ein einziges Gramm davon, mit 1000 Liter Wasser vermengt, reicht, um eine deutliche gelbliche Tönung zu erreichen. Daher fing man später an - und ohne dabei an Würze zu denken - Safran z.B. Butter und Käse beizumengen.

Seine verbreitetste Verwendung erlebte jedoch Safran sowohl als Würze als auch als Farbgeber im Brot. Bereits die römischen Bäcker benutzten Safran für feinere Brotsorten; diese Brotsorten waren auch populär im Nahen Osten, in England (die typischen Teekekse) und in Skandinavien. Es war sogar mancherorts üblich, daß Stammkunden von den Bäckern zu Weihnachten und zu Ostern Safranbrötchen geschenkt bekamen.

Safran enthält eine sehr effektive Farbsubstanz. Sie verleiht den Stoffen die charakteristische gelbe Farbe, die als Symbol der Erhabenheit gilt und von den buddhistischen Mönchen getragen wird. Häufig wird dieser Farbe etwas Rot beigemischt; auch solch eine Mischung symbolisiert das Edle und Reine. Ein Mönch in Rangun, Burma.

Bouillabaisse

Bouillabaisse, die provenzalische Fischsuppe, entstand nicht in der Küche, sondern am Strand, und ihr Urheber war kein Koch, sondern ein Fischer. Die Fischer kehrten von der See ins Dorf zurück, zogen die Boote auf den Strand und fingen an, den Fang zu sortieren. Den ansehnlichsten Fisch, der gut verkauft werden konnte, fuhr man zum Marktplatz in die Stadt, die kleineren Fische kamen zu Hause in die großen Kochtöpfe, die auf offenes Feuer gestellt wurden. Hinzu kamen einige Flaschen Wein und etwas Brot, und die Festlichkeiten konnten beginnen. Wichtig in diesem Zusammenhang ist, daß jede beliebige Fischsorte für diese Suppe verwendet werden konnte. In einem provenzalischen Kochbuch werden ca. 40 geeignete Fischsorten aufgezählt, und lediglich die fettesten Fische sollte man nicht verwenden. Es ist aber schon vorgekommen, daß auch ein Aal im Topf landete, doch auf keinen Fall sollte man Hering dazugeben. Diese Suppe sollte mindestens sechs verschiedene Fischsorten enthalten, eine Sorte Krebse sowie Muscheln. Einige Fische können ruhig etwas festeres Fleisch haben (z.B. Aal, Flunder und Plattfisch), die mit etwas weicheren Fischen wie Dorsch und Wittling gemischt werden dürfen.

Zutaten
(für 8 Personen, sonst lohnt sich nicht die Mühe)

3 kg gemischte Fischsorten
1 frischer Hummer (bzw. Krabbe)
40 Muscheln (am besten Frische)
3 mittelgroße, feingehackte gelbe Zwiebeln (bzw. 2 Zwiebeln und eine Porreestange)
2 gehackte, frische Fenchelköpfe
6 Tomaten ohne Haut und Kerne
8 Knoblauchzehen
200 ml Olivenöl
200 ml trockenen Weißwein
4 Eßlöffel gehackte Petersilie
1 Zweig Thymian (bzw. eine entsprechende Menge getrockneter Thymian)
2 Lorbeerblätter
1 großes Stück getrocknete Apfelsinenschale
Salz, Weißpfeffer
Safran
8 Portionen à 16 Scheiben Baguette
Butter zum Braten

Fische säubern und zerkleinern; die Gräten müssen nicht entfernt werden. Krebse durch einen Stich in den Nacken töten, einmal in der Länge und quer zerteilen, die Schale der Scheren zerbrechen. Die Muscheln öffnen, Rücken und Bauchpartien abbürsten, die ungeeigneten aussortieren. Etwas Öl in einen Stieltopf gießen, Gemüse und dann die härtesten Fischsorten hinzufügen. Wein dazugießen und so viel Wasser, daß der Fisch abgedeckt ist. Mit Salz, Pfeffer und Safran abschmecken. Unter dem Deckel zunächst ca. 8 min. ordentlich kochen lassen, die kleineren Fische hinzugeben und nochmals ca. 8 min. kochen. Dann den Fisch und die Krebse mit einem Schaumlöffel herausnehmen, auf den Teller legen und Petersilie über Fisch und Suppe streuen.

Währenddessen werden die Brotscheiben gebraten, die Suppe in die Teller gegeben, dabei eine Brotscheibe in jeden Teller legen. Neben dem Gedeck soll ein Teller und Fischbesteck zum Öffnen der Fische bereitliegen.

Zum Gericht kann Knoblauchmayonnaise serviert werden.

Verwendung: Safran wird entweder ganz oder als Pulver verkauft. Es ist empfehlenswert, Safran nicht pulverisiert zu kaufen, um sicher zu sein, daß er nicht verfälscht oder mit anderen Substanzen vermengt ist. Er wird zuerst in warmes Wasser gelegt; und wenn das Wasser safranfarben geworden ist, wird es in den Topf gegossen.

Kräutergewürze

Basilikum, Estragon, Pfefferminze, Origano, Petersilie, Rosmarin, Salbei

Als man anfing, die Heilkräuter als Gewürze zum Zubereiten von Essengerichten zu verwenden, wurde die Kochkunst in eine feinere Richtung zugunsten der Feinschmecker reformiert, die vom Essen subtilere Aromen erwarteten. Die Zeit des einfachen, gesalzenen Essens war damit vorbei, man brauchte nicht mehr das Fleisch mit Unmengen von Pfeffer zu würzen, um es schmackhafter zu machen. Italienische, deutsche und französische Köche konnten nun Rohwaren benutzen, dessen Geschmack nicht mehr übertönt werden mußte. Stattdessen kombinierte man ihren Geschmack mit dem leichten Touch natürlicher, frischer Düfte von Gärten und Wiesen, insbesondere, wenn die Kräuter frisch in der Küche verarbeitet wurden.

Sie kamen mit den Klöstern

Die Auswahl der dafür gebräuchlichen Kräuter war größtenteils durch ihre ursprünglichen medizinischen Aspekte vorbestimmt. Diese Kräuter waren am Mittelmeer seit langem aus den alten Kräuterbüchern bekannt. Dioskorides beschrieb sie im 1. Jahrhundert in seinem berühmten Buch *De materia medica*, das über 1500 Jahre lang in ganz Europa seine Aktualität bewahrte. Vieles von diesem Wissen über die Kräuter und ihre Eigenschaften, mehr oder weniger intuitiv erfaßt und von Dioskorides' Nachfolgern an Gelehrte und Laien weiter gereicht, bildete im großen und ganzen die Grundlage der in den Klöstern betriebenen Heilmedizin. Durch die Klöster verbreitete sich dieses Wissen auch in den Gebieten, die traditionell nicht zu

Links: In vielen niedergelegten Klöstern in den protestantischen Ländern kann man immer noch verwilderte Medizinalgewächse antreffen. Die rekonstruierten Kräuteranpflanzungen im Kloster von Vadstena in Schweden.
Rechts: Kräuteranbau kann auch in größeren Maßstäben stattfinden. Petersilienbeete in den USA.

Minze

den Ländern der klassischen antiken Tradition gehörten; das galt insbesondere dem Orden der Franziskaner und der Zisterzienser. Auf den Britischen Inseln und in Skandinavien konnten natürlich nicht dieselben Kräuter wie im europäischen Süden wachsen. Deswegen war man in den Klöstern Nordeuropas gezwungen, Gärten mit den bekannten medizinischen Gewächsen anzulegen, vorausgesetzt natürlich, daß die klimatischen Bedingungen dies zuließen. Auf diesem Wege entstand in den nördlicheren Gebieten Europas eine Flora, die dort ursprünglich nicht heimisch war; manchmal verwilderten dabei bestimmte Arten, z.B. die Pestilenzwurzel, die einst naiv als Mittel gegen Epidemien benutzt wurde. In den Gegenden mit noch vorhandenen alten Klöstern - in den protestantischen Ländern gibt es sie allerdings seit 500 Jahren nicht mehr - treten daher oft als Fremdkörper in der einheimischen Flora Pflanzenarten auf, die die Spuren des einstigen Bestrebens der Mönche und Nonnen, die Gesundheit der lokalen Bevölkerung zu pflegen, noch deutlich werden lassen. Zu den häufigsten gehört u.a. die Pfefferminze. Manche Arten behielt man in den Gärten wegen ihrer Schönheit, z.B. die Akelei und den Holunder.

Verschiedene Geschmackstypen

Ein Teil von Kräutern findet nur lokale oder unterschiedlich extensive Anwendung. Während die Einwohner des Nordens das meiste - von halbrohem gebeiztem Lachs und ihren fast rituell verzehrten Meerkrebsen bis zu Lammfrikassee und frischen Kartoffeln - mit feingeschnittenem Dill würzen, ist dieses ursprünglich aus Persien oder Indien stammende Kraut z.B. in Frankreich und Italien so gut wie unbekannt. Zu Gerichten, in denen die Türken, Skandinavier und Russen gern Dill verwenden, benutzen stattdessen beispielsweise die Italiener liebend gern Liebstöckel, das die Nordeuropäer ihrerseits ganz gleichgültig läßt; im besten Fall benutzten sie es früher wegen des scharfen Geruchs als Abschreckungsmittel gegen Ratten und Kreuzottern.

Die dekorative, lilafarbene Pflanze Chamaenerion wird nur von wenigen als Kräuterpflanze bzw. Gemüse empfunden und hauptsächlich zu einem Blumenstrauß gepflückt. Auf Grönland gilt dagegen eine mit ihm verwandte Pflanze als Nationalsymbol und wird zugleich in großen Mengen als Kraut und Würze zum Robbenspeck gegessen.

Verbreiteter Aberglaube

In den vergangenen Zeiten unterlag die Verwendung von Kräutern sowohl in der Volksmedizin als auch in der Magie bestimmten Regeln; man glaubte damit, ihre Wirkung zu sichern. Nach bestimmten Regeln verlief auch ihr Anbau und die Ernte, damit die betroffenen Pflanzen die erwarteten Kräfte entwickeln konnten. Daß sich darum Frauen kümmern mußten, hatte nicht nur rein praktische Bedeutung zur Arbeitsteilung, sondern galt auch an völlig verschiedenen und voneinander unabhängigen Orten als eine wichtige Voraussetzung für den erwünschten Effekt des Produkts. Alles, was mit Magie und medizinischer Versorgung zu tun hatte, war in den vergangenen Kulturen mit dem weiblichen Sektor des Berufslebens verbunden. Zu den Vorschriften für bestimmte Handlungen, wo die entsprechenden Aufgaben auf eine ungewöhnliche, irrationale Weise verrichtet werden mußten, was die magischen Aspekte stärken sollte, gehörte z.B. die Forderung, dabei nur die linke Hand, kein Eisenmesser zu benutzen, oder das Gesicht gegen den Wind zu wenden. Äußerst wichtig war es auch, die geschnittenen Stücke nicht auf die Erde fallen zu lassen, so daß sie ihre Kräfte nicht verlieren konnten.

In den folgenden Kapiteln wird nur eine kleine Auswahl der alten Heilpflanzen beschrieben, die immer noch - wenn auch in ihrer neuen Rolle - in unseren Küchen ihre Verwendung finden. Ausgewählt wurden lediglich die am meisten verbreiteten Heilkräuter; ausgelassen wurden dagegen diejenigen mit deutlich lokaler Bedeutung.

Teekochen - eine Möglichkeit, medizinische und geschmacksmäßige Eigenschaften von Kräutern auszunutzen. Salviate z.B. verhindern die Schweiß- und Milchproduktion (nichts für stillende Mütter!) und sind urintreibend.

Basilikum

Ocimum basilicum

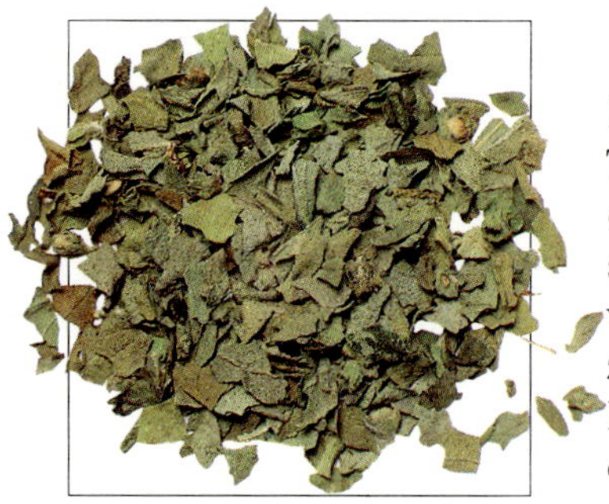

Basilikum hatte einen guten Ruf als Balsamierungskraut, das bereits den alten Ägyptern bekannt war. Einen späteren, literarischen Anklang dieser alten Tradition finden wir u.a. in Keats' von Boccaccio inspiriertem Gedicht über Isabella, eine Dame, die den Kopf ihres ermordeten Geliebten in ein mit Basilikum gefülltes Faß legt, wo dieser sich frisch hält. Im antiken Griechenland galt Basilikum als Inbegriff der Trauer, in Rom dagegen als Symbol des Hasses. Im Mittelalter glaubte man, Basilikum förderte das Erscheinen von Skorpionen. Wer sich eines dieser kleinen Bestien anschaffen wollte, brauchte nur ein paar Basilikumblätter zerreiben und sie mit einem Blumentopf abdecken. Hatte man genügend Geduld, auf das Ergebnis zu warten, bekam man nach dem Abheben des Topfes ein winziges, stacheliges Geschöpf zu sehen. Ein guter Rat der Kräuterkundebücher war in diesem Fall zumeist die Verwendung von Basilikum bei der Behandlung von Melancholie und allzu wilder Phantasie, es hatte aber auch eine mehr praktische Bedeutung, z.B. als Mittel gegen Schnupfen und Warzen.

Frischer Kräutergeschmack

Heute denken wir natürlich nicht mehr in so düsteren Bahnen, sondern stattdessen an den angenehm kühlen Geschmack von Basilikum, wenn es frisch in Salaten oder z.B. Suppen oder auch Getränken bzw. in getrockneter Form zu Essigsaucen, Lammbraten, gegrillten Tomaten, gebackener Leberpastete oder Schildkrötensuppe (sein ganz spezifischer Anwendungsbereich!) verwendet wird. Will man Basilikum zum Kaffee genießen, ist in diesem Fall ein Likör vom Typ Chartreuse eine vortreffliche Wahl.

wissenschaftliche Bezeichnung:	Ocimum basilicum
Pflanzenfamilie:	Labiatae, Lippenblütler (Lamiaceae)
Englisch:	(sweet) basil
Französisch:	basilic
Italienisch:	basilico
Spanisch:	albahaca
nutzbare Teile als Gewürz:	frische bzw. getrocknete Blätter
Herkunft:	vermutlich Indien
Anbauländer:	Belgien, Frankreich, Ungarn, USA

Basilikum auf dem Balkon

Seine Laufbahn als Gewürz begann das Basilikum in Indien oder sogar noch weiter im Osten, woher es später in den Westen gekommen war - und nicht in Gewürzsäcken, sondern als eine ganze Pflanze. Es gehört zu den wenigen orientalischen Gewürzgewächsen, die sich fast überall in Europa anbauen lassen. Es darf jedoch nicht der Einwirkung von Frost ausgesetzt werden. Man kann es auch zunächst zu Hause an einem Fenster zum Süden aufziehen und, wenn die Frostgefahr vorüber ist, im Garten einpflanzen, wo es ca. 30 cm hoch wächst, ehe es geerntet wird. Dies muß vor dem Ausschlagen der Blüten geschehen, weil sonst die angestrebte Geschmacksstärke der Blätter abnimmt. Seine Blüten haben eine rotweißliche Farbe und sind recht unauffällig; getrocknet werden sie in kleinen Bündeln, die am besten auf einem luftigen Dachboden aufgehängt werden, und es sollte auf keinen Fall dem direkten Sonnenlicht ausgesetzt werden.

a
a
d
c
e
b
f
g

Estragon

Artemisia dracunculus

Das Schlangenkraut - heute meist Estragon genannt - erhielt seinen Namen durch eine sehr alte abergläubische Vorstellung, die bereits von Plinius in seiner Naturkunde erwähnt worden war: Um von Schlangen und Drachen nicht gebissen zu werden, trug man ein Stück dieser Pflanze bei sich, daher auch seine lateinische Artbezeichnung *dracunculus*, der kleine Drache. Estragon stellt somit eines der wenigen ursprünglich europäischen Kräutergewürze dar, obwohl die Spezialisten sich auch nicht einig sind, ob er aus den Mittelmeerländern oder aus Südrußland herstammt. Als Medizin spielte er niemals eine bedeutende Rolle, als Gewürz wurde er schon sehr früh in vielen Regionen Westeuropas populär. Heute ist er als ein Bestandteil der *sauce béarnaise* obligatorisch, am feinsten schmeckt er dann, wenn er frisch ist.

Leicht anzubauen

In der Regel kauft man Estragon in Essig eingelegt oder getrocknet in der Dose. Es ist übrigens gar nicht schwer, Estragon selbst anzubauen. Man braucht dazu nur eine Ecke im Garten oder auf dem Balkon, um mit frischen, aromatischen Blättern das ganze Jahr über versorgt zu sein. Er darf allerdings nicht als Samen eingepflanzt werden; stattdessen teilt man ältere Pflanzen im Frühjahr oder im Spätsommer.

Bissiger Geschmack

Estragon gehört zu derselben Pflanzenfamilie wie Wermut, er ist eine Staude und wächst recht hoch, ca. anderthalb Meter. Seine Zweige sind dicht mit langen, schmalen, spitzförmigen Blättern bestückt; aus der Blattfurche sprießen kleine und ziemlich unansehnliche Blumenkörbchen, die in zartem Alter und in Kombination mit anderen Gewürzen gut z.B. zu Suppen oder Bouillons taugen. Seien Sie aber mit den Mengen vorsichtig - Estragon, der kleine Drachen, hat es in sich!

wissenschaftliche Bezeichnung:	Artemisia dracunculus
Pflanzenfamilie:	Compositae, Korbblütler (Asteraceae)
Englisch:	tarragon
Französisch:	estragon, herbe dragonne
Italienisch:	targone
Spanisch:	estragón
nutzbare Teile als Gewürz:	frische, getrocknete bzw. in Essig eingelegte Blätter
Herkunft:	wahrscheinlich Südeuropa
Anbauländer:	Frankreich, Teile vom ehemaligen Jugoslawien, Niederlande, einige ehemalige Sowjetrepubliken, USA

a
b
d
c
e

Pfefferminze

Mentha spicata

Mintha bzw. Mentha hieß eine wunderschöne Nymphe aus der klassischen griechischen Mythologie. Sie und Hades, der Gott der Unterwelt, entwickelten eine unüberwindliche Leidenschaft füreinander, was dazu führte, daß sie von Hades' eifersüchtiger Gemahlin Persephone eines Tages in flagranti erwischt wurden. In ihrer an sich verständlichen Wut warf sie sich über die schöne Nymphe und trampelte auf ihr so lange herum, bis von dieser nur kleine Stücke übriggeblieben waren. Aus diesen Stücken wuchs jene Pflanze, die in den meisten europäischen Kultursprachen denselben Namen trägt und auf die wir, die flachgewachsen ist, heute noch treten - die Minze oder *Mentha pulegium* (vom lateinischen *Pulex*, Laus).

Diese Minze hatte wirklich das Vermögen, Läuse abzuschrecken - besser gesagt, man glaubte, sie würde die Fähigkeit besitzen, sie anzulokken, um sie dann zu töten. Die Minze wächst in wildem Zustand in der Mittelmeerregion, und sie wurde in verschiedenen Gegenden Europas angebaut und dort vor allem als Lausmittel verwendet, jedoch auch als Gewürz.

Vielfältige Geschmacksvarianten

Es sind aber auch andere Arten von Minze, die den Menschen interessierten, vor allem eine Kreuzung zwischen einigen wilden Arten - bekannt unten dem Namen Pfefferminze -, aus der das mentholhaltige Pfefferminzöl gepreßt wurde. Die Minze wird in verschiedenen Gegenden sehr unterschiedlich verwendet. Während man sie in Deutschland in der Küche kaum verwendet, machen die Engländer aus der grünen Minze (spearmint) ihre berühmte Minzsauce zum Lammsteak; aus England kam sie später in die britischen Kolonien, u.a. in die USA. Dort verwendet man gern die Pfefferminze auch zu Salaten, Cocktails und einigen Gemüsegerichten. Pfefferminze ist außerdem in diversen Süßigkeiten sehr beliebt.

Die meisten Minzearten haben ihren Ursprung in südlichen Regionen. Einige Arten stammen aus verwilderten Gärten. Botanisch gehört die Minze zur Familie der mehrjährigen Lippenblütler. Die Fruchtbarkeit vieler Hybridsorten ist beschränkt, was durch die Zähigkeit ihrer weit ausschlagenden Wurzel teilweise kompensiert wird. Die meisten zum Anbau verwendeten Arten wachsen einen knappen Meter hoch, ihre Blüten sind lilafarben und recht unauffällig für das Auge, zudem sie bereits vor dem Ausschlagen der Blüten geerntet wird. Die grüne Minze trägt ihren Namen mit Recht, während die anderen Sorten mehr oder weniger grau in ihrer Färbung sind, z.B. *Mentha longifolia* und *Mentha suaveolens*.

wissenschaftliche Bezeichnung:	Mentha piperita (Pfefferminze), Mentha spicata (grüne Minze), Mentha spicata v. crispata (krause Minze)
Pflanzenfamilie:	Labiatae (Lamiaceae)
Englisch:	peppermint, spearmint, curled mint
Französisch:	menthe poivrée, menthe verte, menthe crépue
Italienisch:	menta peperita, menta verde, menta crespa oder menta mentastro
Spanisch:	menta
nutzbare Teile als Gewürz:	frische bzw. getrocknete Blätter
Herkunft:	Mittelmeerländer
Anbauländer:	Ägypten, Argentinien, Bulgarien, England, Frankreich,

Origano

Origanum vulgare

Origano (auch: Oregano, Dost) ist heutzutage durch seine Verwendung in der Pizza eine recht bekannte Gewürzpflanze geworden. Sie ist eines der Gewürzkräuter, die in wildem Zustand auch in nördlichen Regionen Europas wachsen, obwohl sie im Handel zumeist aus Italien stammt, wo sie viel häufiger als anderswo verwendet wird. Eine mit ihm verwandte Art, Origanum majorana, kommt dagegen aus Nordafrika und Südwestasien und genießt große Popularität als Aufstrich zu Hühner- und Kalbfleisch. Von den Engländern wird er in Fleischklößchen im Gericht mit dem Namen Exeter stew verwendet, in Frankreich ist Origano als Bestandteil mehrerer Kräutersaucen zu finden. In Schweden streut man ihn sehr gern über die Erbsensuppe, die traditionell am Donnerstag - und nur dann - gegessen wird.

Eine bescheidene Schönheit

Origano ist ein vieljähriges, knapp halbmetergroßes, gebüschförmiges Gewächs. Im Norden kann er den Winter nicht überleben, weshalb er jedes Jahr erneut gepflanzt werden muß. Die Bezeichnung Origano stellt in abgewandelter Form eine Kombination der griechischen Wörter oros (Berg) bzw. ganos (Schönheit) dar, was an sich nicht leicht zu begründen ist, weil seine Blüten keineswegs besonders auffällig sind.

Wie alle Mitglieder der Pflanzenfamilie Labiatae braucht der Origano nicht viel Wasser. Er wächst hauptsächlich an Berghängen, z.B. in Griechenland, und gibt im Hochsommer jenen unvergeßlichen Duft von sich, den alle, die dort einmal waren, gut kennen.

Kräuter wie Origano wurden auch häufig als Mittel gegen Bakterien, als Magenmedizin und zur Konservierung von Nahrung verwendet. Sie enthalten nämlich eine Antioxidationssubstanz, die das Ranzigwerden von Speiseöl und anderen Nahrungsfetten verhindert.

wissenschaftliche Bezeichnung:	Origanum vulgare
Pflanzenfamilie:	Labiatae, Lippenblütler (Lamiaceae)
Englisch:	oregano, wild marjoram, organy
Französisch:	marjolaine sauvage
Italienisch:	oregano
Spanisch:	orégano
nutzbare Teile als Gewürz:	frische bzw. getrocknete Blätter
Herkunft:	Europa
Anbauländer:	Frankreich, Griechenland, Mexiko, Spanien, USA

b
a
c
d
e
f
Origanum majorana. L.

Petersilie

Petroselinum crispum

Ein Mittel zu finden, das es ermöglichen würde, große Mengen von Alkohol zu vertragen, ohne betrunken zu werden, gehörte vielleicht zu den ältesten und klassischen Wünschen der Menschen. Die alten Griechen verließen sich dabei interessanterweise auf die entsprechenden Eigenschaften von Petersilie, einer kleinen, anspruchslosen Pflanze, die sich wirklich weder mit einem besonderen Duft noch Geschmack oder Aussehen brüsten kann. Nicht desto weniger war es gerade die Petersilie, aus der die Söhne von Hellas zur Vorbeugung ihrer Trunkenheit Kränze flochten und sie sich bei ihren Gelagen auf die Häupter setzten. Diese Kränze hatten im antiken Griechenland noch eine andere Anwendung: Mit ihnen wurden die Sieger der Isthmischen Spiele geehrt, die in ihrer Bedeutung nur den Olympischen Spielen nachstanden.

Unser Wissen über die Verwendung von Petersilie in der klassischen Gastronomie als Gewürz oder Gemüsesorte ist dagegen nicht sehr weitreichend.

Eine nützliche Pflanze

Was das Mittelalter betrifft, waren es insbesondere die medizinischen Aspekte, die die Verwendung von Petersilie bestimmten. Petersilie gehörte zu den Medizinalgewächsen, die auf Anordnung von Karl dem Großen auf seinen Gütern angebaut wurden. Es ist auch bekannt, daß die Petersilie schon in den Klostergärten von Sankt Gallen im Jahre 820 wuchs. In der höheren Kochkultur behauptete die Petersilie ihren Platz bereits im 17. Jahrhundert; am Ende desselben Jahrhunderts verkündete ein französischer Autor von Kochbüchern, ein Koch könne ohne Petersilie seine Künste erst gar nicht ausüben - so bedeutsam schien die Rolle der Petersilie in der feinen Küche zu sein. Sie ist heute ein Standardgewürz in unseren Küchen. Es bleibt zu erinnern, daß es Schnitt- und Wurzelpetersilie gibt. Die Wurzelpetersilie sieht aus wie eine kleine Pastinake und wird gewöhnlich zum Würzen von Suppen und Saucen verwendet; sie kann auch gekocht - mit etwas Butter und Ingwer - ungefähr so wie Spargel gegessen werden.

Erst in die Hölle

Auch die Petersilie erhielt ihren Namen im alten Griechenland als eine Zusammensetzung von *petros* (Stein) und *selinon* (Sellerie). Sie ist ein zweijähriges Doldengewächs mit dreifach fiederteiligen, oft krausen Blättern, gelbgrünen Blüten und weißgelber Pfahlwurzel. Alle Teile, jedoch am meisten die Samen, enthalten das ätherische Petersiliensamenöl (Apiol) und das Glykosid Apiin. Eine Besonderheit der Petersiliensamen ist, daß sie zum Keimen eine sehr lange Zeit brauchen, weshalb man oft sagt, sie besuchen siebenmal den Teufel in der Hölle, ehe sie sich ihrer eigentlichen Bestimmung besinnen können.

wissenschaftliche Bezeichnung:	Petroselinum crispum
Pflanzenfamilie:	Umbelliferae, Doldengewächs (Apiaceae)
Englisch:	parsley
Französisch:	persil
Italienisch:	prezzemolo
Spanisch:	perejil
nutzbare Teile:	Blätter; Wurzel (bei Wurzelpetersilie)
Herkunft:	Mittelmeergebiete
Anbauländer:	Belgien, Deutschland, England, Frankreich, Spanien, Ungarn, USA

A
B
C
D
E
F
H
J
K
L
M
N
O

Rosmarin

Rosmarinus officinalis

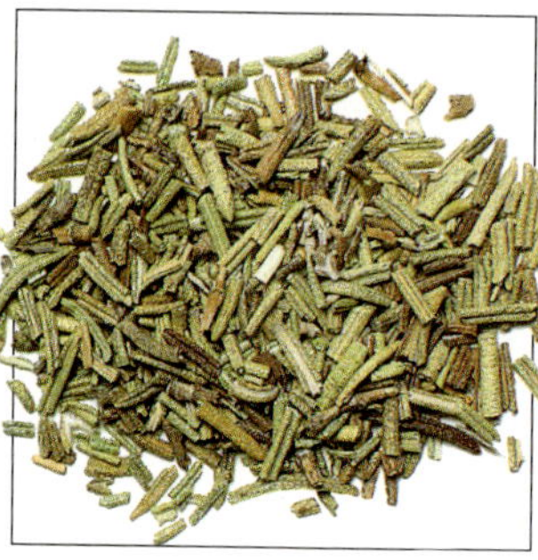

Als die Heilige Familie sich der Legende nach auf der Flucht aus Ägypten befand, wollte die Jungfrau Maria ihren Sohn für kurze Zeit irgendwo ausruhen lassen, fand aber nur harte Felsen in ihrer Nähe, als sie plötzlich ein mit kleinen weißen Blümchen besätes Grasbüschel erblickte. Sie breitete darauf ihre Kleider aus und legte das Kind auf dieses weiche Bettchen. Als sie es später wieder hochnahm, sah sie, daß sich die weiße Farbe der Blumen zum Blau veränderte. Noch später wählte man liebevoll die Farbe Rosmarinblau zur Darstellung der Kleidung von Jesus und Maria als Symbol für Ewigkeit, Himmel, Wahrheit und Weisheit.

Meertau

Es war recht üblich, mit derartigen Geschichten die Namen der Pflanzen erklären zu wollen. In Wirklichkeit hat jedoch Rosmarin nichts mit der Jungfrau Maria und schon gar nichts mit Rosen zu tun. Der Rosmarin bekam seinen Namen von dem römischen Verfasser Plinius, und er sollte verdeutlichen, wie nahe er am Meer zum Wasser wächst, daß er vom Schaum oder Tau (lat. *ros*)des Meeres (lat. *mare*) bespritzt wird.

Rosmarin trat in einem kultischen Zusammenhang ebenfalls in der vorchristlichen Antike auf: Die olympischen Götter sollten einen Rosmarinkranz höher geschätzt haben als einen aus Gold; die Römer schmückten die Götterstatuen zu Hause mit diesem der Aphrodite gewidmeten heiligen Gewächs. Rosmarin sollte als Medizin gedächtnisstärkend wirken, daher gingen die griechischen Studenten der Antike zu Prüfungen mit Rosmarinkränzen auf dem Kopf. Seine symbolische Bedeutung stand auch später hoch im Kurs. Heute lebt in manchen Ländern die Sitte weiter, einem Toten einen Zweig Rosmarin ins Grab zu legen. Im Mittelalter und in der Renaissance war Rosmarin als Heilkraut hochgeschätzt, vielleicht mehr noch als Gewürz. Eine Kräuterkunde aus dem Jahre 1532 empfahl ihn als Mittel gegen Gedächtnisschwäche, Ohnmacht, Zittern, Fettsucht, Magengeschwüre, Husten, Gelbsucht und Pest.

Wohlgeruch im Garten

Es dauerte eine ganze Zeit, ehe Rosmarin Einzug in die Küche nahm. In den Ländern, wo man Fleischvorräte mit Salz konservierte, bekam er eine wichtige Funktion als Übertöner des Salzgeschmacks. Seit dem 17. Jahrhundert wird er häufig in den Kochbüchern erwähnt, insbesondere im Zusammenhang mit der Zubereitung von Lamm - und Schweinefleisch, aber auch von Wild oder beim Kochen von Gemüse.

Rosmarin ist ein immergrüner Halbstrauch aus dem Mittelmeergebiet und gehört zur Familie der Lippenblütler. Er erreicht eine Höhe von bis zu 1,5 m und besitzt nadelförmige Blätter, deren Spitzen sich nach innen rollen. Die Blüten sind klein und blauviolett, seltener weiß. Damit die Blätter ihr Aroma behalten können, müssen sie unmittelbar nach dem Ernten getrocknet werden. Sie bleiben dann grün und verlieren nicht ihren frischen, harzigen, leicht bittersüßen Duft.

wissenschaftliche Bezeichnung:	Rosmarinus officinalis
Pflanzenfamilie:	Labiatae, Lippenblütler (Lamiaceae)
Englisch:	rosemary
Französisch:	romarin
Italienisch:	ramerino
Spanisch:	reomero
nutzbare Teile:	Blätter
Herkunft:	Mittelmeerländer
Anbauländer:	Frankreich, Teile vom ehemaligen Jugoslawien, Portugal, Spanien, USA

O
Q
R
P
S
C
B
J
D
F
G
H
E
M
N
L
K

Salbei

Salvia officinalis

Der Salbei ist eine Pflanze, die ihre herkömmlichen medizinischen Eigenschaften nicht unter den Scheffel stellen muß. Die lateinische Bezeichnung *salvia* kommt von *salvare*, "heilen", und der wissenschaftliche Name deutet eben auf ihre medizinische Funktion hin. Im Mittelalter benutzte man sie als Droge. In der berühmten Salernoschule entstand die lateinische Devise *Cur moriatur homo, cui salvia crescit in horto*? - zu Deutsch so viel wie: *Wie kann derjenige sterben, der den Salbei in seinem Garten hat*? Worauf allerdings mehr realistisch gesinnte Reimemacher geantwortet haben sollen: *Contra vim mortis non est medicam in hortis*, d.h. *gegen die Macht des Todes ist kein Kraut gewachsen*.

Gefährlicher Aberglaube

Doch gewiß hatte der Salbei noch andere Qualitäten! In der mittelalterlichen Liebesmagie war folgende Methode beliebt: Stich drei Löcher in ein Salbeiblatt, zieh durch dieses Loch ein Haar von dir, zusammen mit einem Haar der Frau, die du begehrst und vergrabe alles unter der Schwelle ihres Hauses: So wird sie dich ewig lieben! Es blieb nur zu hoffen, daß der Betroffene es mit seiner heraufbeschworenen Passion tatsächlich ewig aushalten würde...

Heute ist der Salbei nicht zuletzt in verschiedenen Füllungen zu Gerichten aus Wild, Lamm- und Schweinefleisch sehr beliebt. Er setzt starke Geschmacksakzente und sollte daher in Maßen verwendet werden. Sogar sehr alte, ausgetrocknete Salbeiblätter behalten oft einen durchdringenden Duft.

Kleinwüchsig und haarig

Der Salbei - vielleicht sollte man hier Gewürzsalbei sagen, um ihn von den übrigen 700 Sorten derselben Familie zu unterscheiden - ist ein niedrig wachsendes, krautiges, halbstrauchiges Gewächs mit buckligen und haarigen Blättern und großen blau- oder rötlich-violetten Blüten (es kommen auch weiße vor). Er stammt aus der Mittelmeerregion, wo er insbesondere in den Bergen Dalmatiens und Makedoniens reichlich vorkommt. Der beste und intensivste Geschmack kommt von den jungen Blättern und Sprossenspitzen. Der Salbei kann während des ganzen Jahres geerntet werden, sogar unter der Schneedecke, obwohl er eigentlich gegen Kälte empfindlich ist. Frei wächst der Salbei kaum in Nordeuropa, so daß man sich dort mit getrockneten Blättern aus dem Handel begnügen muß.

wissenschaftliche Bezeichnung:	Salvia officinalis
Pflanzenfamilie:	Labiatae, Lippenblütler (Lamiaceae)
Englisch:	sage
Französisch:	sauge
Italienisch:	salvia
Spanisch:	salvia
nutzbare Teile:	frische bzw. getrocknete Blätter
Herkunft:	Mittelmeerregion
Anbauländer:	Albanien, England, Griechenland, Italien, Teile vom ehemaligen Jugoslawien, Teile der ehemaligen Sowjetunion, Türkei, USA

H
a
B
J
K
L
M

Ostindische Gewürze

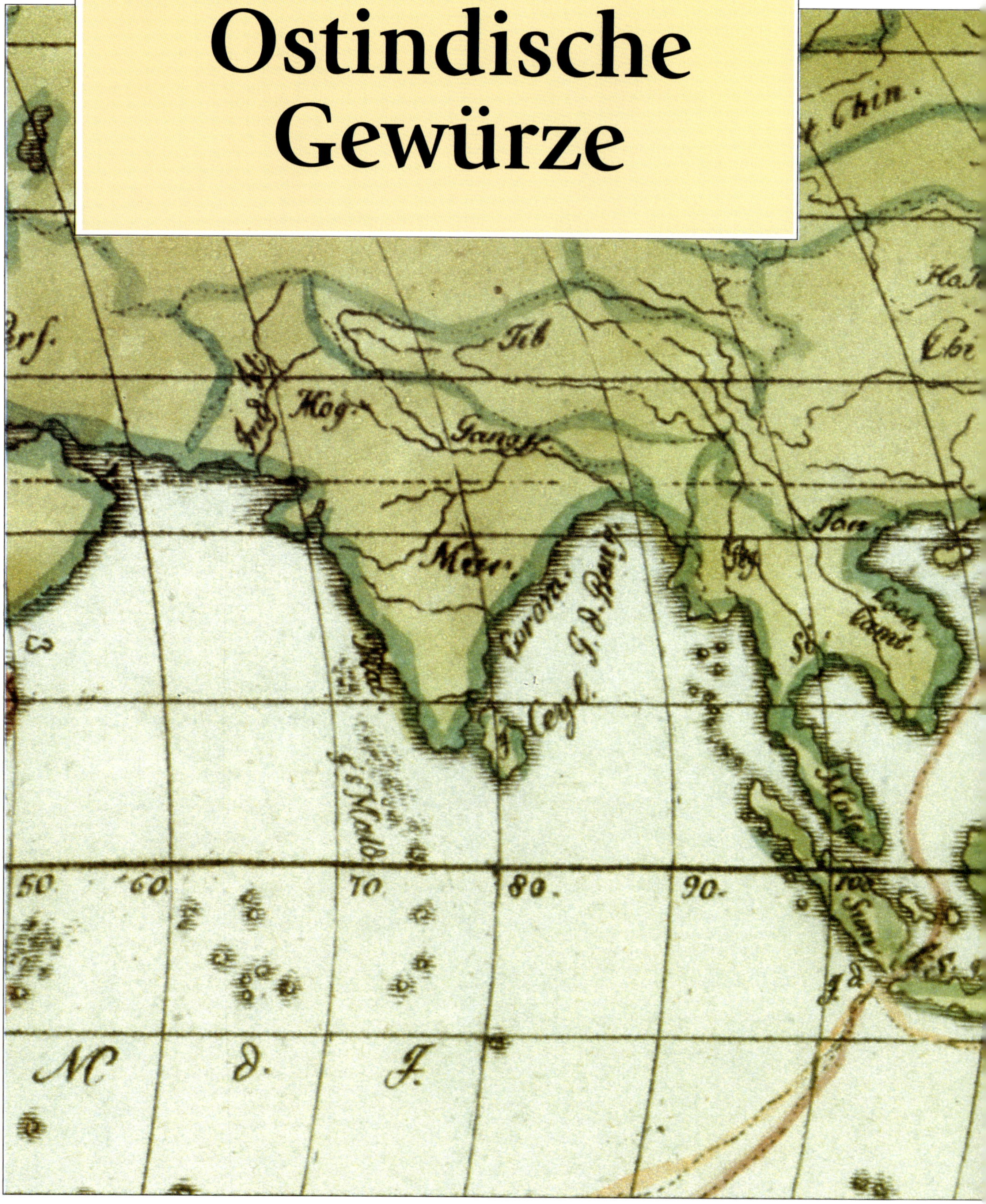

Päpstlicher Wettlauf zu den Gewürzinseln

Gegen Ende des 15. Jahrhunderts gab es in Europa zwei Lieblingsländer der Päpste, zwei Nationen, die sich brav der katholischen Kirche fügten und deren Monarchen es nicht zuließen, daß Ketzer aus der wohlgeordneten Herde der Gläubigen herausstachen - im Gegensatz zu Frankreich und England, wo derzeit alle möglichen Irrlehren entstanden. Es handelte sich natürlich um die päpstlichen Favoriten Spanien und Portugal. Im letzten Jahrzehnt des 15. Jahrhunderts verschlechterten sich jedoch die Beziehungen dieser Länder untereinander zusehends. Der Grund war die Konkurrenz bei der Jagd nach direktem Zugang zu den gewürzträchtigen Inseln Ostindiens. Die Portugiesen unternahmen unter der Führung von Enrico dem Seefahrer immer weitere Expeditionen zu Afrikas Südspitze, während die Spanier - beschäftigt mit dem endgültigen Vertreiben der Araber aus ihrem Land - ihnen etwas nachstanden. Die Spanier richteten ihre Blicke auch in andere Richtungen: Eine Expedition unter Führung von Kolumbus wurde quer durch die Weltmeere in Richtung Westen in der Hoffnung geschickt, an die wohlriechenden Reichtümer Asiens - wie man glaubte - von hinten kommen zu können. Die Notwendigkeit neuer Handelswege über den Ozean war dringlich, nachdem die Türken die uralten Handelswege vom Osten aus abgeschnitten hatten, auf denen die Kamelkarawanen die immer mehr begehrten Gewürz- und Seidenprodukte in das immer mehr und mehr luxusorientierte Europa im Zeitalter der Renaissance brachten. Es ging um enorme Reichtümer, die nunmehr unerreichbar hinter dem Horizont lagen.

Im Handelshafen: Schiffe laufen ein und aus, Handelswaren werden geliefert, Geschäfte abgeschlossen, Verträge gemacht.

Die Welt wird aufgeteilt

Bereits ein Jahr nach Kolumbus' erster Reise, im Jahre 1493, veröffentlichte der Papst Alexander VI. eine Bulle, in der er eine Art Demarkationslinie von Pol zu Pol vorschlug, die den Atlantischen Ozean in zwei Interessensphären teilen sollte. Die Grenze sollte ca. 500 km westlich von Kap Verde verlaufen. Spanien sollte exklusive Nutzungsrechte westlich und Portugal östlich von dieser Linie genießen; daß es aber noch andere Länder gab, die nach neuem Land hungerten - wie z.B. England und Frankreich -, bekümmerte offenbar den Papst nicht in seinen Berechnungen. König Joãn II. von Portugal war jedoch mit dem päpstlichen Federstrich wenig zufrieden, weil es die Bewegungsfreiheit seiner Kapitäne im Atlantik auf dem Weg nach Indien am Kap der Guten Hoffnung vorbei allzu sehr einschränkte.

In der Stadt Tordesillas im Nordwesten Spaniens wurde dann ein Treffen zwischen den Abgesandten Spaniens und Portugals vorgeschlagen, das dort am 7. Juni 1494 tatsächlich stattfand. Dort wurde eine Übereinkunft getroffen, nach der die besagte Grenzlinie auf ca. 49° westlicher Länge verlegt wurde. Dies erlaubte später den Portugiesen, berechtigte Besitzansprüche an Brasilien zu erheben, das im Jahre 1500 durch einen Fehler in der Navigation vom Indienfahrer Pedro Alvarez Cabral entdeckt worden war.

Erfolgsträchtige Fehlrechnung

Weil man damals von einer Existenz des Stillen Ozeans nichts wußte, und noch weniger von der Größe des neuentdeckten Kontinents Amerika, schienen die Gewürzinseln Indonesiens im spanischen Einflußbereich zu liegen; dies war der Ausgangspunkt der Überlegungen von Kaiser Karl V., der zugleich König von Spanien war, als er den Portugiesen Magellan auf eine Expedition schickte, die nach unendlichen Entbehrungen durch den Südozean an ihr Ziel Ostindien gelangte. Magellan selbst schaffte es jedoch nur bis zu den Mollukken, einer indonesischen Inselgruppe, wo er infolge seiner leichtsinnigen Einmischung in die dortige Lokalpolitik ums Leben kam. Beendet wurde die Mission von einem seiner Kapitäne namens del Cano. Aus Sevilla segelten insgesamt fünf Schiffe los, wovon vier auf dem Wege verlorengingen; nur ein einziges Schiff, die Victoria, kehrte in den Heimathafen zurück, dafür trug es 26 Tonnen Gewürz im Lastraum, die alle Unkosten deckten und außerdem den Geldgebern insgesamt 500 Golddukaten Reingewinn brachten. Daß von der Besatzung lediglich 18 von ursprünglich 237 Mann überlebten, bekümmerte die Veranstalter angesichts der prächtigen Schlußrechnung herzlich wenig.

Die päpstliche Scheidelinie hatte beinahe Konsequenzen bis in unsere Zeit. Die von Magellan entdeckten Philippinen verblieben in Spaniens Besitz bis in das Jahr 1898 und stellen den vom Mutterland entferntesten Ableger der spanischen

Sprache und Kultur dar. Auch Macao, Portugals letzte ostindische Kolonie, erhielt ihre Selbständigkeit erst 1975.

Während zwei sich schlagen, freut sich der Dritte

Womit weder die beiden iberischen Mächte noch der Vatikan rechneten, war das Eingreifen anderer Akteure, die bald die Bühne betreten würden: England und Holland waren hungrig nach eigenen Kolonien, hart im Nehmen und pfiffen zu alledem vollständig auf jegliche päpstliche Gebote. Als die Spanier 1580 Portugal annektierten, war ihr gesamtes Reich plötzlich größer, als sie es je verteidigen konnten. Die holländische Ostindien-Kompanie legte im Laufe des 17. Jahrhunderts ihre Hand auf ganz Indonesien und errichtete ein mehrere Jahrhunderte andauerndes, beinahe perfektes Monopol auf den Welthandel mit Gewürzen. Ihr britisches Pendant erweiterte ebenfalls seinen Besitz und die wirtschaftliche Macht in Indien und stand damit für den Rest des duftenden Handelsunternehmens. Teile dieser alten Strukturen überlebten bis zum Zweiten Weltkrieg, der auch das Ende aller Kolonialmächte einleitete. Die Gewürzproduktion befand sich zu dieser Zeit allerdings auf dem Weg in andere Länder der äquatorialen Klimazone.

Muskatnuß

Myristica fragrans

Die Muskatnuß ist wirklich ein besonderes Gewürz: Nicht nur daß sie ein Doppelgewürz ist, sondern wahrscheinlich das einzige Gewürz, das zum Nationalsymbol erhoben wurde. Eine Muskatnuß schmückt nämlich die rot-gold-grüne Nationalflagge der karibischen Insel Grenada.

Der Muskatbaum ist jedoch dort ein Fremder, denn er stammt von den Molukken, einer traditionsreichen gewürzproduzierenden Region Indonesiens. Nach einer dort gelegenen Inselgruppe nennt man ihn auch Bandamuskat. Der schön anzusehende, stark verzweigte Baum wächst bis zwanzig Meter hoch, ist immergrün und zweigeschlechtlich, d.h. die weiblichen bzw. die männlichen Blüten wachsen voneinander getrennt an verschiedenen Stämmen. Die länglichen, eiförmigen Blätter sind ca. 10 cm lang, etwas dunkler an der Oberseite und heller an der unteren, ihre Form erinnert etwas an Rhododendron. Seine Blüten sind recht klein, glockenähnlich und gelbfarben - recht unauffällig. Der Baum gibt einen deutlichen, angenehmen Duft von sich.

Eine schöne Frucht

Die Frucht sieht aus wie eine Aprikose oder wie eine große Pflaume und hat eine hellgelbe Färbung mit einem rötlichen oder grünlichen Schimmer (die Farben der grenadischen Flagge!). Beim Reifen platzt das Fruchtfleisch auf (es kann zu Marmelade gekocht werden) und legt sein Inneres bloß: eine eigentümliche, scharlachrote Samenhülle, die auf Gewürzverpackungen als "Muskatblüte" bezeichnet wird. Eine Muskatplantage mit reifen Früchten ist schon eine prachtvolle Ansicht! In der Samenhülle befindet sich ein Kern mit harter Schale, der den eigentlichen, braun glänzenden, öligen und runzeligen Samen offenbart, die Muskatnuß. Eine Besonderheit der Nuß besteht darin, daß sie nach dem Zermahlen schnell an Geschmack einbüßt, weshalb in Rezepten oft angegeben wird, Muskat solle erst über ein fertiges Gericht gerieben werden. Um die Qualität zu testen, geht man folgendermaßen vor: Mit einer Nadel sticht man einige Millimeter tief in die Nuß: Kommt dann ein kleiner Tropfen zum Vorschein, ist es eine gute Nuß.

Die Fahne von Grenada mit Muskatnuß

wissenschaftliche Bezeichnung:	Myristica fragrans
Pflanzenfamilie:	Myristicaceae, Muskatgewächse
Englisch:	nutmeg, mace
Französisch:	noix de muscade, fleur de muscade
Italienisch:	moscato
Spanisch:	nuez moscada, macis
nutzbare Teile als Gewürz:	Blüten, Nüsse
Herkunft:	Bandainseln
Anbauländer:	Grenada, Indonesien, Malaysia, Sri Lanka

In der Sonne getrocknet

Nach der Ernte entfernt man zuerst die Hülle, die dann für eine bis zwei Wochen zum Trocknen in die Sonne gelegt wird, bis aus ihr die besagte "Nußblüte" wird, wobei ihre Färbung zum Goldbraun wechselt. Dann werden auf dieselbe Weise die Kerne getrocknet; wenn sie nach einigen Monaten in der Schale beim Schütteln hörbar rascheln, sind sie zum Öffnen bereit. Man zerbricht sie mit einer Holzkeule oder

Myristica fragrans Houttuyn

Das Äußere und Innere einer Muskatnuß.

maschinell und legt sie in eine Kalklösung, die sie vor dem Angriff von Insekten schützt. (In der Vergangenheit taten dies die gierigen Holländer auch zum Zwecke der Sterilisierung, damit die Nüsse nach dem Export nicht mehr aufgehen konnten, um dadurch den Anbau in anderen Regionen zu verhindern.)

Öle für die Parfümindustrie

Aus den Nüssen wird das Muskatöl gepreßt, das bei der Lebensmittelproduktion und in der Parfümindustrie verwendet wird. Das Öl enthält die Substanz Myristin, das u.a. die Fähigkeit besitzt, Magengase zu entlassen, es dient aber auch als Narkotikum. Man kann sich mit ein paar Eßlöffeln geriebene Muskatnuß in einen Rausch versetzen, dem allerdings auch Entzugserscheinungen folgen! Notorische Muskatnußnarkomanen leiden sowohl an Kopf- als auch Magenbeschwerden.

Läßt sich Zeit beim Wachsen

Der Muskatbaum fühlt sich am wohlsten in geschützten Tälern heißer tropischer Inseln mit hoher Luftfeuchtigkeit. Angebaut wird er dort auf der Höhe des Meeresspiegels und höher, bis zu 500 m. Ableger entstehen aus den Samen, die sechs Wochen zum Aufgehen brauchen, wonach sie im Alter von sechs Monaten auf den Plantagen ausgesetzt werden. Sie wachsen jedoch sehr langsam und erreichen erst nach sieben Jahren das Fruchtbarkeitsalter. Am produktivsten sind die Bäume im Alter zwischen 15 und 30 Jahren. Eine Anbauplantage produziert ungefähr eine sechsfache Anzahl von Nüssen im Vergleich zu den Blüten; ein guter Muskatbaum ergibt fünf Kilo Nüsse bzw. ein knappes Kilo Blüten.

Eine Schwierigkeit besteht darin, zwischen männlichen bzw. weiblichen Bäumen zu unterscheiden, ehe sie anfangen zu blühen, da ein einziger männlicher Baum ausreicht, um ein ganzes Dutzend weiblicher Bäume zu beglücken.

Wichtige Handelsware

Er herrscht bei den Experten keine Einigkeit darüber, wie lange die Muskatnuß Gegenstand des internationalen Handels gewesen ist. Plinius erwähnt eine Baumart, die zwei Sorten von Gewürzen pro-

duziert, ob es sich jedoch in diesem Fall um den Muskatbaum handelte, ist ungewiß. Es ist aber auf jeden Fall sicher, daß Muskatnüsse im 6. Jahrhundert von arabischen Kaufleuten nach Konstantinopel gebracht wurden. Im 12. Jahrhundert waren sie bereits aus mehreren europäischen Ländern bis nach Skandinavien bekannt. Es ist auch nicht ausgeschlossen, daß dieser neue Geschmack von den westeuropäischen Kreuzrittern in Palästina entdeckt worden war. Muskat verwendete man nicht nur im Essen und in Getränken; Muskatnüsse genossen auch einen guten Ruf als wohlduftender Rauch. Als der deutsch-römische Kaiser Heinrich VI. im Jahre 1191 in Rom gekrönt wurde, brannte man dort auf den Straßen schon mehrere Tage davor aromatische Gewürzsubstanzen ab, um den für damals so typischen Stadtgestank zu überdecken. Bis zum Ende des Mittelalters gehörte Muskat zu den meist geschätzten orientalischen Gewürzen. Direkt nach Pfeffer war die Muskatnuß wahrscheinlich das meist importierte Gewürz. Nach Chaucers Auskunft würzte man mit Muskat auch das Bier.

Zeitweise war die Muskatnuß sehr teuer; im 14. Jahrhundert kostete ein halbes Kilo genauso viel wie drei Schafe bzw. eine Kuh.

Im Jahre 1512 erreichten die Portugiesen die Molukken und stellten sofort fest, daß sie mitten in der Herkunftsregion vieler hochgefragter Gewürze gelandet waren. Bald wimmelte diese Gegend von englischen, spanischen, portugiesischen und holländischen Expeditionen, die je nach den Umständen mit der lokalen Bevölkerung entweder Abkommen trafen oder auf Kriegsfuß standen. Der Zweck war, so viele Anteile des Gewürzexports wie möglich in Beschlag zu nehmen: Die Molukken waren extrem reich an Gewürzen. Die Holländer erwiesen sich dabei als die erfolgreichsten. Bis zum Zweiten Weltkrieg verblieb der Handel mit der ostindischen Muskatnuß (und der Gewürznelke) hauptsächlich in ihrer Hand.

Schmuggelverbot

Ein Land, das in seinen bzw. in den Grenzen seiner Kolonien ein wirtschaftlich lukratives Geschäft mit bestimmten Gewächsen betreibt, die ebensogut in anderen Teilen der Welt mit vergleichbarem Klima angebaut werden können, ist natürlich darum bemüht, das entsprechende Monopol zu behalten. So verbot einst Brasilien den Export von Kautschukpflanzen (Naturgummi), um eine mögliche Konkurrenz zu vermeiden; die Holländer

Frucht und Samenkapsel

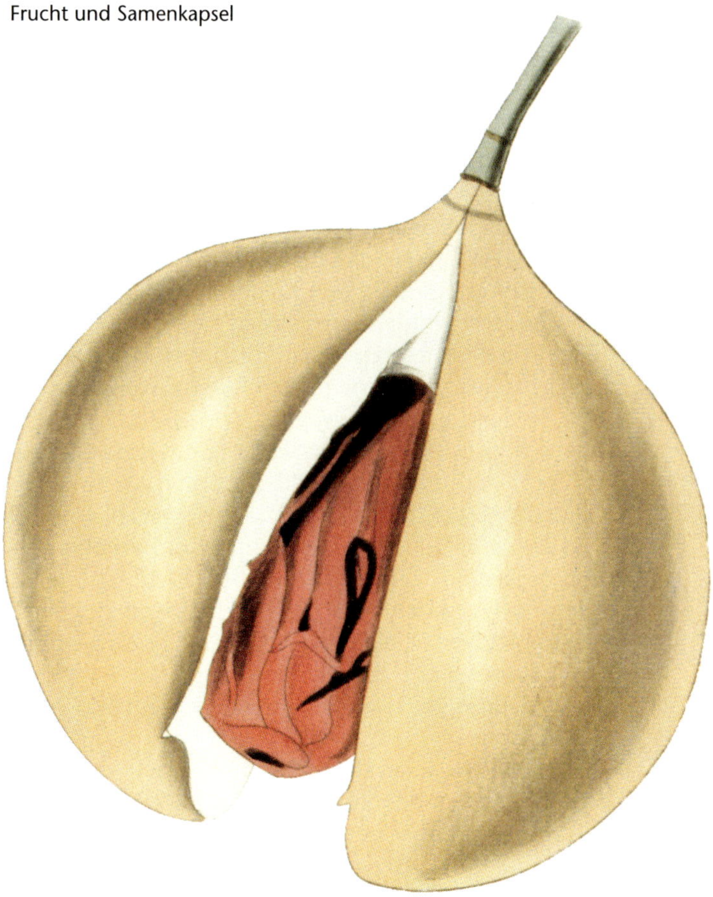

bemühten sich ebenfalls sehr darum, den Export von Muskatnüssen aus ihren südostasiatischen Kolonien zu verhindern, die zuvor nicht mit Hilfe von Kalk bzw. Zitronensäure unfruchtbar gemacht worden waren. Die Kontrolle gegen Schmuggel von Samen und ganzen Muskatbäumen wurde dadurch erreicht, daß der Anbau von Muskat lediglich auf einigen, leicht überschaubaren und kontrollierbaren Inseln wie z.B. Amboina sanktioniert war. Einige Probleme bereiteten ihnen dabei die Tauben, die aus verständlichen Gründen diese Vorschriften nicht zur Kenntnis nahmen: Mit dem Taubenkot fanden die Muskatsamen auch trotz Verbote ihren Weg zu anderen Inseln.

Noch dramatischer war es um die auf die Holländer neidischen Franzosen und Engländer bestellt. Im Jahre 1770 gelang es einem Franzosen, ein paar Muskatpflanzen nach Mauritius herauszuschmuggeln. Von 1796 bis 1802, als Großbritannien sich im Krieg mit Frankreich befand, das zu dem Zeitpunkt vorübergehend die Niederlande okkupiert hatte und damit die Hoheit über ihre Kolonien außerhalb Europas gewonnen hatte, sahen sich die Engländer veranlaßt, unbehindert die Gewürzinseln in Ostindien in Beschlag zu nehmen. Kurz darauf brachten sie auch Muskatbäume in die eigenen Kolonien auf Ceylon und 1802 auch nach Saint Vincent in Westindien. 1806 begannen sie mit dem Anbau der Muskatnuß auf Trinidad und im Jahre 1843 auf Grenada. Damit war das holländische Muskatmonopol zu Ende, und die Preise vielen demzufolge. Die Holländer versuchten eine lange Zeit, durch Verbrennung riesiger Mengen von Muskat sowohl auf den Molukken als auch in den eigenen Städten die Preise hochzuhalten. Als ein einfallsreicher Bürokrat in Holland erfuhr, daß Muskatblüten bedeutend mehr Ertrag brachten als Muskatnüsse, erließen die holländischen Behörden an die Muskatproduzenten die geniale Vorschrift, die Muskatbäume zu fällen und stattdessen mehr Muskatblüten produzierende Bäume anzupflanzen - ein Beispiel bürokratischer Schlauheit, die ihresgleichen sucht.

Frischgerieben verwenden

Heute wird die Muskatnuß außer in der Lebensmittelindustrie - zum Würzen von Wurst, Gebäck und pikanten Saucen - nicht besonders häufig verwendet. Etwas Muskat wird manchmal auch in der Bar zu einigen Getränken gerieben, z.B. zum Punsch; die geriebene Muskatnuß paßt auch perfekt zum Würzen von Spinatmehlschwitze und andereren Gemüsegerichten, auch zu Spaghetti und Kartoffelpüree. Der Muskatgeschmack ist in kleinen Mengen eine gute Ergänzung z.B. zum Anrichten von Krebsen und Austern mit Mehlschwitze, zusammen mit Ananas paßt Muskat z.B. zur Dessertcreme.

Eine ganze Muskatblüte nimmt man zum Einlegen von Pickles oder Essiggurken.

Muskatzauber

Im Jahre 1619 stand in der kleinen dänischen Stadt Næstved ein junger Mann vor Gericht. Er wurde wegen eines Diebstahls angeklagt und noch wegen etwas anderem: Er sollte einem Kollegen aus der Diebesbranche gezeigt haben, wie dieser mit unerlaubten Zaubermitteln eine von ihm begehrte aber widerspenstige Frau gefügig machen könne. Sein Kollege sollte zunächst eine ganze Muskatnuß herunterschlucken und abwarten, bis sie wieder herauskäme. Die auf diese Weise behandelte Nuß sollte dann gerieben und mit Wein bzw. Bier vermengt werden. Nachdem er dem Objekt seiner Begierde dieses Liebesgetränk verabreicht hätte, wäre es wie Wachs in seinen Händen gewesen - die Frau wäre bereit gewesen, nicht nur sich selbst anzubieten "zu allem, was er verlangen würde", wie es im Protokoll stand, sondern sie hätte zu alledem noch seine Leistungen in klingender Münze bezahlt. Der von dem Angeklagten derartig unterrichtete Jüngling war dadurch nicht nur in den Genuß der Liebesleistungen dieser Dame gekommen, sondern auch in Besitz von 30 Reichstalern gelangt, was das Gericht nicht besonders schätzte.

Dreihundert Jahre später, im Jahre 1917, wurde in das Garnisonskrankenhaus in Kopenhagen ein

Soldat eingeliefert. Bei der Untersuchung weigerte er sich hartnäckig, vom Hals einen kleinen Stoffbeutel abzunehmen; nach einer Weile hatte man ihn dazu doch gebracht, und es stellte sich heraus, daß im Beutel eine Muskatnuß lag. Auf die Frage, wozu er die Nuß dort brauche, antwortete er überzeugt, sie helfe gegen Beulen und Ausschlag.

Dieses Beispiel veranschaulicht auch, wie lange die Muskatnuß schon den Ruf eines Zaubermittels hatte. Die zu Anfang beschriebene Methode, das andere Geschlecht gnädig zu stimmen, wurde übrigens in Deutschland noch zu Beginn unseres Jahrhunderts praktiziert.

Muskat als vielseitige Heilmedizin

Zum erstenmal tauchte die Muskatnuß im Jahre 1147 in einem medizinischen Zusammenhang in Westeuropa in den Offenbarungen der Heiligen Hildegard auf, die auch die "Hellseherin vom Rhein" genannt wurde. Die Schriften enthielten u.a. ein ganzes Buch zur Heilkunde, wo auch die pharmazeutischen Eigenschaften der Muskatnuß angepriesen wurden.

Die Liste der magischen Vorzüge der Muskatnuß war ebenfalls lang. Wenn man eine Muskatnuß zu Neujahr geschenkt bekam und sie das ganze Jahr über in der Tasche trug, konnte man unbekümmert so hoch und viel springen, wie man wollte, ohne Risiko, sich zu verletzen. Auch die Gefahr eines Schlaganfalls wurde dadurch, so glaubte man, zumindest zeitweilig verhindert. Außerdem brauchte man weder Hämorrhoiden, Scharlachfieber noch Geschwülste zu fürchten. Eine Muskatnuß in der Achselhöhle versteckt sollte einen beim Tanzen unschlagbar machen, was allerdings nur freitags funktionieren würde, wie der Verfasser eines Buches zur schwarzen Magie aus Breslau versicherte. Es war vielleicht auch gut zu wissen, daß das Einreiben eines gewissen Körperteils mit Muskatöl diesem unter vielen Tagen der Woche die notwendige Steife sicherte - dies behauptete jedenfalls ein Mönch im 16. Jahrhundert!

Als Medizin verhindere die Muskatnuß Vergeßlichkeit, Anfälle von Übelkeit und Blut im Urin, das behaupteten mehrere medizinische Autoritäten der Renaissance; ihre arabischen Kollegen betonten noch dazu die Verdienste der Muskatnuß als Mittel gegen Sommersprossen, schlechten Atem und Juckreiz.

Die magische Heilkunde war ja oft eine recht komplizierte Sache. Ein gutes Beispiel dafür lieferte ein Mittel gegen Epilepsie, das einst in der Slowakei empfohlen wurde. Zur Mittsommernacht sollte man einen schwarzen Hahn kastrieren und anstelle des entfernten Organs eine Muskatnuß einoperieren. Ein Jahr lang mußte dann der arme Hahn eine recht schwarze Periode seines Lebens durchleben, wonach er zur nächsten Johannisnacht umgebracht wurde, die implantierte Nuß herausgenommen und zu Pulver gerieben wurde, das - mit etwas Wasser vermengt und eingenommen - einen nächsten Epilepsieanfall verhindern sollte. Die Frage ist, ob die ganze Prozedur nicht nur einen Placeboeffekt hatte.

Geheime Kräfte

Levinius Lemnius, der berühmte holländische Arzt aus dem 15. Jahrhundert, schrieb ein Buch über "die geheimen Kräfte der Natur", in dem die Muskatnuß eine nicht unbedeutsame Rolle bei Überlegungen über die Verschiedenheiten männlicher und weiblicher Eigenschaften spielte. Durch Experimente kam er zu der Einsicht, daß Muskatnüsse aufschwollen, ein angenehmeres Äußeres bekamen und ein durchaus wohlduftendes Aroma verbreiteten, wenn sie von Männern bei sich getragen wurden; von Frauen aufbewahrt, schrumpfte sie dagegen zusammen, wurde trokken, dunkel und überhaupt unansehnlich. Die Ursache dazu schien ihm eindeutig: Die männlichen Ausdünstungen seien generell wohltuend und behaglich, die der Frauen aber unrein und kraftlos. Dasselbe gelte übrigens für Korallen, fügte der Professor eifrig hinzu. Seine Schlußfolgerung lautete nicht unerwartet: "Der Mann erhebt sich über die Frau, weil er seinem Wesen nach üppiger und vornehmer ist als sie. Dies betrifft nicht nur seine seelischen und körperlichen Eigenschaften, die ihn so stark und überlegen machen, sondern es wohnt dem Manne eine so hohe physische Energie inne, daß diese es vermag, sogar den toten Gegenständen neue Kraft hinzuzufügen und sie gedeihen zu lassen" - wie z.B. den Korallen und Muskatnüssen, wie gesagt.

Paté de Campagne

Zutaten:
500 g magere Kalbsbrust
500 g frischer Schweinebauch
250 g Kalbsleber
125 g Speck (eine Hälfte in dünnen Scheiben, die andere Hälfte in dickeren)
1 zerdrückte Knoblauchzehe
10 fein zermahlene schwarze Pfefferkörner
6 fein zerquetschte Wacholderbeeren
100 ml trockener Rotwein
4 Eßlöffel Cognac
1 Teelöffel Salz
(ev. 4 Teelöffel Geleepulver)
1/2 Teelöffel frischgeriebene Muskatnuß
Weiche Butter (bzw. Olivenöl) zum Einreiben der Pastetenform

Fleisch, Leber und den gröberen Speck in möglichst kleine Würfel schneiden und mit Pfeffer, Wacholderbeeren und Muskatnüssen vermischen. Wein und Cognac hinzugeben, die Mischung ein paar Stunden im Kühlschrank stehen lassen. Nach Wunsch das Geleepulver mit Wein und Cognac vermengen, damit die Pastete leichter zu schneiden ist.

Die Backform mit Butter oder mit Olivenöl sorgfältig einreiben, die zubereitete Masse ordentlich und in mehreren Schichten mit einem Holzlöffel oder mit einem Plastikspachtel in die Form geben; zum Schluß mit den dünneren Speckscheiben bedecken.

Den Backofen auf 180°C erhitzen. Währenddessen einen recht großen Topf mit Wasser aufkochen. Wenn der Ofen warm ist, das Wasser in die Bratpfanne eingießen, die Backform ins Wasser stellen, mit einem Deckel oder mit Folie abdecken und im Backofen mindestens anderthalb Stunden backen lassen.

Dann die Pastete herausnehmen und langsam abkühlen lassen (nicht im Kühlschrank!), dabei die Form nach Möglichkeit mit etwas beschweren, damit die Pastete nicht aufplatzt. Die Pastete wird erst richtig abgekühlt serviert, vorzugsweise mit Cumberlandsauce und Gurken. Als Beilage eignen sich z.B. in Butter gebratene Champignons oder andere Pilze. Ein feines Kartoffelpüree mach das Ganze fülliger, frischgeröstetes Brot oder in Butter geröstete Toastbrotscheiben eignen sich ebenfalls gut. Ein frischer grüner Salat mit Essigdressing ist auch eine gute Alternative. Wenn Sie die Pastete bereits vor dem Servieren in Scheiben schneiden, kann sie auf einen Teller mit Fleischgelee gelegt werden; danach können auch die Pastetenscheiben mit demselben Gelee bedeckt werden.

Pfeffer

Piper nigrum

Die Idee, sinnlose Rekorde zu setzen, war keineswegs in unserer Zeit und nicht durch das Guinnessrekordbuch geboren. Solche Dinge bewegten unsere Vorfahren bereits vor langer Zeit! Schon im Jahre 1601 kamen die Metzger in Königsberg auf die Idee, die längste Wurst der Welt herzustellen. Sie wurde dann auch tatsächlich ganze 670 Meter lang, wog 400 kg und sah wahrscheinlich wie eine überdimensionale Bockwurst aus. Das Rezept dieser Wurst ist uns überliefert worden und läßt uns die enorme Überwürzung ahnen, die für die Nahrung jener Zeit so charakteristisch war. Die Überwürzung führte zu einer ständigen Nachfrage nach Gewürzen. Für die besagte Wurst hat man nämlich ca. 10 kg Pfeffer verwendet, d.h. sie enthielt ca. zehnmal soviel Pfeffer per Kilo wie eine gewürzte Wurst unserer Zeit.

Apotheke im Mund?

Die Kosten für Gewürze betrugen im 16. Jahrhundert im Durchschnitt fünfmal so viel wie die Menge der insgesamt verwendeten Rohwaren. Nicht ohne Grund schwärmte ein deutscher Minnesänger aus dem 13. Jahrhundert, welches Wohlbefinden man erlebe, wenn "es im Mund wie eine ganze Apotheke schmeckt" - man bedenke dabei auch die unglaublichen Mengen von Bier und Wein, die dabei konsumiert wurden, um den Brand im Hals zu löschen! Derartige Vergnügungen waren übrigens in den besseren Familien allgemein verbreitet, wo man Kochbücher verwendete.

Pfeffer war auch ein populäres Brandweingewürz, außerdem verwendete man ihn als Mittel gegen Husten.

Langer Pfeffer war der längste...

Die erste Pfeffersorte, die den Westen erreicht hatte, ist in unseren Breitengraden heute so gut wie unbekannt. Er hieß langer Pfeffer und gehörte zur selben Pfefferfamilie (Piper), doch war er im Geschmack stärker als weißer und schwarzer Pfeffer. Von dem langen Pfeffer gibt es heute zwei Sorten: Piper officinarum, der in Indonesien zu Hause ist, und der aus Indien stammende Piper longum. Heute werden sie für manche Picklemischungen benutzt. Der letztgenannte wurde bereits sehr früh - schon vor ca. 3000 Jahren - in den Sanskritschriften erwähnt. Der erste Europäer, der ihn kennenlernte, war nachweislich Alexander der Große auf seinem Feldzug nach Punjab im Nordwesten Indiens im Jahre 327 v. Chr. Höchstwahrscheinlich war es wohl der lange Pfeffer, der dort *pippali* ("Pfefferkorn") hieß. Diese Pfeffersorte begann man später nach Persien zu exportieren, wo man Probleme mit der Aussprache von *pippali* hatte und ihn stattdessen *pipari* nannte. Unter diesem Namen kam dann der Pfeffer aus Persien nach Griechenland, wo er nun *péperi* hieß. Die Griechen bezeichneten damit den schwarzen Pfeffer, während sie den langen Pfeffer *péperi makron* ("den großen Pfeffer") nannten. Pfeffer verwendete man dort zuerst ausschließlich als Heilmittel.

wissenschaftliche Bezeichnung:	Piper nigrum
Pflanzenfamilie:	Piperaceae, Pfeffergewächse
Englisch:	pepper
Französisch:	poivre
Italienisch:	pepe
Spanisch:	pimienta
nutzbare Teile als Gewürz:	Steinfrüchte in verschiedenen Reifestadien
Herkunft:	Indien
Anbauländer:	Brasilien, Indien, Indonesien, Madagaskar, Malaysia, Sri Lanka

c
b
a
k
i
h
g
f
e
d

...aber der weiße und der schwarze Pfeffer waren preiswerter

Die Römer lernten den Pfeffer natürlich durch die Griechen kennen und nannten ihn *pipar*; der lange Pfeffer hieß bei ihnen *piper longum*. Mit der Zeit kam auch der weiße Pfeffer hinzu. Als erster erwähnte ihn im 1. Jahrhundert n. Chr. der Grieche Dioskorides; zur Zeit von Plinius d. Ä. kannte man in Rom bereits alle drei Sorten. Der lange Pfeffer kostete doppelt so viel (ca. 120 Mark per Kilo) wie der weiße, der schwarze Pfeffer war dagegen um die Hälfte billiger als der letztgenannte. Plinius drückt sein Unverständnis darüber aus, daß seine Landsleute etwas essen müssen, was so unangenehm schmeckt - weder süß noch salzig. Zu alledem, schrieb er, sei dieses Gewürz häufig verfälscht, insbesondere der schwarze Pfeffer: Gab man nur ein paar Wacholderbeeren dazu, dann schrumpften sie zur Größe der Pfefferkörner und nahmen seinen Geschmack an. Viel später, im Jahre 1330, verabschiedete der norwegische König Magnus Eriksson in Oslo das erste Gesetz, das solche Fälschungen verfolgen sollte. Aber schon der römische Kaiser Marcus Aurelius fand im Jahre 176 n. Chr., daß Pfeffer eine sehr wichtige Handelsware geworden sei und daher mit Zoll belegt werden müsse. Zoll bezahlte man im Anlaufhafen von Alexandria, wo die Schiffe arabischer Handelsleute mit Pfeffer einliefen, von wo er dann in weitere Provinzen des Reichs transportiert wurde.

Weiß oder schwarz - nur eine Frage der Reife

Während der Antike und noch weit in die Zeit der Renaissance wußte man nicht, daß der weiße und der schwarze Pfeffer von derselben Pflanze kommen, was die meisten Leute übrigens auch heute nicht wissen. Ein frommer Mönch namens Bartholomäus verfaßte im 14. Jahrhundert ein Buch mit dem Titel *Die Eigenschaften der Dinge*, in dem er u.a. erklärte, wie es sich mit diesen beiden Pfeffersorten verhielt: "Pfeffer ist ein Samen bzw. ein Baum, der auf der Südseite des Kaukasusbergs im heißesten Sonnenschein wächst. Der Pfefferwald ist voller giftiger Schlangen, die ihn bewachen. Wenn die Pfefferfrüchte reifen, kommen die Einsiedler des Landes und setzen den Wald in Brand, wodurch die Schlangen vertrieben werden. Durch Rauch und Feuer werden die Früchte schwarz und dazu noch extra scharf im Geschmack". Man könnte sich allerdings die Frage stellen, wie es möglich war, daß es im Handel auch den weißen Pfeffer gab. Diese Logik schien jedoch den Verfasser nicht sonderlich zu interessieren. Der kaukasische Ursprung des Pfeffers war unter den europäischen Gelehrten bis in das 16. Jahrhundert unangefochten. Es beweist auch, wie gut es den Arabern gelungen war, die europäischen Abnehmer ihrer Handelsware über die Ursprungsorte von Gewürzen im Dunkeln zu halten.

Grüner, schwarzer und weißer Pfeffer: Es handelt sich nicht um verschiedene Sorten, sondern um den Reifegrad derselben Frucht. Alle kommen von demselben Gewächs, Piper nigrum.

Die Wahrheit ist aber, daß der grüne, der schwarze und der weiße Pfeffer lediglich drei verschiedene Reifestadien desselben tropischen Klettergewächses darstellen - Piper nigrum. Er kommt ursprünglich aus Indien, wird aber heute an mehreren Orten desselben Breitengrads angebaut, z.B. in Indonesien, wohin er aus Indien wahrscheinlich bereits kurz nach Christi Geburt gebracht wurde. Die Engländer führten später den Anbau von Pfeffer in Malaysia ein.

Das Pfeffergewächs fühlt sich bei recht hoher Luftfeuchtigkeit besonders wohl - ca. 2500 ml jährlich braucht ein Baum in seiner Nähe, an dem er hochklettert. Mittlerweile stellt man ihm dafür Holzstangen zur Verfügung, an denen er ca. drei Meter hoch wächst. Wildwachsend klettert der Pfeffer an den Bäumen doppelt so hoch. Ein Pfeffergewächs wird im Alter von drei bis vier Jahren produktiv; es lebt 25 - 30 Jahre, wobei es die größten Erträge im Alter von acht Jahren erbringt.

In Indien schlagen die Pfefferblüten im Juli aus; sie sitzen an langen, hängenden Ähren, und die im Januar reifenden Früchte erntet man in noch grünem Zustand - das ist dann der grüne Pfeffer, der zum Trocknen oder in eine Marinade gelegt wird. Der grüne Pfeffer ist die neueste Variante (abgesehen vom Roséppfeffer, der eigentlich nicht in diese Gruppe gehört), die erst in den 50er Jahren zum Zubereiten eingeführt wurde. Mittlerweile ist er voll etabliert und besitzt eine ganz besondere, etwas fruchtige Schärfe, die vor allem zu Gerichten aus Rindfleisch paßt.

Vielseitig zu verwenden

Wenn die Beeren etwas rot, d.h. halbreif sind, werden sie geerntet und zu schwarzem Pfeffer verarbeitet. In der vorindustriellen Zeit legte man sie zu hohen Haufen zum Gären, wonach sie in der Sonne zum Trocknen ausgebreitet wurden, eventuell wurden sie noch geräuchert. Um nicht zu verfaulen, müssen die Beeren sehr schnell trocknen. Bei diesem Prozeß verändern die Früchte ihre Farbe zum Schwarz und schrumpfen um den weißen Kern herum etwas ein.

Der weiße Pfeffer entsteht dagegen aus den reifen, roten Steinfrüchten, die man zuerst für eine Woche ins Wasser legt, damit sich das Fruchtfleisch ablöst: Die weißen Kerne sind das eigentliche Material, aus dem der weiße Pfeffer hergestellt wird. Teilweise wird heute der weiße Pfeffer von hoher Qualität aus Körnern des schwarzen Pfeffers hergestellt, von denen nach dem Räuchern die schwarze Hülle entfernt wurde. Gemeinsam ist für alle Pfeffersorten die Anwesenheit der alkaloiden Geschmacksubstanz Piperin, aus der übrigens in der Parfümindustrie eine andere wichtige Substanz, das Heliotropin , gewonnen wird.

Pfeffer war einst das Gewürz, das eine sehr lange Zeit den gesamten Welthandel wesentlich in Gang hielt. Heute konsumieren wir genauso viel Pfeffer wie alle anderen Gewürze zusammen; mit Sicherheit gehört der Pfeffer zu den Gewürzen, die am vielseitigsten verwendet werden können.

Harte Valuta

Die Reichtümer von Venedig und Genua, aber auch von anderen europäischen Handelszentren wie Augsburg, Lissabon, Amsterdam und Brügge sind im wesentlichen durch den Handel mit Pfeffer zustande gekommen; dasselbe trifft für die arabischen Kaufleute in Ägypten zu, die dafür sorgten, daß die Gewinne für sie profitabel waren. Nicht genug damit, daß der Pfeffer Geld akkumulierte, häufig funktionierte er wie Geld. Im Mittelalter galt er als harte Valuta, weshalb er als eine Quelle des Reichtums sorgfältig bewacht und unter Schoß und Riegel aufbewahrt wurde. Um

PEEPER - GEWASSENEN
Pag: 12
3
4
5
2
1

Diese Miniatur aus *Livre des Marveilles* (15. Jahrhundert) illustriert Marco Polos Berichte über die Pfeffererernte an der Malabarküste.

den Reichtum eines Handelmanns einschätzen zu können, genügte es zu wissen, wie groß seine Pfeffervorräte waren. Als angemessene Bestechung für einen Steuerbeamten betrachtete man in Venedig jeweils ein Pfund Pfeffer, Zimt und Ingwer. Der Gotenkönig Alarich verlangte bei der Belagerung von Rom im Jahre 408 als Abfindung für die Plünderung der Stadt 2500 kg Gold, 15000 kg Silber, 4000 kostbare Kleider und darüber hinaus 2500 kg Pfeffer! Offensichtlich schienen besonders die Krieger allgemein Pfeffer zu mögen. Als das genuesische Heer im Jahre 1101 Caesarea im Nahen Osten eroberte, erhielt jeder Soldat von seinem Vorgesetzten 1 kg Pfeffer als Belohnung. In England, wo bereits eine besondere Gilde für Pfefferhandel seit Mitte des 12. Jahrhunderts existierte (The Guild of Pepperers; 1345 in The Guild of Grocers inkorporiert), bezahlten die im Hafen von Billingsgate ankommenden Seefahrer ihren Zoll an König Ethelred u.a. in Pfeffer. In England war es auch üblich, daß die Bauern ihre Abgaben an die Landbesitzer in Form von Pfeffer leisteten, oft betrugen sie ein Pfund. Daraus entwickelte sich übrigens allmählich die Sitte, diese Abhängigkeit formell mit einem einzigen Pfefferkorn zu begleichen; der englische Ausdruck für eine unbedeutende Miete, *a peppercorn rent*, kommt daher. Als Prinz Charles von England 1973 symbolisch den Fluß Tamar überschritt, um seinen Besitzantritt als Herzog von Cornwall zu markieren, erhielt er neben anderen Geschenken als neuer Lehnsherr einen Beutel mit Pfeffer - der Preis für einen Beutel Pfeffer hätte im Mittelalter dem dreiwöchigen Lohn eines Bauernknechts entsprochen. In Frankreich hätte diese Summe ausgereicht, einen Knecht freizukaufen. In Deutschland bezeichnete man mit dem Ausdruck *Pfeffersack* oft reiche Leute. Insbesondere in Sachsen waren damit verachtend arme Adelsleute gemeint, die reiche Frauen aus niederem Stand heirateten.

Der Pfeffer war bereits in der Antike hochgeschätzt. Eine Zeit lang war Byzanz der Knotenpunkt des Gewürzhandels. Zu Beginn des Mittelalters hielt sich die Konsumtion von Gewürzen in mäßigen Grenzen, obwohl Ausgaben für Gewürze,

Diese holländische Darstellung aus dem Jahre 1682 zeigt, wie der Pfeffer geerntet und behandelt wird. Links auf dem Bild sehen wir den schwarzen und rechts den langen Pfeffer. Zu unterst sind die Capsicumarten und der "karibische Pfeffer" zu sehen. Zu jener Zeit wurden offenbar auf den holländischen Inseln der Karibik sowohl die ost- als auch die westindischen Sorten nebeneinander angebaut.

Das Pfefferaroma ist leicht vergänglich. Den Feinschmeckern wird daher empfohlen, nicht aus Bequemlichkeit auf das gemahlene Pulver zurückzugreifen, sondern die Pfefferkörner kurz vor der Anwendung selbst zu mahlen.

u.a. für Pfeffer, in den Rechenbüchern der Klöster schon damals dokumentiert worden waren. Ein neues Interesse für Pfeffer erwachte erst richtig während der Kreuzzüge, die sich anfänglich aus dem aufrichtigen Bestreben, durch einen geheiligten Krieg die heiligen Plätze in Palästina dem Christentum zugänglich zu machen, allmählich zu reinen Handelskriegen entwickelten, das traf besonders für den vierten Kreuzzug in den Jahren 1202 - 1204 zu, dessen Ziel es eigentlich war, die damalige byzantinische Dominanz im Gewürzhandel zu brechen.

Pfeffer als Geschmacksverbesserer

Die Verwendung von Pfeffer zum Würzen erreichte im Mittelalter enorme Proportionen. Es waren vor allem die besserbestellten Schichten der Gesellschaft, die sich diesen Genuß leisten konnten. Die Pfefferkonsumtion nahm aber auch in der Landbevölkerung verschiedener Länder schnell zu, es geschah jedoch nicht vor Beginn des 19. Jahrhunderts, daß in der Küche einfacher Leute Pfeffer zur Zubereitung von Speisen regelmäßig benutzt wurde.

Der hohe Verbrauch von Pfeffer hing natürlich mit der schlechten Qualität der zugänglichen Lebensmittel zusammen - gesalzenes Schweinefleisch, mehr oder weniger halbverrottetes Rindfleisch, besonders zur Sommerzeit, und Fisch, der nicht sofort aus dem Wasser in den Kochtopf kam. Mit Bergen von Pfeffer überdeckte man dann den bedauerlichen Zustand der Nahrungsmittel. Der soziale Status spielte allerdings auch eine Rolle, denn Gewürze waren ein Zeichen des Wohlstandes.

Erst in der französischen Küche des 17. Jahrhunderts fing man an, mehr Aufmerksamkeit der Rohware selbst zu schenken als der Würze. Mit dem Aufkommen der neuen Essenkultur war die Rolle der Gewürze in den Hintergrund geraten. Seitdem ging die Verwendung des scharfen Pfeffers im allgemeinen zugunsten von milderen Gewürzen und Kräutern zurück, er bekam nunmehr den Stempel eines Gewürzes für den armen Mann, der weder über Mittel noch Geschmack für aristokratische Essengewohnheiten verfügte. Eigentlich erst wieder durch den grünen Pfeffer akzeptierte die feinere Küche das gewürzte Essen auf unseren Tischen erneut. Die sinkende Konsumtion von Pfeffer führte zum Fall der Pfefferpreise auf dem Weltmarkt. Als sie in den 1840er Jahren den Tiefpunkt erreichten, kostete ein Kilo Pfeffer lediglich sechs amerikanische Cent.

Der scharfe Pfeffergeschmack gab aber auch Anlaß, ihn in der Magie und in der Volksmedizin hoch zu schätzen. In Norwegen z.B. benutzte man ihn als Schutzmittel gegen den Neid. Heißer Pfeffer wurde in Getränken als Mittel gegen Erkältung und Koliken eingesetzt.

Körner aus dem Paradies

Nicht unerwartet fing man schon sehr früh an, nach Pfeffer in anderen Ländern und nicht nur in Indien zu suchen, wo die Araber das Pfeffermonopol bis zu Beginn des 16. Jahrhunderts besaßen. Im Jahre 1460, demselben Jahr als Prinz Enrico von Portugal, genannt der Seefahrer, starb, kehrte eines seiner Schiffe nach Lissabon zurück voll geladen mit Sklaven und "Paradieskörnern", die irgendwo an der Westküste Guineas eingetauscht worden waren. Diese Ladung schlug auf dem Lissabonner Gewürzmarkt wie eine Bombe ein, weil diese Körner ein perfekter Ersatz für den Pfeffer zu sein schienen und so billig verkauft wurden, daß ein renommiertes Handelshaus mit großen Vorräten an echtem Pfeffer in Konkurs gehen mußte. Die geheimnisvollen Paradieskörner waren an sich nichts Neues, nur daß sie früher nach Europa mit Karawanen durch die Sahara gebracht worden waren, was auch die hohen Preise bedingt hatte.

Der Portugiese Enrico der Seefahrer war in vieler Hinsicht ein Pionier. Trotz seines Namens nahm er nicht selbst an Seefahrten Teil, seine Verdienste bestanden eher in Planung und Finanzierung solcher Unternehmen. Ihm hat man auch das Erscheinen von Paradieskörnern auf den europäischen Märkten zu verdanken.

Diese Körner waren jedoch keine Pfefferkörner, sondern gehörten zur Gewächsfamilie Amomum, die mit dem Ingwer verwandt ist. Die wissenschaftliche Bezeichnung dieses Gewächses lautet Amomum melegueta; es wird auch Meleguetapfeffer nach einem Fluß genannt, der durch Teile von Niger und Mali fließt. Das Mandingovolk etablierte und unterhielt größtenteils von da aus den Handel mit diesem Gewürz in Richtung Norden. (Dieses Gewürz hatte auch viele andere Namen: Negerpfeffer, Guineapfeffer usw.) Es wächst in den tropischen Regionen Westafrikas, die - vor allem das heutige Liberia und Sierra Leone betreffend - früher eine lange Zeit Pfefferküste hießen.

Die Paradieskörner wurden bereits im Jahre 1214 in der Beschreibung eines ausgelassenen Festes in Treviso in Italien erwähnt, wo man berichtete, wie eine Gruppe schöner Mädchen mit ihren Körpern eine quasi Festung bildete, die von den männlichen "Belagerern" mit Blumen, Süßigkeiten und *grana paradiso*, den Paradieskörnern, bombardiert wurde. Zu ungefähr derselben Zeit waren sie unter dem Namen *Grawn Paris* auch in Wales bekannt und konnten so hoch im Norden wie z.B. im schwedischen Uppsala in den Geschäften gekauft werden. Die schwarzen Sklaven führten dieses Gewürz mit sich in die Karibik, wo es dann auch angebaut wurde, und später auch nach Ceylon. Außer im Essen verwendete man es u.a. zum Würzen von Whiskey und englischem Brandy - was allerdings nicht erlaubt war. In England verwendete man dieses Gewürz in weniger guten Brauereien, um das Bier würziger erscheinen zu lassen. Gegen dieses Pfuschen erließ König George III. ein Gesetz, das allen Bierbrauereien verbot, diese Körner überhaupt zu besitzen. Die Strafe betrug 200 Pfund, und der Apotheker, der sie an einen Brauer verkaufte, riskierte eine Strafe von 500 Pfund. Dieses Verbot konnte nicht einmal durch die Aussage von Königin Elisabeth aufgehoben werden, sie möge diese Körner mehr als den richtigen Pfeffer.

In unserer Zeit spielt dieses Gewürz keine wesentliche Rolle mehr. Es wird lediglich in einigen Picklekonserven und bei der Herstellung von einigen Likörsorten verwendet.

Andere ungewöhnliche Pfeffersorten

Die Küste Guineas ist reich an pfefferähnlichen Gewächsen, und von dort stammt neben dem beschriebenen Paradieskorn auch der Negerpfeffer - Xylopia aethiopica aus der Familie Annonaceae - sowie der Aschantipfeffer, der jedoch zur richtigen Pfefferfamilie gehört (Piper clusii). Alle diese Sorten hatten niemals eine größere Bedeutung außer in den Zeiten, wo der normale Pfefferimport aus dem Osten aus verschiedenen Gründen unterbrochen war. Diese Pfeffersorte verwendeten häufig Fälscher für den gemahlenen Pfeffer.

Noch eine andere Pfeffersorte spielte eine recht lange Zeit, beinahe bis in unsere Tage, eine gewisse Rolle in der medizinischen Behandlung. Es handelt sich in diesem Fall um den Kubebenpfeffer (Piper cubeba), der ein indonesisches Pfeffergewächs ist. Er wurde sehr früh als Gewürz verwendet und stellte im 13. Jahrhundert in Europa eine wichtige Handelsware dar. Seine ungünstigen Nebenwirkungen auf den Magen strichen ihn aber bald von der Gewürzliste, und er wurde dann nur noch in der Heilkunde verwendet, vor allem als harntreibendes Arzneimittel gegen Infektionen. Ein weiteres Gewächs mit der Bezeichnung Pfeffer, das jedoch gar nicht zur Pfefferfamilie gehört, ist die modernste aller Pfeffersorten, der Rosépfeffer. Er wird aus Beeren einer kleinwüchsigen, zur Familie Anacardiaceae gehörenden südamerikanischen Baumart (Schinus molle) hergestellt, die einen besonders pikanten Geschmack haben. Sie sind nicht nur aromatisch, sondern sehen auch ansehnlich aus, weshalb sie sich als Zugabe in einer Eisschale oder einer hellen Sauce zum Dessert gut eignen. In der neuen französischen Küche benutzt man sie gern für Fischgerichte.

Wo der Pfeffer wächst

Vor dem Zweiten Weltkrieg war Indonesien der führende Pfefferproduzent in der Welt mit einem jährlichen Umsatz von 60000 Tonnen, gefolgt von Indien, das ca. ein knappes Drittel davon produzierte. Die indonesischen Plantagen erlitten durch die Kriegshandlungen zunächst so große Schäden, daß die Produktion dort stagnierte und verfiel, während es Indien gelungen war, die Produktionsquoten streckenweise auf 30000

Viele Gewürze, nicht zuletzt der Pfeffer, besaßen einen großen Wert. Es ist nicht verwunderlich, daß man deshalb auch auf die Aufbewahrungs- und Transportbehälter großen Wert legte. Eine transportable Truhe (Breite ca. 30 cm) aus Messing zum privaten Gebrauch.

Tonnen jährlich zu steigern. In den weiteren Kriegsjahren behauptete Indonesien seine führende Stellung auf dem Weltmarkt wieder von neuem, der Pfeffer kam aber bereits auch aus anderen ostasiatischen Ländern, z.B. aus Malaysia. Es fand nach und nach eine Spezialisierung statt: Indien, Malaysia und Singapur produzierten den schwarzen, Indonesien den weißen und die kleine Insel Bangka lieferte den hochgeschätzten Muntokpfeffer.

Als ein Land von Pfefferenthusiasten gelten die USA, wo man jährlich ca. 100 g dieses Gewürzes zu sich nimmt. Doch auch dieser hohe Verbrauch wird noch von manchen anderen Ländern, z.B. von Tunesien, übertroffen, wo jährlich pro Person zweimal mehr konsumiert wird. In Europa sind es vielleicht nur die Schweden, die sich in ihrer Pfefferpassion den Amerikanern nähern; am wenigsten wird Pfeffer in China verzehrt (1g pro Person jährlich) und in Japan (3g pro Person jährlich). Die Schar der großen Pfefferverbraucher bilden nicht die privaten Haushalte, sondern die Produzenten von Lebensmitteln.

Zum Abschluß des Kapitels ein guter Rat an den Leser: Pfeffer in Körnern bewahrt seinen Biß und sein Aroma viel länger als der gemahlene, weshalb er bei der Zubereitung vorzuziehen ist.

Ingwer

Zingiber officinale

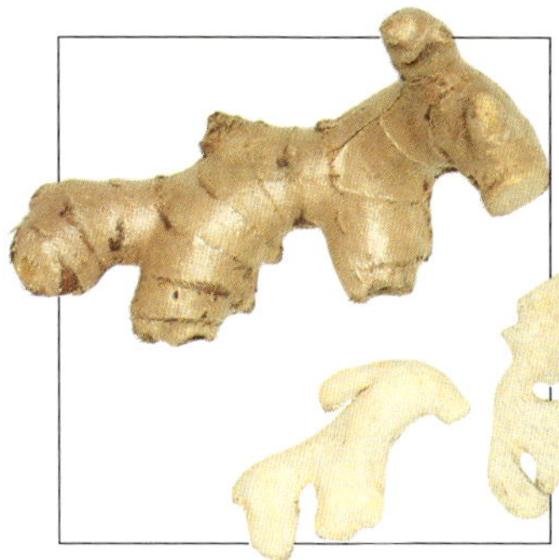

Was kann es zwischen dem jenseitigen Paradies der korantreuen Muslime und dem diesseitigen runden Tisch von König Artus und seinen Gralsrittern Gemeinsames geben? Sehr einfach: den Ingwer! Schon vor 2000 Jahren konnten die Römer den importierten Ingwer in winzigen Tonbehältern kaufen; offenbar galt der Ingwer bereits zu der Zeit als eine Delikatesse. Dioskorides, der Leibarzt von Kaiser Claudius und später von Nero, schrieb in seinem berühmten Werk *De materia medica* im Jahre 77 n. Chr., daß Ingwer nicht nur den Magen wärmte und ihm wohltäte, sondern ein vortreffliches und vielseitiges Mittel gegen Vergiftung wäre, was zumindest die Machtelite der Gesellschaft aus guten Gründen zu schätzen wußte.

Süßigkeiten des Höhlenmenschen

Über den Ursprungsort dieses Gewürzes wußten sowohl die Griechen als auch die Römer wenig, wie übrigens über die meisten orientalischen Luxuserzeugnisse. Man kaufte sie einfach von den arabischen Kaufleuten und begnügte sich mit deren Angaben: Der Ingwer sollte irgendwo im Land der Troglodyten wachsen, man würde ihn auch weiter südlich anbauen. Mit Troglodyten bezeichneten die Griechen ein geheimnisvolles Volk, das ihre Geographen an die Peripherie der Erde ansiedelten und das ein widerwärtiges Aussehen haben sollte; zu alledem sollten die Troglodyten in so einer Promiskuität gelebt haben, daß ihre Kinder niemals wußten, wer ihre Eltern waren. Das Troglodytenland sollte ungefähr an den Küsten des Roten Meeres und des Golfs von Aden gelegen haben; die Troglodyten würden sich von Fisch ernähren, weshalb man sie verächtlich als Ichthyophagen, Fischfresser, bezeichnete - einen niedrigeren sozialen Rang konnte man sich damals als Grieche nicht denken. Aber Ingwer anbauen und einlegen, das konnten die Troglodyten nun wirklich!

Eine gelüftetes Geschäftsgeheimnis

Heute wissen wir es besser: In Arabien oder Äthiopien hat es niemals Ingwer gegeben, genauso wenig wie es fischfressende Troglodyten gab. Die Araber waren lediglich die Zwischenhändler von einer enormen Menge von Gewürzen, die aus verschiedenen Ländern in Süd- und Südostasien nach Europa strömte. Der erste Europäer, der Ingwer in natürlichem Zustand mit eigenen Augen gesehen hatte, war der Venezianer Marco Polo auf seiner Reise nach China am Ende des 13. Jahrhunderts. Ingwer war jedoch bereits ca. 500 v. Chr. von Konfuzius erwähnt worden. Auch der Franziskaner und Missionar Giovanni de Montecorvino beschrieb im Jahre 1292 in seinem Buch über die Reise nach Indien, daß er dort mit eigenen Augen Ingwer gesehen hatte. Und damit können wir die Geschichte von den Troglodyten endgültig vergessen.

Potenzverleihend

Ingwer gehörte zu den ersten orientalischen Gewürzen, die Europa erreichten, und wenn seine Konsumtion - wie die von Gewürzen überhaupt -

wissenschaftliche Bezeichnung:	Zingiber officinale
Pflanzenfamilie:	Zingiberaceae, Ingwergewächse
Englisch:	ginger
Französisch:	gingembre
Italienisch:	zenzero
Spanisch:	jengibre
nutzbare Teile als Gewürz:	Stamm (rhizomet)
Herkunft:	möglicherweise asiatische Tropen (wächst nicht mehr wild)
Anbauländer:	Australien, China, Indonesien, Japan, Nigeria, Sierra Leone und verschiedene Inseln in der Karibik

C
D
V
S
T
U
J
M
P
R
O
A
B
E
F
H
G
N
K
Q

im Frühmittelalter einen zeitweiligen Rückgang erlebte, so erschien er bald wieder, wenn auch vereinzelt, auf verschiedenen europäischen Märkten, diesmal hauptsächlich als Medizinalgewächs. An der medizinischen Fakultät der Universität von Salerno lernten damals die Medizinstudenten, daß Ingwer z.B. das Altern verzögert: Der Verzehr von Ingwer sollte die Potenz stärken. Diese Erkenntnis führte dazu, daß die Portugiesen mit dem Anbau von Ingwer in Westafrika begannen. Mit seiner Hilfe sollte es bald mehr Sklaven geben und damit schnell neue Arbeitskraft heranwachsen.

Ingwerkekse und Ginger Ale

In der Renaissance stand Ingwer in ganz Europa hoch im Kurs. Nicht zufällig hießen viele Straßen in alten Handelsstädten oft Ingwerstraße. Das ist nicht verwunderlich, denn Ingwer war die gängigste Ware im Sortiment. Mit der neuen Zeit, die in der Kochkunst des 17. Jahrhunderts herannahte, war seine beste Zeit vorbei - er galt als nicht mehr fein genug. Was einige Länder doch nicht davon abschreckte, ihre Gewohnheiten zu bewahren, z.B. England und die USA. Das erklärt auch, warum dort solche Geschmacksreliquien wie Ingwerkekse und Ginger Ale noch lebendig sind. Als die amerikanischen Freiheitskämpfer im Jahre 1775 ins Feld zogen, war Ingwer ein Teil ihrer Verpflegung; als die Stadt Salem in Massachussetts ein paar Jahrzehnte später zum größten Handelshafen der Welt für Gewürze heranwuchs, gewann Ingwer wieder an Bedeutung. Noch lange bis in unsere Zeit war es gerade in Neuengland Sitte, das Diner mit einer Ingwersülze abzuschließen, um das Rülpsen und die Blähungen der versammelten Gäste zu dämpfen.

Im Jahre 1954 beklagte sich der Abgeordnete des britischen Unterhauses Sir Robert Perkins bitter darüber, daß das Restaurant im Parlamentsgebäude schon seit 300 Jahren nicht mehr das scharf mit Ingwer gewürzte Hühnergericht *maupygernon* servierte. Das ist wohl ein Paradebeispiel der angelsächsischen Vorliebe für dieses Gewürz, das seit dem 17. Jahrhundert fast ausschließlich in den Grenzen des britischen Imperiums produziert wurde. Es war jedoch ein Franzose, der auf die Idee kam, Ingwer zu trocknen und zu Pulver zu zermahlen, wodurch seine Handhabung einfacher wurde.

Schon die Römer bewahrten vor 2000 Jahren Ingwer in kleinen, schönen Dosen auf. Die abgebildeten Behälter sind dagegen nur einige hundert Jahre alt und kamen aus dem Osten im Zuge des regen Handels mit Ostindien.

Geschmacksstarke Knollen

Ingwer ist eigentlich der verzweigte Wurzelstock - und nicht die Wurzel - eines tropischen Gewächses aus der Familie der Ingwergewächse. Er vermehrt sich hauptsächlich durch Teilung des Wurzelstocks in 5 cm große Stücke, die nach etwa einem Jahr erntereif werden. Die ausgegrabenen Knollen werden gereinigt, abgeschabt und für eine Woche in die Sonne gelegt, wonach sie ca. drei Viertel ihres Gewichts verlieren.

Da Ingwer nicht mehr in freier Natur anzutreffen ist, kann sein Ursprungsort nicht mehr festgestellt werden, vermutet wird aber Süd- oder Südostasien bzw. einige Inselgruppen noch weiter im Osten. Als die Europäer den Gewürzhandel unter ihre Kontrolle brachten, beeilten sie sich, diese hochbegehrte Pflanze auch in anderen tropischen Kolonien anzubauen. Ingwer war das erste Gewürzgewächs, das aus der Alten in die Neue Welt verpflanzt wurde. Jamaika entwickelte sich dort zum Zentrum dieser Produktion, und heute

Diese Darstellung von Ingwergewächsen stammt aus einem Buch aus dem Jahre 1670, das die Gesandtschaft der holländischen Ostindischen Kompanie bei dem "großen tatarischen Khan, dem Kaiser von China" beschreibt.

noch zählt der dortige Ingwer zur höchsten Qualitätsklasse. Andere Anbauländer sind Nigeria, Sierra Leone, Taiwan und Haiti. Die wichtigsten Importländer sind die USA, Großbritannien und die arabischen Länder in Vorderasien. Die Ingwersülze ist eher eine Süßigkeit als ein Gewürz; sie wird in Australien und in Hongkong hergestellt.

Tips für Pferdespekulanten

Bis zu 3% enthält Ingwer ein hellgelbes ätherisches Öl, das Ingweröl, das in der Kosmetikindustrie in erster Linie zur Herstellung von Herrendüften für Rasierwasser und Eau de toilette verwendet wird, aber auch als Gewürz in der Lebensmittelindustrie. Die Wurzeldroge wird vor allem zur Bereitung des Ingwerbiers Ginger Ale verwendet. Ingwer wird heute mit Vorliebe in mehr oder weniger süßen Nahrungsmitteln verwendet, wie z.B. für Soufflés, Kuchen, Puddings und Aufläufe. Das feine Aroma kommt uns zu Hause bei verschiedenen Einlagen zugute, z.B. bei Essiggurken. Gemahlen ist er häufig in verschiedenen Currymischungen zu finden.

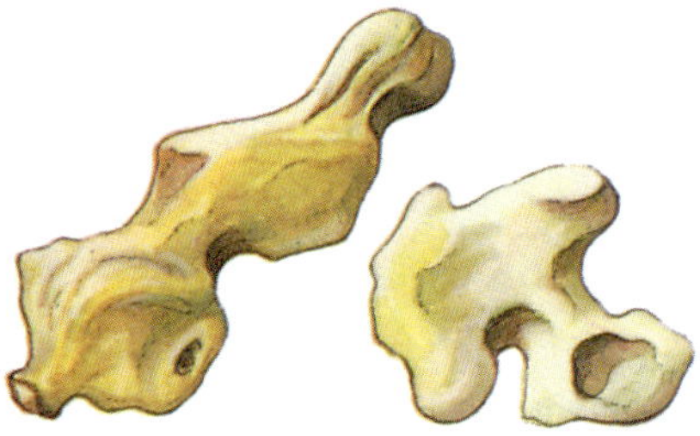

Rechts: Ingwer hat seinen Ursprung in den Regenwäldern Südostasiens (hier auf Borneo). Den echten - wild wachsenden - Ingwer gibt es nicht mehr, dafür aber viele mit ihm verwandte Pflanzen.

Nun noch eine anekdotische Verwendung von Ingwer aus den Kreisen der Pferdespekulanten: Eine ordentliche Portion Ingwer, in die hintere Öffnung eines Pferdes gestopft, verwandelt das müdeste und älteste Pferd zu einem preisgekrönten Rennpferd, das außerdem durch eine hohe und elegante Schwanzhaltung beeindruckt. Auf diesen Trick sollen schon einige Spekulanten hereingefallen sein.

Das Ingwergewächs: Der über der Erde liegende Teil des Stamms wird geschält und weiter verwendet, aus dem unterirdischen Teil wachsen die Wurzeln.

Kardamom

Elettaria cardamomum

Es wird von einem persischen König erzählt, daß er einen prächtigen Hengst hatte, der jedoch einen so geringen Kampfgeist besaß, daß er jedesmal, wenn er sich auf dem Schlachtfeld befand, nur auf die Witterung einer brünstigen Stute lauerte und daher vollkommen seine militärischen Aufgaben vergaß. Das passierte natürlich nicht seinem Herren, der für solche Allüren seines Kampfgenossen nur wenig Verständnis aufbringen konnte. Daher beschloß er, ihn kastrieren zu lassen, um derartige Peinlichkeiten künftig zu vermeiden. Als die Stallknechte den Hengst auf dem Hof bereits zum Eingriff vorbereitet hatten, öffnete sich ein Fenster, und die Königin erkundigte sich, was mit dem Hängst geschehen solle. Als sie von dem für den Hängst schicksalsträchtigen Vorhaben erfuhr, rief sie aus: "Kann er stattdessen nicht täglich zwanzig Tassen Kaffee gereicht bekommen? Mein Gemahl trinkt so viel Kaffee, und bei ihm wirkt es offenbar!"

Über die Kunst, einen guten Kaffee zu kochen

Dieser Ruf begleitete den Kaffee auf seine Wanderung in die ganze Welt, und wie viele andere Gerüchte auch spiegelt er die damals verbreiteten Vorurteile wider, in diesem Fall über den Kaffee als ein potenz- und libidodämpfendes Mittel. Was später auch von den französischen Weingroßhändlern mit Schadenfreude propagiert wurde, als der Siegeszug dieses neuen Getränks im 17. Jahrhundert ihre Umsätze bedrohte. Zu ihrem Unglück stellte man aber bald fest, daß dieser Effekt mit anderen Mitteln zu dämpfen wäre - und das Wundermittel hieß Kardamom. Im 14. Jahrhundert fing man in den Ländern Vorderasiens an, dem Kaffee etwas Kardamom beizumengen. Vielleicht war es eine Unsitte aus gastronomischer Sicht, die sich aus Saudi-Arabien weiter verbreitete und die im 17. Jahrhundert zeitweise in Italien Fuß faßte. Oft verwendete man Kardamom in Kombination mit anderen Gewürzen, insbesondere mit der Nelke, als Kaffeezutaten. Eine wahrscheinliche Ursache für diese Experimente war der Ruf des Kardamoms als Aphrodisiakum, das sowohl bei Männern als auch bei Frauen wirkte.

Diverse Sorten

Die Bezeichnung "Kardamom" ist als Handelsware nicht eindeutig. Es gibt erstens den echten Kardamom - manchmal auch als Malabar- bzw. Ceylonkardamom bezeichnet -, dann gibt es aber auch eine Reihe anderer mit ihm verwandter Gewächse, die mehr oder weniger einen Kardamomgeschmack haben; alle gehören jedoch zur Familie der Ingwergewächse Zingiberaceae.

Zunächst bleiben wir bei dem Oberhaupt dieser Familie, Elettaria cardamomum, einer Pflanze, die in den mit Wald bewachsenen Bergen Vorderindiens, besonders im Gebirge an der Südspitze Indiens in einer Höhe von 800 bis 1500 m über dem Meeresspiegel sowie auf Ceylon zu Hause ist. Sie fühlt sich wohl bei moderaten Temperaturen

wissenschaftliche Bezeichnung:	Elettaria cardamomum
Pflanzenfamilie:	Zingiberaceae, Ingwergewächse
Englisch:	cardamom
Französisch:	cardamome
Italienisch:	cardamomo
Spanisch:	cardamomo
nutzbare Teile als Gewürz:	Samen
Herkunft:	Indien und Sri Lanka
Anbauländer:	Costa Rica, El Salvador, Guatemala, Indien, Kambodscha, Malaysia, Sri Lanka, Tansania, Thailand

A
K
J
F
E
D
C
B
R
M
N
G
H

Links: Im kambodschanischen Kardamomgebirge wachsen mehrere unechte Kardamomarten. Kardamom, den wir als Gewürz verwenden, wächst auf der Südspitze Indiens.

Rechts: Kardamom gehört zur Ingwerfamilie und kann recht hoch wachsen.

von ca. 22 °C und ausgiebiger Feuchtigkeit, bei ca. 3 m Niederschlag jährlich. Es handelt sich um ein stattliches, schilfartiges Gewächs von ca. 6 m Höhe mit schmalen, lanzettenförmigen Blättern. Aus dem knotigen Wurzelstock schießt ein Blumenstock, der lediglich ein Meter hoch wächst und beinahe während des ganzen Jahres reichlich mit Blüten bestückt ist. Diese Sorte besteht aus hellgelben, rundlichen oder in die Länge gezogenen, etwa 1 cm langen Kapseln mit strohigem Fruchtgehäuse und hellgrauen oder braunen, gerunzelten Samen von fein gewürzhaftem Geschmack. Aus Ceylon kommt auch der Kardamom mit kurzen runden Kapseln, dem Malabarkardamom ähnlich. Die Frucht ist eine ca. 1 cm lange, ovale Kapsel, die innen in drei Kammern geteilt ist, und maximal zwanzig kleine, nur ein paar Millimeter große, eckige Samen beherbergt, die das eigentliche Gewürz ausmachen.

Eine spät gezähmte Wilde

Bis vor 200 Jahren begnügte man sich damit, die wildwachsenden Kardamompflanzen zu ernten. Zu Beginn des 19. Jahrhunderts ging man dann doch zum Anbau über, zunächst auf Lichtungen im Urwald, wo die Samen eingepflanzt wurden. Heute benutzt man dazu Teile des Wurzelstocks, von denen zuerst kleine Pflanzen hochgezogen werden, um danach in die Erde gesetzt zu werden. Da es sich aber um ein Waldgewächs handelt, muß die Plantage mit schattenspendenden Bäumen versehen werden.

Eine Kardamomplantage hält den Besitzer einen großen Teil des Jahres beschäftigt. Die Pflanze blüht während einer langen Periode, und die Früchte reifen fortdauernd im Laufe mehrerer Monate. Geerntet werden sie fast reif, was bedeutet, daß sie aus dem Fruchtstock einzeln herausgepflückt werden müssen. Die Pflanze trägt erst nach zwei bis drei Jahren Früchte oder noch ein bis zwei Jahre später, falls sie aus Samen heranwächst, und sie ist mindestens 10 bis 15 Jahre fruchtbar. Ein Hektar Kardamomanbau erbringt von Jahr zu Jahr sehr unterschiedliche Ernten, die abhängig von Wetter, Angriffen schädlicher Viren und Insekten sind. Die Ernte ergibt ca. 100 kg getrocknete Kapseln, in günstigen Fällen sogar das Zehnfache der Menge.

Aufwendig und teuer

Nach dem Ernten werden die Kapseln gewaschen und getrocknet - entweder in der Sonne, wonach sie sehr hell, fast weiß werden - oder 24 Stunden in einem Raum mit warmer Luft, was sie grünlich färbt. Aus einem Kilo getrockneter Kapseln erhält man 600 g Samenkörner.

Der Anbau von Kardamom ist recht arbeitsaufwendig und alles andere als eine leichte Beschäftigung, weshalb er teuer ist. Der Kardamomanbau ist der zweitteuerste nach dem preismäßigen Spitzenreiter Safran und beinahe genauso teuer wie der Anbau von Vanille.

Kardamom kommt bereits in den alten vedischen Texten zur Heilkunst vor, deren Traditionen mehr als 1000 Jahre v. Chr. zurückgehen. Es galt als ein ausgezeichnetes Arzneimittel, z.B. zum Abnehmen oder zur Linderung von Schmerzen beim Urinieren. Nach Griechenland gelangte der Kardamom ungefähr im 5. Jahrhundert v. Chr., wo er auch seinen europäischen Namen erhielt. Die einfacheren Sorten nannte man der ursprünglichen Bezeichnung entsprechend *amomon*, die besseren wurden *kardamomon* bezeichnet. Wo dieses Gewürz seine richtige Popularität erlangte und in der feinen Küche fleißig verwendet wurde, war jedoch Rom. Dort wurde er auch Bestandteil eines vorbeugendes Arzneimittels gegen durch falsches Essen hervorgerufene Bauchschmerzen. Nördlich der Alpen tauchte Kardamom erst im 13. Jahrhundert auf, und hier vor allem wieder als nützliche Arznei, was aus den Medizinbüchern der Renaissance hervorgeht. Der große deutsche Botaniker Jakob Theodor Tabernaemontanus empfahl in seinem berühmten Werk über die Kräuter u.a. die Behandlung von blauen Flecken mit gemahlenem und in Honig gerührtem Kardamom.

Favorit der Schweden und Araber

Die Verbreitung von Kardamom in der ganzen Welt ging ihre eigenen Wege und ist heute sehr ungleich verteilt. Kein anderes der klassischen Gewürze ist geographisch so sporadisch verteilt und hat gleichermaßen so spezifische Verwendungsarten wie der Kardamom. Neben Indien sind es nur zwei ganz kleine Gebiete auf der Welt, wo beinahe die Hälfte der Weltkonsumtion von Kardamom stattfindet: Das sind Vorderasien (und insbesondere Saudi-Arabien) und Skandinavien, wo die Schweden und Finnen die größten Kardamomgenießer sind. Ein Schwede stopft jährlich sechzig Mal und ein Finne fünfundzwanzig Mal mehr von diesem Gewürz in sich hinein als beispielsweise ein Amerikaner, ein Brite oder ein Russe, die mit weniger als einem halben Gramm Kardamom im Jahr auskommen. Während die Araber Kardamom hauptsächlich als Kaffeezusatz verwenden, benutzen die Bewohner des europäischen Nordens Kardamom vor allem im Weizenbrot, aber auch in Würstchen und einigen Fleischgerichten.

In seiner indischen Heimat ist Kardamom ein wichtiger Bestandteil der Currywürze. Er ist außerdem eines der Gewürze, die man in ganz Südasien kaut; es ist ein verbreitetes Laster, das nicht unbedingt zum Küssen einlädt. Kardamom spielt jedoch auch exklusivere Rollen: Aus seinen Samen wird das Kardamomöl gepreßt, das in Marmeladen und mehreren Likörsorten seine Verwendung fand, darunter im berühmten Danziger Goldwasser, das Mitte des 16. Jahrhunderts von Ambrosien Vermöllen, einem aus Holland nach Danzig geflüchteten Protestanten, erfunden wurde. Mancher Weinkenner glaubt, daß nur eine Portion Kardamom dem Glühwein den richtigen Geschmack verleiht. Viele Männer, die von einer nächtlichen und nicht ganz nüchternen Runde durch die Stadt spät nach Hause zurückkehrten, kauten etwas Kardamom, um den Alkoholgeruch aus dem Mund zumindest für eine kurze Zeit zu verdrängen.

An dieser Stelle wundert sich vielleicht mancher Leser, der sich für Geographie mit Indien als Spezialgebiet interessiert, warum bisher das sogenannte Kardamomgebirge (Cardamom Hills) nicht erwähnt worden ist. Dafür gibt es einen guten Grund: In diesem Buch sollten nur echte Gewürze besprochen werden; will man dagegen auch alle falschen Kardamomarten berücksichtigen - in diesem Fall vor allem die Pflanzenfamilien Amomum und Aphramomum -, würde sich die geographische Perspektive natürlich viel weiter ausstrecken, bis nach Thailand, Laos und Kambodscha. Auch das Kardamomgebirge beherbergt gerade diese unechten Kardamompflanzen.

Karadamom: Die Triebe und die Samenkapseln liegen tief über dem Boden. Den getrockneten Früchten entnimmt man wohlschmeckende Keime.

Zimt (Kaneel & Kassia)

Cinnamomum zeylanicum & Cinnamomum aromaticum

"In den unzugänglichen Bergen, wo der Gott Dionysos aufgewachsen ist, d.h. in der Nähe der Stadt namens Nosa in Arabien (man wird sie vergeblich auf der Karte suchen!), dort wächst der Zimt." So lautete die etwas vage Angabe des griechischen Historikers und Geographen Herodotos aus Halikarnassos gegen Ende des 5. Jahrhunderts v. Chr. Sein geographisches Wissen reichte in diesem Fall vielleicht nicht aus, dafür aber stimmten die Details über das Ernten von Zimt desto genauer: "Es wird erzählt, daß das Gewächs, das wir nach den Phöniziern *kinamomos* nennen, von großen Vögeln in ihre Nester getragen wird, die an Berghänge gebaut sind, wo kein Mensch heran kann. Die Araber verwenden aber eine List. Sie zerlegen tote Esel und Ochsen in so große Stücke wie möglich. Dann legen sie diese Stücke am Fuße dieser Berge nieder, verstecken sich und warten auf das Erscheinen der Vögel. Die Vögel kommen, nehmen die Fleischstücke in ihre Klauen und tragen sie in ihre Nester. Die Stücke sind aber so schwer, daß die Nester diese Last nicht halten können, wodurch sie auf die Erde fallen. Nun kommen die Araber aus ihren Verstecken heraus und sammeln die Zimtstangen ein. Der auf diese Art gewonnene Zimt wird danach in andere Länder verkauft."

Weitere Lügengeschichten

Auch mit der Kassia verhielt es sich nicht einfacher. Unser gelehrter Grieche berichtete in diesem Zusammenhang über die arabischen Lieferungen folgendermaßen: "Sie verbinden ihre Gesichter und Körper mit Tierhäuten, so daß nur die Augen zu sehen sind, und begeben sich auf die Jagd nach der Kassia. Sie wächst an einem tiefen See, und an diesem See lebt ein geflügeltes Tier, das wie eine Fledermaus aussieht. Die Kreatur gibt sehr laute Piptöne von sich und verteidigt sich selbst und die Kassia mit großer Tapferkeit. Während man die Kassia pflückt, muß man vor

wissenschaftliche Bezeichnung:	Cinnamomum zeylanicum
Pflanzenfamilie:	Lauraceae, Lorbeergewächse
Englisch:	cinnamon
Französisch:	canelle
Italienisch:	canella
Spanisch:	canela
nutzbare Teile als Gewürz:	Borke junger Sprosse
Herkunft:	Sri Lanka, Vorderindien (Malabarküste)
Anbauländer:	Kenia, Madagaskar, Seychellen, Sri lanka, Tansania

wissenschaftliche Bezeichnung:	Cinnamomum aromaticum, auch die Arten Cinnamomum burmanii, loureirii, massoia, oliveri
Pflanzenfamilie:	Lauraceae, Lorbeergewächse
Englisch:	cassia (England), cinnamon (USA)
Französisch:	canelle de Cochinchine
Italienisch:	cassia
Spanisch:	canela de la China
nutzbare Teile als Gewürz:	Borke; Blütenknospen
Herkunft:	Südchina, Burma
Anbauländer:	China, Indonesien, Vietnam

Cinnamomum aromaticum Nees ab Esenbeck.

den Angriffen des Tieres seine Augen wohl schützen."

Offenbar verfiel der gute alte Herodotos ohne weiteres den lügenhaften Geschichten, mit denen die Araber die unverschämt hohen Preise für den Zimt rechtfertigen wollten, den sie in den Handelsstädten des Libanon vertrieben und schon gar nicht selbst herstellten, sondern ihn auf Seewegen oder mit der Karawane aus Ceylon (Kaneel) oder aus China (Kassia) importierten.

Aristoteles, der Lehrer von Alexander dem Großen, der 100 Jahre nach Herodotos lebte, verfügte schon über besseres Wissen über die Produktion von Zimt. Es war ihm zwar bekannt, daß es eine kleine Vogelart gab, die die Zimtrinde zum Bau ihrer Nester hoch in den Baumkronen verwendete, in die man schwer gelangen konnte. Die listigen Einwohner der dortigen Gegend benutzten aber mit Blei bestückte Pfeilspitzen, mit denen sie auf die Nester schossen; unter dem Gewicht des Bleis fielen die Nester schließlich herunter.

Die europäischen Kartographen des 17. Jahrhunderts kannten die Küsten Asiens recht gut; sie wußten dagegen kaum etwas über das Landesinnere. Die weißen Flecke wurden dann mit allerlei exotischen Schriftzeichen gefüllt.

Haarsträubende Geschichten

Um die Ehre der hellenistischen Wissenschaft zu retten, muß man jedoch zugeben, daß nicht alle ihre Vertreter den Geschichten der Händler Glauben schenkten. Theophrastos, einer von Aristoteles' Schülern und sein Nachfolger als Rektor der peripatetischen Schule in Athen, der oft als Vater der Botanik bezeichnet wurde, wußte bereits, daß Kaneel und Kassia von Strauchgewächsen in Arabien stammten. Um dieses recht korrekte Wissen weniger trocken erscheinen zu lassen, fügte er dann doch noch hinzu, daß diese Pflanzen in Bergschluchten voller Schlangen mit tödlichem Gift wachsen würden. Die Zimtsammler sollten außerdem vor dem Verlassen dieser schrecklichen Stelle die gesammelte Rohware in drei Haufen eingeteilt haben, wovon einer dort als Gabe an den Sonnengott sicherheitshalber zurückgelassen wurde, damit dieser sie nächstes Mal vor den Schlagen schützen würde.

Die Kassia (gr. *kasía*, aus dem Semitischen) hieß es, komme von den dickeren Ästen, wo die Borke schwerer zu entfernen war als an den Kaneelgewächsen. Stattdessen hätte man die Äste in ca. 20 cm lange Stücke zerteilt, die dann in Rinderhaut eingewickelt wurden. In dieser allmählich verfaulenden Verpackung entwickelten sich mit der Zeit Würmer, die das Holz zwar auffraßen, jedoch den starken Geschmack der Borke nicht mochten, so daß diese übrigblieb.

Diodoros von Sizilien berichtete um das Jahr 50 v. Chr. über so große Mengen von Kaneel in Arabien, daß dieser bei der Essenzubereitung verbraucht wurde.

Fast Zwillinge...

Zur Zeit des Erscheinens dieser beiden Zwillingsgewürze aus derselben Pflanzenfamilie Cinnamomum - Kaneel und Kassia - in der Kulturgeschichte Westeuropas waren sie schon eng miteinander verknüpft. Wie in Menschenfamilien gibt es auch in der Pflanzenwelt feinere und einfachere Mitglieder, so verhält es sich mit diesen beiden. Der echte Zimt aus Ceylon, Cinnamomum zeylanicum, gilt seit alters her ohne Zweifel als die edelste Zimtsorte, sie ist aber deshalb teuer, was die Verbraucher zu verschiedenen Zeiten dazu veranlaßte, sich in manchen Fällen für die preiswertere Variante aus China und Indien zu entscheiden. In einigen Ländern wird zwischen Kassia und Kaneel überhaupt kein Unterschied gemacht, da dort sowieso nur Kassia verkauft wird, z.B. in den USA, wo sich nicht einmal sonst ein so anspruchsvolles Unternehmen wie Food, Drug & Cosmetic Act um die Unterschiede kümmert. Diese Einstellung ist aber keinesfalls neu -

Hier kann man den Unterschied zwischen der gröberen, etwas gräulichen Kassia und dem dünneren, helleren und im Geschmack intensiveren Kaneel sehen. In der Mitte ein Kaneelzweig.

der griechische Arzt Galenos war der Meinung, der einzige Unterschied zwischen Kaneel und Kassia bestehe eigentlich darin, daß man von der Kassia doppelt so viel brauchte, um denselben Geschmackseffekt zu erreichen.

Ansonsten fällt es einem nicht schwer, Kaneel von Kassia in ungemahlenem Zustand zu unterscheiden: Die Kaneelborke ist feiner und mehr kaneelbraun, die Kassia ist gröber und hat eine gräuliche Färbung. Beim Kauf von Kaneel merkt man häufig, daß die Kaneelröhrchen ineinander gestopft sind, die feinere Qualität nach außen natürlich.

...und zum Verwechseln ähnlich

Da sie in älteren Fachdarstellungen nicht besonders konsequent auseinander gehalten wurden, bereitet es uns gewisse Schwierigkeiten, die Schicksale von Kaneel und Kassia einzeln zu verfolgen. Wo eine chinesische Quelle über Kräuter aus der Zeit um 2800 v. Chr. das Gewächs *kwai* nennt - das ist auch heute noch die chinesische Bezeichnung für Kassia -, gibt es wenig Anlaß zum Zweifel über seine Identität. Problematischer wird es mit den ägyptischen Spuren von Zimt. Ein Rezept zur Herstellung von Räucherstäbchen aus der Zeit der 18. Dynastie (ca. 1500 v. Chr.), das in einem Tempellabor in Edfu gefunden wurde, schloß eine Substanz mit der Bezeichnung *kainamaa* ein, die möglicherweise als Kaneel zu identifizieren wäre. Importiert wurde Kaneel nach Ägypten aus einem Land namens Punt (heute Jemen), wovon ein Bericht über eine Schiffsexpedition zeugt, die auf Anweisung der Königin Hatschepsut ungefähr im Jahre 1480 v. Chr. durchgeführt wurde. Unter den mitgebrachten Waren befand sich außer Gold, aromatischen Duftmitteln und Elfenbein eine recht große Menge Kaneel zum Verbrauch in ihrem Palast in Theben.

Viele Namen

Zu Beginn des 1. Jahrtausends v. Chr. lernten auch die Juden und die Phönizier den Zimt kennen, er kommt jedenfalls mehrmals im Alten Testament vor, und seine altgriechische Bezeichnung *kinnamon* bzw. *kinnámomon* ist auch semitischen Ursprungs. Bei den Römern wurde *kinnamon* dann zu *cinnamomum*; in leicht abgewandelter Form gelangte diese Bezeichnung in die meisten europäischen Sprachen. Im Mittelalter nannten ihn die Italiener *canella* "Röhrchen" (lat. *canna,* Rohr), was auch dem Aussehen von Zimt recht gut entspricht. Durch die damals dominierende Stellung von Venedig und Genua auf dem europäischen Gewürzmarkt setzte sich auch diese neue und bequemere Bezeichnung durch - außer in den angelsächsischen Ländern. Der deutsche *Zimt* kommt natürlich auch von *cinnamomum,* es betrifft jedoch nur die Kassia,

Die etwas übertriebene Größe der Kaneelstangen auf dieser Darstellung aus dem 15. Jahrhundert spiegelt vielleicht die Bedeutung von Zimt als Handelsware und die allgemeine Unwissenheit der Öffentlichkeit wider.

während *Kaneel* die korrekte Bezeichnung für den echten Zimt ist. Auf Russisch heißt Zimt *koritza*, verwandt mit dem Wort *kora* (Rinde), was in diesem Fall auch sachlich richtig ist.

Heilige Ölung

Aber begeben wir uns doch noch einmal in den Nahen Osten des Altertums. Im Kapitel 30 des Zweiten Buches Mose spricht der Herr zu ihm: "Nimm dir [...] Zimt, zweihundertfünfzig Lot, und Kalmus, auch zweihundertfünfzig Lot, und Kassia, fünfhundert nach dem Gewicht des Heiligtums, und eine Kanne Olivenöl. Und mache daraus ein heiliges Salböl nach der Kunst des Salbenbereiters."

Daraus können wir erfahren, daß es im Zelt der Offenbarung nicht nur recht klebrig war, sondern daß die Juden zu Moses Zeit über den Unterschied zwischen Kaneel und Kassia schon Bescheid wußten. Sie müssen also gewußt haben, daß die Kassia auf uralten Karawanenstrecken durch Zentralasien aus China geliefert wurde. Zudem wird deutlich, daß ihre Tempelrituale mit nicht geringen Ausgaben verbunden waren. Die oben beschriebene Prozedur verlangte ca. 10 kg Kassia und 5 kg Kaneel, die mit 6 Liter Öl vermischt werden sollten: Das war keinesfalls ein preiswertes Ritual!

Plinius der Ältere war der erste Römer, der deutlich sagte, daß Zimt nicht aus Arabien komme; er gab auch noch die damaligen römischen Preise für Zimt an: für ein römisches Pfund (350 g) Kaneel bezahlte man nicht unter 1000 Denare (entspricht ca. 5 kg Silber).

Luxusbestattung in Rom

Wir nähern uns jetzt den klassischen Kulturen des Altertums und begeben uns gleich nach Griechenland und Rom. Aus den Offenbarungen des Johannes wissen wir, daß die Kassia zu den Handelswaren gehörte, mit denen die babylonischen Kaufleute die luxusbewußten Einwohner der griechischen Stadt Ephesos versorgten; mit echtem Kaneel handelten nur die Araber. Nach Plinius' Beschreibungen konnte man in den vornehmen römischen Tempeln in Gold eingefaßte Kaneelkapseln finden. Eine weitere Kassiasorte, Cinnamomum tamala, benutzte man zur Herstellung von Schönheitsalben und des teuren Parfüms *malabathron*, das die Römer sehr mochten. In seiner Eigenschaft als Gewürz wurde dabei der Kaneel weder in den griechischen noch in den römischen Kochbüchern mit nur einem Wort erwähnt. Wir wissen aber, daß er manchmal aus Geschmacksgründen dem Wein hinzugefügt wurde.

Ein Beispiel für eine etwas merkwürdige Verwendung von Kaneel in der Antike lieferte Kaiser Nero, als er seine Gemahlin Poppaea Sabina mit Tritten in den Bauch umbrachte und dann befahl, zu ihrer Bestattung den in ganz Rom befindlichen Kaneel (ein Jahresimport!) zusammenzutreiben, um das Gewürz zusammen mit der Leiche zu verbrennen.

Ein königliches Geschenk

Vom Schicksal des Zimtes im Frühmittelalter weiß man nicht viel; es gibt jedoch Beweise, daß der Frankenkönig Chilperich II. im Jahre 716 einige Kilo dieses teuren Gewürzes einem Kloster in der Normandie schenkte. Die Kontakte mit der arabischen Welt vom 9. Jahrhundert aufwärts schienen das Wissen der Europäer über diese nach der Antike vergessene kulinarische Kostbarkeit erneuert zu haben. Dies galt übrigens nicht nur dem Kaneel, sondern auch dem Zucker. Begünstigt war dieses Wissen sowohl durch die Kreuzzüge als auch durch Marco Polos Berichterstattungen über seine asiatischen Reisen. Kaneel verblieb jedoch bis ins 15. Jahrhundert so teuer, daß die Importe nur mit harter Valuta zu begleichen waren, z.B. mit weißen Sklavinnen und Eunuchen. In den Heilkunden des späteren Mittelalters erwähnte man Kaneel insbesondere als Bestandteil von Hustenmedizin sowie verschiedenen Arzneimitteln gegen Heiserkeit, Halsschmerzen usw. Der Engländer John Russel stellte in seinem Werk *The Book of Nature* im 15. Jahrhundert fest, "Synamome is for Lords, canelle for common people".

Der Wettlauf ins Zimtland

Als die Portugiesen sich im 15. Jahrhundert auf die Jagd nach Gewürzen auf den Weg über den Weltozean begaben, galt Zimt als eine der begehrtesten Waren. Kolumbus suchte sehr eifrig

In seinen pharmazeutischen Rezepten fand Ambroise Paré, der berühmte französische Chirurg aus dem 15. Jahrhundert, es für angebracht, die Kaneelernte darzustellen.

doch vergeblich nach Zimt auf den Karibischen Inseln; erfolgreicher war der Portugiese Lorenzo da Almeida, der 1505 nach Ceylon kam und dort Kaneel vorfand. Davor war der Handel mit Kaneel die Haupteinkommensquelle der dortigen singalesischen Fürstentümer. Mit dem Erscheinen der Portugiesen, die zunächst die Küstengebiete von Ceylon in Beschlag nahmen, war ihre Stellung jedoch gefährdet, und seit 1580 mußten die Fürsten des Binnenlandes an die Portugiesen sogar selbst Tribut in Höhe von 125 Tonnen Kaneel jährlich zahlen. Einer der Betroffenen, der König von Kandy, wandte sich in seiner Ohnmacht schließlich an die Holländer mit der Bitte um Hilfe. Die Bitte fiel auf fruchtbaren Boden, denn als im Jahre 1596 Portugal als selbständiger Staat zu existieren aufhörte, kamen die ersten holländischen Kriegs- und Handelsschiffe in den Indischen Ozean. Die Portugiesen wurden seit 1632 aus Ceylon kontinuierlich verdrängt, bis schließlich im Jahre 1658 die ganze Insel in holländischer Obhut stand. Das portugiesische Handelsmonopol mit Kaneel ging jetzt in die Hände der Holländer über. Die neuen Kolonialherren auf der Insel gingen mit der niederen und unterdrückten Kaste der *chalia*, "Kaneelschäler", mindestens genauso hart um wie die Herren vor ihnen.

Schroffe Kolonialpolitik

Im Alter von 12 Jahren aufwärts mußte jeder männliche Angehörige der Chaliakaste 28 Kilo Kaneelborke per Ernte an die Holländer liefern; bald wurde diese Rate auf unfaßbare 303 Kilo erhöht. Als Gegenleistung erhielten die Arbeiter eine sehr knappe Ration Reis und - welche Erleichterung! - die Befreiung von den Steuern. Viele von ihnen zogen es unter diesen Umständen vor, in die von den Kolonisatoren nicht kontrollierten Gebirge zu fliehen, wodurch ein gleichbleibender Umfang an Arbeitsleistung auf die zurückgebliebenen Arbeiter verteilt wurde, daher die unglaublich hohe Abgabenrate. Den Grundbesitzern, die die Kaneelgewächse auf ihrem Boden entdeckten und dies nicht unverzüglich an die Kolonialverwaltung meldeten, drohte außerdem Todesstrafe. Eine unmittelbare Hinrichtung wartete auf diejenigen, die die Kaneelrinde zu schmuggeln versuchten; dies galt auch für die Abnehmer der Ware.

Nach einer Zeit stellten die Holländer eine undichte Stelle in ihrem Monopolnetz fest. An der Malabarküste in Indien, in der Nähe der Stadt Cochin, gab es auch Kaneelgewächse. Durch Androhungen und Bestechungen war es den Holländern schließlich gelungen, den dortigen Herrscher zum Ausrotten aller Kaneelgewächse zu bewegen, wodurch das holländische Monopol der Zimtproduktion weiter bestehen konnte.

Kapitalistisch

Die größten Vorkommen von Zimt auf Ceylon lagen im Reich Kandy, dessen Herrscher ab und zu mit Erfolg gegen die Europäer ins Feld zogen, was für die Zimterträge nicht besonders förderlich war. Im Jahre 1761 unternahm der damalige Fürst von Kandy einen umfassenden und erfolgreichen Feldzug gegen seine Peiniger, tötete 7000 holländische Soldaten und zerstörte große Teile der Zimtwälder. Die Preise für Zimt schossen in Amsterdam unmittelbar in die Höhe, was die Holländer - um künftige Situationen dieser Art zu vermeiden - dazu veranlaßte, Zimtplantagen anzulegen. Es entstanden zwar bald große Plantagen, doch die Chalia-Arbeiter, die nun um ihre Lebensgrundlage bangten, versuchten durch Sabotage diese Entwicklung zu verhindern. Die Kolonialherren antworteten mit Repressalien: Den Ertappten wurde bei Zerstörung oder Schädigung von Zimtgewächsen an Ort und Stelle die rechte Hand abgehackt.

Insgesamt war jedoch die Plantagenwirtschaft ein wirtschaftlicher Erfolg. Der König von Kandy verlor nun eine wichtige Quelle seines Einkommens und war als Konkurrent nicht mehr von Bedeutung. Nicht genug damit, nun wurde man mit einer unerwarteten Entwicklung konfrontiert: Die Erträge auf den Plantagen waren so hoch, daß die Produzenten sich gezwungen sahen, die Überschüsse an Zimt zu vernichten, damit die Preise auf einem gewünschten Niveau bleiben würden. Auch in Amsterdam waren die Lager überfüllt mit Zimt. Am 1. Juni 1760 wurde Zimt im Werte von 16 Millionen französischen Livres verfeuert. Man erzählte sich, daß ganz Holland mehrere Tage lang in Schwaden von duftendem Rauch eingehüllt war.

Buddhas Zahn

Als sich die Franzosen als Folge ihrer Revolution im Krieg mit England befanden und die Niederlande okkupierten, wurde Ceylon, das im Prinzip von den Holländern regiert wurde, für die Engländer feindliches Territorium. Ohne viel zu zögern griffen sie ein und beschlagnahmten die gepflegten Zimtplantagen. Das war der Beginn des britischen Kaneelmonopols mit der Ostindischen Kompanie an der Spitze. Die Briten setzten die von den Holländern eingeleiteten Reformen fort: Die Zahl der Plantagen wurde reduziert, um die Überproduktion in Schach zu halten. Sie sorgten weiter dafür, daß die Fürstentümer im Landesinneren mit ihrer Zimtproduktion in das Monopol einbezogen wurden, und stellten die gesamte Insel unter die britische Krone. Das war bestimmt keine leichte Aufgabe im bergigen Binnenland. Im Laufe ihrer Kriegszüge brachten die Engländer die wichtigste staatlichen Reliquie des Kandyreiches, den Zahn von Budhha, in ihren Besitz, an den die Legitimierung der Königsmacht in Kandy eng geknüpft war. Damit konnte die Besetzung der Insel leichter abgeschlossen werden.

Schon bald danach, im Jahre 1833, war jedoch auch die Zeit dieses Monopols zu Ende. Den Holländern war es gelungen, Kaneelpflanzen nach Java, Sumatra und Borneo zu schmuggeln; die Franzosen entdeckten danach, daß Kaneel auf

Mauritius und im französischen Guyana ausgezeichnet wachsen konnte. Die Engländer reagierten mit der Einführung von 200% Steuern auf den Kaneel aus Ceylon, die für mehrere Jahrzehnte gültig waren.

Insgesamt gilt der Ceylonzimt als der beste, sein Anbau wird aber heute recht bescheiden betrieben und seine Bedeutung für Sri Lanka ist so gering, daß er nicht einmal unter den 25 meist exportierten Artikeln in der Statistik vorkommt.

Alltagsware

Die Kolonisierung von Ceylon und der dortige Ausbau der Zimtproduktion führte zu einem Überangebot in Europa und demzufolge zu fallenden Preisen, so daß sich sogar der einfache Mann den Zimt leisten konnte. Im 16. Jahrhundert wuchs seine Popularität enorm in ganz Westeuropa. Die Italiener z.B. richteten kaum ein Gericht ohne Zimt an, ihnen folgten die Engländer. England, Spanien und die USA sind heute die Länder der Erde mit extra hohem Zimtverbrauch. Die Likörindustrie verbraucht den größten Teil der Zimtproduktion, insbesondere Kaneel. So gut wie alle exklusiven Likörsorten und viele Sorten von Magenbitter enthalten heute Kaneel. Aus dem Abfall der Kaneel- und Kassiaproduktion wird das Zimtöl gepreßt, das in der Pharmaindustrie und bei der Herstellung von Kosmetika Verwendung findet.

Buddhas Zahn spielte eine wichtige Rolle in den Auseinandersetzungen um das Kanelmonopol auf Ceylon.

Die Kunst des Kaneelanbaus

Sowohl Kaneel als auch Kassia bestehen aus der Rinde der miteinander verwandten Baumarten Cinnamomum zeylanicum und Cinnamomum aromaticum.

Der ceylonesische Zimtbaum ist immergrün und kann in wildem Zustand bis 15 m hoch wachsen; angebaut läßt man ihn nicht höher als 2,5 m werden. Seine Blätter sind sehr aromatisch, glänzend dunkelgrün an der oberen Seite und heller auf der unteren. Die Blüten sind recht unscheinbar, gelblicher Färbung und sitzen in Bündeln auf den Zweigspitzen. Der Zimtbaum wächst an der Küste und aufwärts, bis in eine Höhe von 700 m über dem Meeresspiegel, und braucht mindestens 2500 mm Niederschlag jährlich.

Früher begnügte man sich mit der natürlichen Befruchtung, heute pflanzt man Samen oder setzt Stecklinge ein. Im Alter von drei Jahren wird die Pflanze beschnitten, so daß sechs bis acht junge Triebe per Pflanze wachsen können. Zwei Jahre später sind sie schon ein paar Meter hoch und werden zur Regenperiode geerntet. Mit Messern wird die Rinde abgetrennt und für 24 Stunden zum Gären gelegt. Danach schabt man die äußere, gröbere Schicht der Rinde ab; die hellere, innere Schicht kommt zum Vorschein, die vier Tage lang getrocknet wird - zunächst im Schatten, dann in der Sonne. Beim Trocknen schiebt man bereits die dünneren Röhrchen in die dickeren hinein. Das fertige Produkt wird anschließend nach Qualität sortiert. Eine Plantage kann nach sieben Jahren eine Ernte von ca. 150 kg getrockneten Kaneel per Hektar erbringen.

Die Kunst des Kassiaanbaus

Kassia stellt einen verhältnismäßig größeren Baum mit dickerer Rinde dar, die Blätter sind größer und die Blüten kleiner als bei Kaneel. Genauso wie bei Kaneel wird sein Wachstum kontrolliert, auch geerntet wird sie ungefähr auf dieselbe Art und Weise. Der einzige Unterschied besteht darin, daß die äußere Borkenschicht nicht entfernt zu werden braucht. Es wird auch die Rinde vom Stamm verwendet. Der Kassiabaum braucht mehr Zeit bis zu seiner ersten Ernte und er muß auch zwischen den Erntejahren ruhen. Bei der Kassia werden auch die unreifen, getrockneten Blüten verwendet.

Zimtgebäck

Zimt war einmal eines der meist verwendeten Gewürze in Gerichten und Getränken. Mit der Zeit wurde seine Verwendung in unseren Küchen immer geringer; der kulinarische Bereich, wo er seine Stellung behielt, sind heute verschiedenartige Süßigkeiten von Gebäck zu Desserts und Likören. In der französischen Küche wird eine Zimtstange vor allem bei der Zubereitung von Kompotten in den Topf gelegt. Je weiter er in den europäischen Osten gelangt, desto häufiger kommt Zimt z.B. in Suppen und im Gebäck vor.

Zutaten:

150 g Zucker
100 g Butter
200 g Weizenmehl
4 Teelöffel Zimt

Butter eine Weile stehen und weich werden lassen, dann mit etwas Zucker vermischen; das Zimtpulver hinzugeben und wieder sorgfältig umrühren. Aus dem Teig ca. 25 kleine Bällchen rollen, sie platt walzen und auf ein gut geschmiertes Backblech auslegen, dann in den Backofen schieben und bei 175 °C 10 min. backen. Das Gebäck sollte nach Möglichkeit eine gleichmäßige, sonnenbraune Färbung haben.

Den besten Geschmack gibt es nach dem Abkühlen, das Gebäck paßt ausgezeichnet z.B. zu einem Nougateis oder zu einem mit einem Tropfen Likör verfeinerten Parfait.

Gewürznelke

Syzygium aromaticum

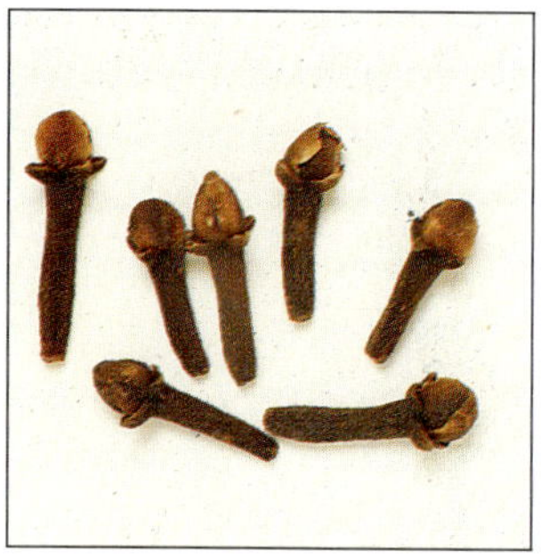

Die chinesischen Kaiser der Han-Dynastie, die ein paar Jahrhunderte vor und nach Chr. regierten, legten darauf Wert, daß nicht nur schöne Dinge ihre Augen erfreuten und ihre Ohren mit süßer Musik verwöhnt wurden, sondern auch, daß ihr Geruchssinn von allerlei aromatischen Düften profitierte. Da man es damals mit dem Zähneputzen nicht so genau nahm, verordneten die Kaiser ihren Mandarinen, vor den Audienzen oder Besprechungen Gewürznelken zu kauen, um üble Gerüche aus dem Mund zu dämpfen. Beim Betreten des Kaiserpalastes verabreichten ihnen die Diener eine Schale mit Nelken, an denen sie ordentlich zu saugen hatten. Diese feine, höfische Aufgabe war vielleicht die erste, die diesen edelsten von allen östlichen Gewürzen zuteil wurde; nicht ohne Grund betrachteten die holländischen Gelehrten des 17. Jahrhunderts die Nelke als die Königin im Reich der Gewürze.

Kalte Ehemänner und kalte Füße

Die Nelke besaß gewiß auch andere und interessantere Eigenschaften als nur wohlriechend zu sein. Nach den alten Kräuterbüchern sollte eine Portion von drei Gramm, mit gesüßter Milch vermischt, müden Ehemännern die Lust an ihren ehelichen Pflichten zurückbringen. Ein angesehener deutscher Arzt empfahl im 16. Jahrhundert gegen kalte Füße Nelkenpulver über das Haupt zu streuen, denn der Gewürznelkenbaum sollte seinem Wesen nach so wärmend sein, daß nichts in seinem Schatten zu wachsen vermochte, und das aus ihm gewonnene Gewürz so heiß, daß ein Faß Wasser in einem Nelkenvorrat in weniger als zwei Tagen völlig verdunsten würde - das versicherte jedenfalls am Ende des 18. Jahrhunderts ein recht seriöses naturwissenschaftliches Buch. So ein Gewächs müßte natürlich auch eine magische Wirkung gegen böse Kräfte haben. Tatsächlich stopfte man lange bis in unsere Zeit in Ostindien in die Nasenlöcher oder unter die Lippe etwas Gewürznelke, um die Dämonen vom Eindringen in den Körper fernzuhalten. Ähnlich wie viele andere begehrte Gewürze war die Nelke Ursache von großem Blutvergießen und verschiedenen Intrigen.

wissenschaftliche Bezeichnung:	Syzygium aromaticum
Pflanzenfamilie:	Myrtaceae, Myrtengewächse
Englisch:	cloves
Französisch:	(clou de) girofle
Italienisch:	garofano
Spanisch:	clavo
nutzbare Teile als Gewürz:	nicht ausgeschlagene Blütenknospen bzw. Stiele (einfachere Qualität)
Herkunft:	Molukken
Anbauländer:	Indonesien, Madagaskar, Malaysia, Moçambique, Tansania

Zur Etymologie

Ungefähr zur selben Zeit, als die Mandarinen in China an der Nelke kauen mußten, wurde sie in den Sanskritquellen als *katuka-phalah*, "die stark Duftende" erwähnt. Die Etymologie, die Wissenschaft über den Ursprung der Wörter, stellte eine Ableitung dieser Bezeichnung im Arabischen *qaraful* und durch das Arabische im Altgriechischen *caryophyllon* fest. Diese Bezeichnung benutzte dann der römische Naturforscher Plinius, der der erste zu sein scheint, der die Nelke im Abendland beschrieb. Seiner Meinung nach führte man sie wegen ihres angenehmen Duftes ein. Wir wissen heute nicht, an welche Anwendung der byzantinische Kaiser Konstantin der Große für die 45 kg Nelken dachte, die er im Jahre 335 in einer eleganten Verpackung

Die abgetrennten Knospen müssen schleunigst zum Trocknen ausgelegt werden, ehe sie zu gären anfangen.

an Papst Sylvester I. schickte - vielleicht mochte er nicht den Körpergeruch des Papstes, als dieser ihn getauft hatte? Ein halbes Jahrtausend später entwickelte sich die Nelke zu einer Arznei. Der berühmte Arzt Alexander von Tralles, dessen Werke von Medizinstudenten noch 1000 Jahre später gelesen wurden, meinte, die Nelke stimuliere den Appetit, beuge gegen Seekrankheit vor und helfe gegen Gicht.

Zum Fasten und für Fürsten

Schon recht früh war die Gewürznelke bereits als Geschmackverbesserer im Essen und in Getränken angesehen. Im 9. Jahrhundert verwendeten die Mönche von Sankt Gallen in der Schweiz die Nelke in ihren sonst so tristen Gerichten, und im Jahre 973 stellte der arabische Reisende namens Ibn-Jaqub fest, daß auch die Mainzer Bürger ihr Essen mit Nelken veredelten. Nicht weit von Mainz entfernt lebte im 12. Jahrhundert die heilige Hildegard von Bingen, die in ihren Schriften zur Heilkunst auch die wohltuende Nelke beschrieb. Dieses Gewürz war auch in den Küchen skandinavischer Fürsten bekannt, wovon eine Aufzeichnung aus dem Nachlaß der Königin Blanche von Norwegen zeugte, die 1363 starb.

Zu der Zeit war die Nelke bereits seit langem eine populäre Ware sowohl bei den Grossisten von Genua und Venedig als auch bei ihren arabischen Lieferanten in Alexandria und im Nahen Osten; eine wichtige Einkommensquelle war sie auch für die ceylonesischen Kaufleute, die sie mit anderen Importwaren aus den Molukken bezogen, ehe die Ware weiter in die arabischen Länder zum Roten Meer befördert wurde. Am meisten profitierten von der Nelke jedoch die Fürsten kleiner Inseln zwischen Celebes und Neuguinea, die über die einzigen Vorkommen dieses Gewürzes in der ganzen Welt verfügten. Der Reichtum dieser Herrscher war so enorm, daß sie, wie der berühmte Seefahrer Sir Francis Drake feststellte, in Gold schwammen; keiner konnte damals allerdings ahnen, welches Schicksal diesen wohlhabenden und sorglosen Fürstentümern die Zukunft bereitete.

D'Albuquerque war einer der Kriegsherren, die Portugal das Monopol für die Gewürznelke verschafften.

Magellans Helfer

Woher genau die Nelke kam, verblieb den Europäern eine lange Zeit verborgen. Als die Portugiesen Vasco da Gama und der Eroberer Don Affonso d'Albuquerque auf ihren Reisen immer weiter in den Osten vordrangen, versetzte man auch die vermeintliche Heimat der mystischen Pflanze ständig weiter in dieselbe Richtung. Der Portugiese Serrano, einer von d'Albuquerques Kapitänen, erreichte im Jahre 1511 die ersehnten Inseln, er erlitt jedoch auf der Heimfahrt in der Nähe von Amboina Schiffbruch. Ein malaysisches Schiff brachte ihn zur Nelkeninsel Ternate, wo Serrano heimisch wurde; dort zum Vizekönig befördert, starb er neun Jahre später, rundum zufrieden und von seiner einheimischen Geliebten verwöhnt. Sein guter Freund Magellan erhielt jedoch von ihm noch rechtzeitig einen Tip über den Heimatort der Gewürznelke. Magellans Reeder, ein Italiener namens Pigafetta, lieferte dann später die erste Beschreibung des Gewürznelkenbaums.

D'Albuquerque und seine Nachfolger verdrängten bald den arabischen Handel mit den ostindischen Gewürzen, und sie legten den Grundstein für ein Gewürzmonopol durch die Errichtung befestigter Handelssiedlungen und durch günstige Verträge mit den mächtigen Fürstentümern, wo sich eine Gewaltanwendung wenig lohnte. Hinzu kamen später strategisch gelegene Flottenstützpunkte.

Vom Regen in die Traufe

Die Ziele der Portugiesen waren einfach: Alle Gewürze sollten auf portugiesischen Schiffen nach Lissabon gebracht und von dort aus mit guten Gewinnen weiter verkauft werden. Die von ihnen verlangten Preise waren jedoch unangemessen hoch, so daß auch bald die Engländer und die Holländer am Platz waren. Die allerersten Nichtportugiesen, die auf den Molukken auftauchten, um den Handel mit Muskatnuß und Gewürznelken zu betreiben, wurden kurzerhand umgebracht. Gegen Ende des 16. Jahrhunderts, als Portugal von Spanien erobert wurde, waren hier Portugals Tage gezählt, und im entstandenen Vakuum etablierten sich schnell die Holländer. Cornelius van Houtman hieß der holländische Pionier, der 1597 mit einer großen Ladung von Gewürzen nach Amsterdam kam. Schon ein Jahr danach segelten über zwanzig holländische Schiffe in Richtung Ostindien, die schwerbeladen zurückkehrten. Die lokalen Herrscher, denen die portugiesische Gierigkeit schwer zu schaffen machte, hießen die Holländer und die Engländer willkommen. Bald mußten sie jedoch feststellen, vom Regen in die Traufe gekommen zu sein.

Wie ein Markt erobert wird

Die Holländer verhielten sich aggressiv und rücksichtslos. Die Insel Amboina wurde zum Schauplatz eines Massakers, bei dem sämtliche Briten ums Leben kamen, oft wurden sie noch gefoltert. Die portugiesische Vormacht zerbröckelte nach und nach unter dem holländischen Druck, die portugiesischen Stützpunkte fielen einer nach dem anderen; zugleich wurden die Portugiesen auch von den Engländern in Vorderindien bedrängt. Vom einst so stolzen lusitanischen Imperium blieben bald nur klägliche Reste übrig.

Mit der Etablierung ihrer Herrschaft in Ostindien wurden die Holländer mit der Organisation eines effektiven Gewürzhandels konfrontiert.

Viele der Pflanzen wuchsen nur auf bestimmten Inseln, was das Funktionieren eines Monopols begünstigte; schwieriger und viel wichtiger war es aber, die Distribution der begehrten Gewürznelke und den Handel mit ihr total kontrollieren zu können. Die Holländer entschieden sich für ein paar kleine und leicht zu überwachende Inseln, wo die Produktion von Gewürznelken weitergehen sollte, sie vernichteten aber zugleich die Vorkommen dieses Gewächses auf allen anderen Inseln. Jeder Gewürznelkenbaum wurde sorgfältig gefällt und anschließend verbrannt; in regelmäßigen Abständen sorgten Inspekteure der Ostindischen Kompanie dafür, daß keine neuen Nelkenbäume wachsen konnten. Die einzigen, die sich diesen Kontrollen nicht unterwerfen wollten, waren die Vögel, mit deren Exkrementen die Samen auf andere Inseln gelangen konnten.

Eine Falle gestellt

Was die Insel Amboina betrifft, war sie zu groß und beherbergte zu viele Menschen, um überwacht werden zu können. Es wäre unter diesen Umständen besser gewesen, wenn sie leer wäre; um dies zu verwirklichen, war ein Vorwand nötig, der auch schnell gefunden wurde. Als Kontrollanten, die den illegalen Anbau der Gewürznelke auf der Insel verhindert sollten, plazierten die Holländer dort einen pensionierten Unteroffizier und zwei ehemalige Soldaten . Es dauerte nicht lange, bis sich diese bei der lokalen Bevölkerung so verhaßt machten, daß sie bald umgebracht wurden, ganz den Erwartungen der Kolonialherren entsprechend. Da die Eingeborenen die Kriegshandlungen formell gesehen als erste in Gang gesetzt hatten, antworteten die Holländer schnell mit derselben Münze. Ein entsandter Expeditionskorps erwies sich als sehr effektiv und tötete Tausende von Eingeborenen, der Rest war gezwungen, von der Insel zu fliehen. Anschließend wurden sämtliche Nelkenbäume auf der Insel vernichtet. Dasselbe Vorgehen wurde auf anderen Inseln wiederholt. Insgesamt kamen in diesem Gewürzkrieg mindestens 60000 Eingeborene ums Leben. Die Insel Ceram wurde jährlich von beinahe 100 Schiffen mit 6000 Soldaten heimgesucht, die im Laufe mehrerer Wochen die Vorkommen von Gewürznelken vernichteten und die Plantagenbesitzer bestraften.

Die Gewürznelke verursachte einige blutige Kriege. Holländische Schiffe des 17. Jahrhunderts.

Wo der Anbau offiziell sanktioniert war, wurde importierte Arbeitskraft aus Holland angesiedelt. Es gelang aber den Holländern nie richtig, die Lokalbevölkerung vollständig in Schach zu halten; in den Bergen konnten sich die Eingeborenen erfolgreich verteidigen und mit dem Anbau von Gewürznelken fortsetzen. Auf geheimen Wegen konnten sie das Gewürz sogar herausschmuggeln und auf den Markt bringen.

Die Streiche des Pfefferpeters

Obwohl zur Pflege des Exportmonopols rigorose Kontrollen gehörten, war es nicht möglich, den Schmuggel der Nelkensamen von anderen, nicht kontrollierten Inseln völlig zu verhindern. Solche Versuche waren zwar mit Todesstrafe belegt (auf Sansibar bis 1972!), es war jedoch nur eine Frage der Zeit, daß dies jemandem gelingen würde. Derjenige, der dem holländischen Handelsmonopol den ersten Riß zufügte, war Pierre Poivre (Pfefferpeter), ein Einwohner von

Lyon. Er wurde 1719 geboren und begann seine Karriere als Missionar. Bald stellte er aber fest, daß ihn eine Tätigkeit als Geschäftsmann mehr befriedigte, daraufhin gründete er eine Bank in Vietnam. Im Jahre 1753 kamen ein paar Nelkengewächse in seine Hände, doch der geplante Anbau auf Mauritius war ein Mißerfolg. Als er im Jahre 1766 zum Gouverneur dieser Insel ernannt wurde, organisierte er drei Jahre später eine Expedition mit zwei kleinen aber schnellen Schiffen, denen es gelang, sich unbehindert zu den Molukken zu begeben, wo sie in einem verlassenen Hafen anlegten. Den dortigen Herrscher überzeugten die Abenteurer, ihnen 60 Nelkengewächse zu verkaufen. Die Holländer entdeckten zwar die Eindringlinge, konnten aber die schnellen Schiffe der Franzosen nicht einholen.

Von den mitgebrachten Bäumen erwiesen sich zwei als fruchtbar. Im Jahre 1775 trugen sie die ersten Früchte, und ein Jahr danach konnte Poivre dem König Ludwig XIV. von Frankreich stolz die ersten auf französischen Plantagen angebauten Gewürznelkenbäume vorweisen. Von Mauritius breitete sich der Nelkenanbau auch auf die anderen französischen Kolonien aus - zuerst auf die Nachbarinseln Réunion, dann nach Martinique, Cayenne und andere Inseln in Westindien.

Die Knospen sind erntereif.

Fürsorglicher Scheich

1818 verordnete der Scheich von Sansibar die Errichtung von Nelkenplantagen auf seiner Insel; den Bodenbesitzern wurde nahegelegt, auf alle zwei Kokospalmen einen Gewürznelkenbaum einzupflanzen. Bald darauf wurde die ganze Insel zu einem einzigen großen Nelkenwald. 1827 war Madagaskar an der Reihe, und somit war das holländische Monopol nur noch eine Erinnerung wert.

Heutzutage steht Sansibars Nachbarinsel Pemba für ca. 70 bis 80 Prozent der Weltproduktion von Gewürznelken, wovon sie noch sogar nach Indonesien exportiert werden!

Arbeitsame Erntezeit

Die Gewürznelken sind also die Knospen eines immergrünen Baums aus der Familie der Myrtengewächse. Der Baum wächst ca. 12 bis 15 m hoch und kann mehr als 100 Jahre leben, seine produktivste Zeit liegt jedoch im Alter von 10 bis 20 Jahren. Mit zunehmendem Alter verändern seine Blätter ihre Farbe von gold und rosa zu metallisch glänzendem Dunkelgrün, die insgesamt sehr dekorativ aussehen. Die Blüten sitzen in kleinen Gruppen an den Zweigspitzen. Die Knospen müssen zu einem ganz bestimmten Zeitpunkt abgetrennt werden, nämlich wenn sie ihre Färbung von gelb zu hellrosa, doch noch nicht zu rot verändert haben. Da dies im Laufe des Jahres an einzelnen Bäumen mehrmals geschieht, müssen die Bäume mindestens viermal jährlich geerntet werden.

An den untersten Zweigen arbeiten in der Regel Kinder und Frauen, die höheren werden von Männern auf Bambusleitern gepflückt, um das zarte Geäst nicht abzubrechen. Ein einziger Baum kann in guten Jahren 4 bis 5 kg getrocknete Nelkenblüten erbringen, normalerweise beträgt die Ernte jedoch nur die Hälfte. Ein tüchtiger Arbeiter kann am Tage bis zu 25 kg Knospen pflücken. Die Anzahl von Blüteperioden und der entsprechenden Ernten variiert von Land zu Land, in der Regel sind es aber drei bis vier. Weil die Erntezeit für Gewürznelken sehr kurz ist, entstehen gelegentlich Probleme mit der Arbeitskraft: Nur auf Sansibar benötigt man gelegentlich bis zu 40000 Arbeiter; in solchen Fällen werden Gastarbeiter aus z.B. Tansania und Madagaskar geholt.

Am Abend versammeln sich Frauen und Kinder zum Säubern der Ernte. Die Knospen müssen von den Stielen getrennt werden, was an sich leicht vonstatten geht, es nimmt aber viel Zeit in Anspruch. Danach gilt es, die Knospen sofort zum Trocknen auszulegen, um das Verfaulen zu verhindern. Das Trocknen in der Sonne bringt die besten Ergebnisse; die Knospen werden dabei auf Bastmatten gelegt, die auf Stein- bzw. Zementunterlagen ausgebreitet sind. Der Regen kann die Qualität des Produkts leicht verderben.

1000 kg gepflückter Blüten ergeben 800 kg Knospen und 200 kg Stiele, die ebenfalls getrocknet werden. Als Endergebnis bekommt man 230 - 250 kg getrocknete Gewürznelken bzw. 70 - 75 kg Stiele.

Ein kleiner Nagel

Die meisten glauben vielleicht, daß der Name "Nelke" von der bekannten Blume wegen ihres ähnlichen Duftes auf das Gewürz übertragen wurde - das ist aber nicht der Fall, es ist eher umgekehrt. Die Bezeichnung Nelke, die vom mittelniederdeutschen Wort *negelke* kommt und "kleiner Nagel" bedeutet, wurde zuerst auf die Gewürznelke übertragen und dann später auf die Blume mit ähnlichem Duft. Die englische Entsprechung heißt *cloves* und ist vom lateinischen *clavus* in der Bedeutung "Nagel" abgeleitet worden. *Girofle*, der französische Name für die Gewürznelke, hat denselben Ursprung wie die lateinische Bezeichnung *caryophyllon* (siehe oben).

Duft, Laster und Arznei

In der Regel landet die Gewürznelke am Ende in verschiedenen Gerichten oder in warmen alkoholischen Getränken. Sie wird aber immer noch auch als Spender eines angenehmen Geruchs verwendet. Anstelle von beispielsweise Lavendel kann man eine getrocknete Apfelsinenschale mit eingestochenen Nelken in den Garderobenschrank hängen.

Sie hat auch andere Verwendungsbereiche. Große Mengen von Gewürznelken verschwinden im roten Speichel indischer Betelkauer; die hohe Verwendung von Gewürznelken in Indonesien hängt mit der Vorliebe der Raucher für Zigaretten mit Nelkengeschmack zusammen, *kretek* genannt. Dafür werden übrigens die Nelkenstiele verwendet.

In Europa und in den USA fließen große Mengen Gewürznelken in die Lebensmittelindustrie, vor allem zur Herstellung verschiedenartiger Gewürzsaucen und -mischungen, nicht zuletzt von Ketchup; die Gewürznelke gehört auch zu den Zutaten gewisser Likörsorten. Aus der Gewürznelke wird auch das Nelkenöl sowie Eugenol extrahiert, aus dem merkwürdigerweise die künstliche Vanille, das Vanillin, hergestellt wird. Die Anwendung von Gewürznelken im medizinischen Bereich ist seit alters her bekannt, nicht zuletzt in der Zahnmedizin. (Einige können sich vielleicht noch an den Nelkengeschmack im Mund nach einem Zahnarztbesuch erinnern.) Wegen Allergien, die das Eugenol hervorrufen kann, wird es heute allerdings nicht mehr eingesetzt.

Der Verbrauch von Gewürznelken ist unterschiedlich in verschiedenen Kulturen. Ein Indonesier z.B. konsumiert 150 g Gewürznelken jährlich; ein Durchschnittsinder zerkaut von diesem Gewürz ca. 7 g pro Jahr (nicht alle Inder sind Betelkonsumenten; hauptsächlich wird die Gewürznelke für Currymischungen benutzt); die Italiener begnügen sich beim Würzen ihrer Pasta

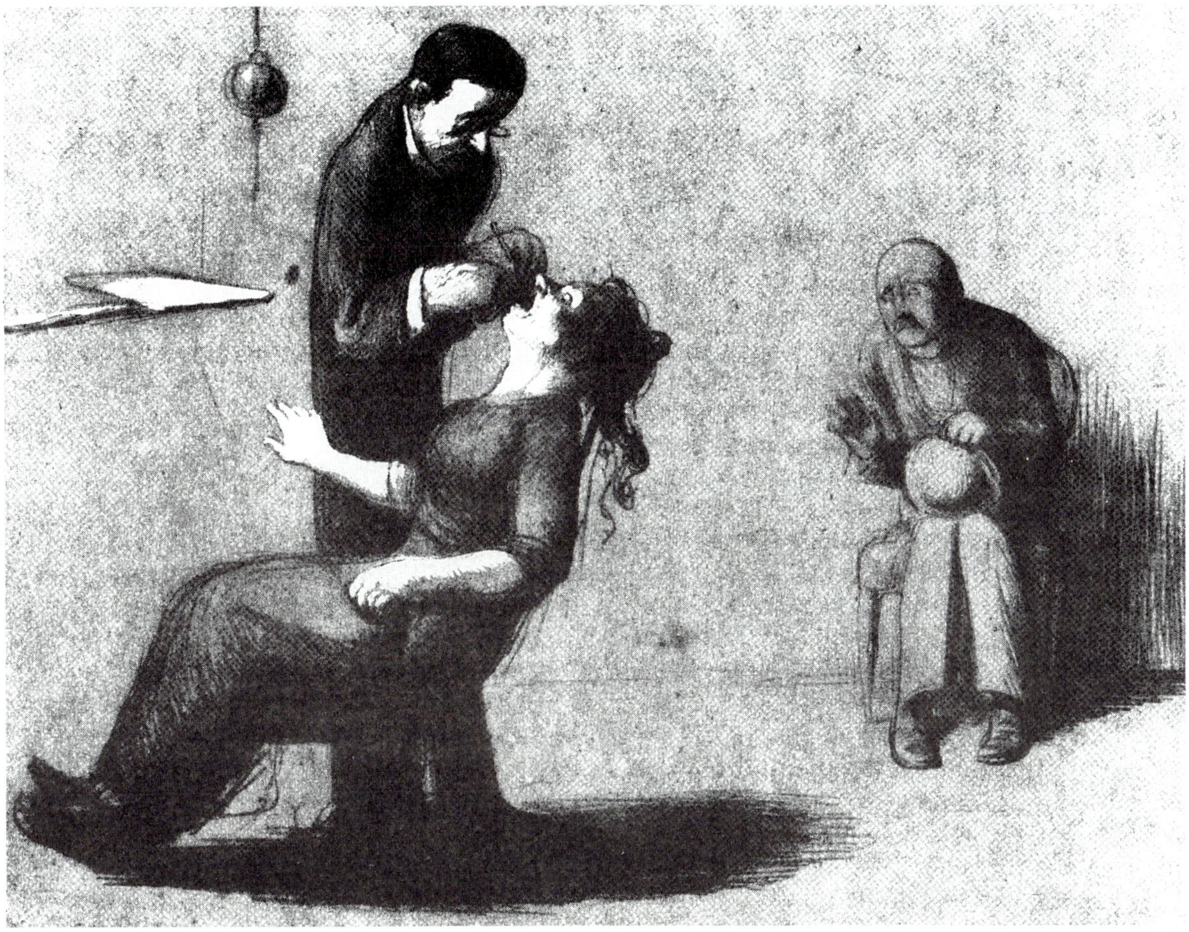

Viele verbinden vielleicht den Nelkengeschmack im Mund mit einem Zahnarztbesuch. Ganz recht: Die Gewürznelke wurde eine lange Zeit bei der Herstellung von Eugenol verwendet und bei der Zahnbehandlung wegen seiner schmerzlindernden und antiseptischen Wirkung benutzt.

mit ca. einem Gramm Gewürznelken jährlich. Das Abendland, einschließlich die USA, hat eine durchschnittliche Konsumtion von ca. 7 - 8g Gewürznelken per Jahr und Person, ein Teil davon wird im Curry, aber auch in Marinaden, Fonds und Getränken verwendet.

Currypulver

Eines der ersten Kochbücher wurde im 5. Jahrhundert v. Chr. von dem indischen Brahmanen Sheta Karma geschrieben, in dem er auf die Aufgaben der Priester im Tempeldienst im allgemeinen und auf ihre Pflichten, gutes Opferessen für die unsterblichen Götter zuzubereiten, im konkreten einging. Wir Sterbliche, die 1500 Jahre später leben, können diesem Buch noch eine interessante Gewürzmischung entnehmen, die an die Currysaucen späterer Epochen denken läßt. Schon in den berühmten Texten von Bhagavadgita (vermutlich aus dem 3. - 4. Jahrhundert v. Chr.) werden wiederholt bestimmte Gewürzmischungen genannt, und es wird davor gewarnt, zuviel davon zu genießen, weil gesalzenes und gewürztes Essen starke Emotionen und Angriffslust hervorruft und daher nur Kriegern vorbehalten sein sollte.

Frisch am besten

Damit von Anfang an keine Mißverständnisse entstehen: Die Bezeichnung "Curry" gilt nicht einem Gewürz, sondern einem Gericht, dessen Name die Hauptzutaten wiedergibt: Schafcurry, Fischcurry, Eicurry usw. usw. Das tamilische Wort *kari* bezieht sich tatsächlich nicht auf ein Gewürz, sondern bedeutet "Tunke". Als Grundlage

So sieht das Currypulver aus den Geschäften aus. Bei genauer Betrachtung wird ersichtlich, daß es aus mehreren verschiedenen Gewürzen besteht. Das richtige, handgemahlene Pulver wird allerdings nie genauso fein.

Rechts: Bei hinduistischen Festlichkeiten erhält der Gott Schiva ein Tablett mit Curry angeboten.

Der Wind steht den türkischen Bauern bei der Reinigung von Kümmel zur Seite.

für eine Currysauce wird Currypulver benutzt, das wir meistens einfach "Curry" nennen. Und noch etwas: Currypulver ist nicht ein Gewürz, sondern eine Gewürzmischung; es gibt unendlich viele Variationen solcher Mischungen, wenngleich mit mehr oder weniger gemeinsamen Geschmackseigenschaften.

Eine anspruchsvolle indische oder pakistanische Hausfrau - die europäisierten Städte nicht mitgerechnet - verwendet natürlich auf keinen Fall Fertigmischungen, an die wir aus Gewürzgeschäften oder aus unseren riesigen Selbstbedienungshallen gewohnt sind. Nein, vor jeder Essenzubereitung wählt sie genau diejenigen Gewürze aus, die der ausgesuchten Rohware förderlich sind, zermahlt sie mit einem Mahlstein und macht eine fachmännische Mischung nach allen Regeln der Gewürzkunst. Vielleicht benutzt heute die eine oder andere dafür einen Mixer, das Prinzip ist jedoch immer das gleiche: Die Zutaten müssen frisch sein! Viele, besonders jüngere Enthusiastinnen der westlichen Welt, die auf ihren Reisen durch Asien die Vorzüglichkeiten der Currymischungen zu schätzen lernten, legen mittlerweile einen eigenen Curryvorrat an, aus dem sie dann wie ihre Kolleginnen im Osten die benötigten Gewürze selbst auswählen. (Richtig - es gibt auch Curryenthusiast*en*!)

Heißer Geschmack

Es soll hier jedoch auf eine wichtige Regel hingewiesen werden, die im Westen oft unbekannt oder vernachlässigt wird: Das Currypulver muß zuerst immer etwas aufgewärmt werden, z.B. in feiner Butter oder in Pflanzenöl (nicht Margarine) oder leicht angebraten werden, ehe es in eine Sauce oder Suppe kommt. Das rohe Currypulver ist wirklich kein Genuß für den Gaumen.

In frommen hinduistischen Familien wird das fertige Gericht vom Familienoberhaupt auf einem Teller zunächst als Opfergabe den Göttern angeboten, die dann zumeist als Bettler oder Vögel erscheinen. Zu manchen wichtigen Feiertagen begibt sich das Familienoberhaupt mit seinem mit Blumen geschmückten Tablett, auf dem ein Cyrrygericht steht, zum Tempel, wo die Opfergabe dem Gott Schiva und seinen Priestern angeboten wird.

Bitte schön!

Etwa zwanzig Gewürze sind sehr häufige Ingredienzen in Currymischungen, manche von ihnen sind obligatorisch: Kurkuma, Ingwer, Zimt, Kardamom, Koriander, Gewürznelke, Muskatblüte, Pfeffer und Kreuzkümmel. Je nach Geschmack des Verbrauchers können weitere Gewürze verwendet werden, z.B. Anis, Bockshornklee, Fenchel, Muskatnuß, Kümmel, Lorbeerblatt, Safran, Senf, Sesam, eine Sorte des spanischen Pfeffers (z.B. Cayennepfeffer) sowie Mohn. Es gibt auch ein Gewürz, das Curryblatt heißt und von einem kleinen Baum aus der Familie Murraya koenigii herstammt, der in den Gebieten südlich des Himalajagebirges wächst. Es ist jedoch in den meisten Mischungen nicht tonangebend. Da die meisten der soeben genannten Gewürze in diesem Buch bereits beschreiben worden sind, wird darauf nicht weiter eingegangen.

Rechts: Blühernder Anis

Der Erfolg einer guten Currymischung fängt schon bei der Auswahl guter Rohwaren an. Bei einem Gewürz- und Gemüsehändler in Sikkim.

Anis

Pimpinella anisum

Anis ist ein weiteres Beispiel für die Gewürzeigenschaften von Doldengewächsen. Dieses knapp ein Meter hohe Gewächs kommt ursprünglich aus Vorderasien, wird aber heute in vielen Ländern der Welt mit vergleichbaren klimatischen Bedingungen angebaut. Es gehört zu den ältesten aller Gewürzgewächse; schon im antiken Rom fand es Verwendung im Gebäck und wurde allgemein als Mittel zur besseren Verdauung angesehen.

Plinius meinte, Anis mache nicht nur den Atem reiner, sondern verleihe dem Gesicht jugendliche Züge; hänge man ein Anisbüschel über sein Bett, werde man nicht von bösen Träumen heimgesucht. In den Kräuterbüchern späterer Zeiten gehörte Anis zu den wiederholt empfohlenen Heilkräutern - es gab eigentlich überhaupt kaum Krankheiten, wogegen Anis nicht empfohlen wurde.

Im 14. Jahrhundert belegte der englische König Edward I. Anis mit Zoll, um so die Reparatur der abgebrannten London Bridge zu finanzieren.

Lakritzgeschmack

Anis ist eine einjährige Pflanze mit weißen Blüten und mit fiederteiligen Blättern. Ihre Samenfrüchte sind graugrün, ca. 5 mm lang, hörnchenförmig und haarig. Sie können als Gewürz zum Zubereiten von Essengerichten und zum Backen verwendet werden. Aus Anis wird außerdem ein sehr aromatisches Anisöl, eine stark nach Anis riechende, süße ätherische Ölsorte extrahiert, die u.a. bei der Herstellung von Konfitüren mit Lakritzgeschmack verwendet wird, vor allem aber als eine Zutat in vielen bekannten Getränken wie im *anisette* der Franzosen, *raki* der Türken und Griechen sowie im *aguardiente* der Südamerikaner. Anis wurde früher als Bestandteil von Hustenmedizin und anderen Arzneimitteln eingesetzt, um deren unangenehmen Geschmack abzuschwächen.

Leicht verwechselt

Der Name Anis stammt von den alten Griechen, die jedoch glaubten, Anis und Dill seien dasselbe Gewächs. Später erhielt Dill von den Römern eine eigene Bezeichnung (Anethum graveolens). Heute wird der Anis dagegen oft wegen seines Geschmacks und des gemeinsamen Namens mit dem Sternanis verwechselt; der Sternanis (Illicium verum) ist aber kein Kraut, sondern ein Baum aus der Magnolienfamilie.

wissenschaftliche Bezeichnung:	Pimpinella anisum
Pflanzenfamilie:	Umbelliferae, Doldengewächse (Apiaceae)
Englisch:	anise
Französisch:	anis (vert), boucage
Italienisch:	anice
Spanisch:	anís
nutzbare Teile als Gewürz:	Früchte
Herkunft:	östlicher Teil der Mittelmeerregion
Anbauländer:	China, Spanien, Syrien, Tansania, Türkei, Teile vom ehemaligen Jugoslawien und der ehemaligen Sowjetunion

a
b
b
b

Bockshornklee

Trigonella foenum-graecum

Das Bockshornklee heißt auf Latein Trigonella foenum-graecum; trigonella spielt auf die triangelförmigen Blüten an, der Rest bedeutet "griechisches Heu", weil die Pflanze im alten Griechenland als solches verwendet wurde. Auch die deutsche Bezeichnung hat vergleichbare Bezüge. Die Schoten beherbergen ca. zwanzig kleine, ca. 3 mm lange, harte, goldbraune Samen.

Delikatesse für Kühe

Die alten Ägypter aßen diese Pflanze als Gemüse und benutzten sie auch zum aromatischen Räuchern und zur Balsamierung.

In der antiken Küche spielte Bockshornklee keine besonders wichtige Rolle, es wurde aber auch später - u.a. auf Anordnung von Karl dem Großen - auf königlichen Gütern oft als Arznei angebaut. Bockshornklee wurde von Kühen schon immer hochgeschätzt. Seit der Antike mischte man es schlechtem Heu bei, um diese Nahrung für die Kühe genießbarer zu machen.

Gut gegen Glatze

Die Samen sollten nach damaligen Vorstellungen ein gutes Mittel gegen Glatzenbildung sein. Geröstet wurden sie auch von Haremdamen verzehrt, die glaubten, an wichtigen Stellen fülliger zu werden und damit für ihre Gemahle attraktiver.

Außer als bitterschmeckende Zutat in fertigen Currymischungen findet Bockshornklee keinen besonderen Absatz im Abendland - mit Ausnahme in den USA, wo es in einigen Chutneysorten und Gewürzmischungen verwendet wird. Das Bockshornklee schmeckt in rohem Zustand nicht sonderlich gut; ein angenehmes Aroma entwikkelt es erst bei der Zubereitung.

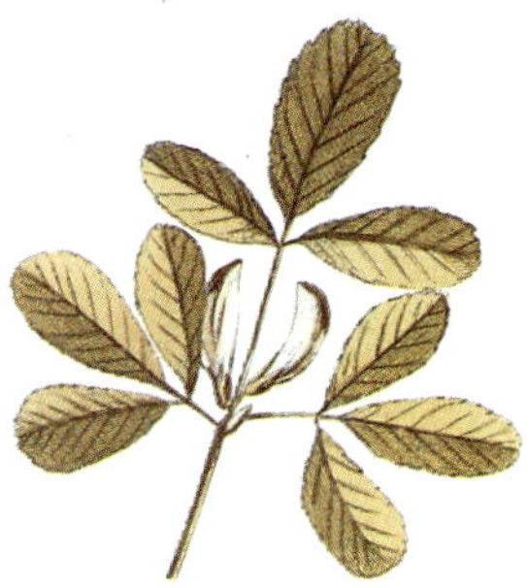

wissenschaftliche Bezeichnung:	Trigonella foenum-graecum
Pflanzenfamilie:	Leguminosae, Bohnengewächse
Englisch:	fenugreek
Französisch:	fenugrec
Italienisch:	fieno greco
Spanisch:	alholva
nutzbare Teile als Gewürz:	Samen
Herkunft:	China, Indien, Südosteuropa, Vorderasien (insbesondere Libanon und Syrien)
Anbauländer:	Äthiopien, Indien, Iran, Libanon, Marokko

Fenchel

Foeniculum vulgare

Nicht viele der heutigen Augenärzte würden behaupten, Fenchel sei nützlich für die Augen oder gebe den Blinden das Sehvermögen zurück. Nichtsdestotrotz war das einer der ältesten Aberglauben in der Geschichte der Arzneimittel. Vielleicht war der Grund eine Aussage von Plinius d.Ä., der meinte, daß die Schlangen nach dem Hautwechsel solange blind bleiben, bis sie eine Portion dieses Gewächses zu sich genommen hätten - dies könnten sich dann vielleicht Menschen mit geschwächtem Sehvermögen zunutze machen, nahm er an. Diese halbherzige Empfehlung überlebte in diversen Heil- und Kräuterkunden viele Jahrhunderte allen praktischen Erfahrungen zum Trotz. Schon eher würde die Sitte der englischen Puritaner sinnvoll sein, Fenchel während der langen Stunden des Gottesdienstes als Atemverbesserer zu kauen.

Der Name dieses Gewächses kommt vom lateinischen *foeniculum* und bedeutet "Heu". Bei den alten Griechen hieß es *marathon* - nach dem berühmten Schlachtfeld benannt - und galt als Symbol für Sieg und Erfolg.

Zum Fisch geeignet

Fenchel ist in der Mittelmeerregion und in Vorderasien beheimatet. Er wurde als Gewürz schon von den Ägyptern und zu ungefähr gleicher Zeit von den Chinesen verwendet. Die Römer mochten die jungen Sprossen und verzehrten sie als Gemüse. Eine einjährige Sorte des Fenchels, sehr saftig und mild im Geschmack, ist heute in Italien unter dem Namen *finocchio* besonders beliebt. In unseren Breiten ist diese Pflanze als gemeiner Fenchel bekannt; die Stiele werden ungefähr wie Spargel gekocht und gegessen.

Fenchel gehört zu einer Gattung aus der Familie der Umbelliferen und ist mit dem Dill verwandt, mit dem es auch oft verwechselt wird (wenn man an ihm nicht zuerst riecht). Er besitzt mehrfach fiederteilige Blätter mit borstenförmigen Zipfeln, hüllenlose Dolden, gelbe Blüten und längliche, im Querschnitt fast kreisrunde Früchte. Diese ovalen, knapp 1 cm langen Früchte werden getrocknet, wobei sie eine goldbraune Färbung bekommen, und als Würze vor allem zu gekochtem Fisch, aber auch als Brotzutat verwendet werden, außerdem in Gebäcken, Konfitüren und als Suppengewürz. Kleingehackte, frische Blätter sind eine ausgezeichnete Würze oder Garnierung zu Fischgerichten, besonders zu fetten Fischsorten.

Süßfenchel, eine Gemüsesorte mit mildem Fenchelgeschmack.

wissenschaftliche Bezeichnung:	Foeniculum vulgare
Pflanzenfamilie:	Umbelliferae, Doldengewächse (Apiaceae)
Englisch:	fennel seed
Französisch:	fenouil (aneth doux)
Italienisch:	finocchio
Spanisch:	hinojo
nutzbare Teile als Gewürz:	Früchte (Stiele ißt man als Gemüse)
Herkunft:	Mittelmeer
Anbauländer:	Argentinien, Bulgarien, China, Deutschland, Frankreich, Indien, Italien, ehemaliges Jugoslawien, Rumänien,

K
G
H
J
B
C
g
d f
e
d
b
c
a
D
E
A
L
F
h
M
n
O
m
N

Gelbwurzel (Kurkuma)

Curcuma longa

Die Gelbwurzel, die wegen ihrer intensiv gelben Farbe eine unentbehrliche Zutat im Currypulver ist, ist ein perennierendes tropisches Kraut aus der Familie der Ingwergewächse und besitzt wie Ingwer einen dicken Erdstamm mit kurzen, knotigen Zweigen. Die hellgrünen, bis zu einem halben Meter langen, dünnen Blätter wachsen aus dem Erdstamm, zwischen denen der blütentragende Stiel mit gelbweißen Blüten emporschießt. Zur Fortpflanzung benutzt man Stücke vom Erdstamm. Das Gewächs braucht ungefähr gleich feuchte, tropische Klimabedingungen wie der Ingwer. Zum Ernten gräbt man den Erdstamm aus, kocht und säubert ihn und läßt ihn ca. eine Woche lang in der Sonne trocknen, um ihn dann nochmals zu reinigen. Die kräftig orangefarbenen Stücke werden dann zu einem Pulver zermahlen, die später in verschiedenen Gerichten und Getränken verwendet werden, aber auch zur Herstellung von Textilfarben; vielerorts wird Gelbwurzel auch zum Schminken benutzt, bei Hochzeiten u.ä.

Sehr gelb

In Asien wurde die Gelbwurzel häufig medizinisch eingesetzt, in Europa benutzt man sie zum Färben von u.a. Saucen und Senf sowie als eine Zutat bei der Herstellung von mehreren Likör- und Käsesorten, teilweise in Margarinen und vor allem in fertigen Currymischungen. Die Gelbwurzel ist sehr empfindlich gegen Sonnenlicht und muß daher wie das Currypulver dunkel aufbewahrt werden. Die geerntete Gelbwurzel bleibt größtenteils in Indien; exportiert wird sie sehr spärlich.

Die Europäer lernten die Gelbwurzel erst im Mittelalter kennen und nannten sie "indischer Safran" oder "Ostsafran". Sie war hier jedoch niemals eine wichtige Handelsware, bevor Curry in Mode kam. Touristen, die glauben, sie hätten auf ihren Reisen nach Südspanien oder Nordafrika preiswert Safran eingekauft, kommen gerade mit der Gelbwurzel nach Hause!

wissenschaftliche Bezeichnung:	Curcuma longa
Pflanzenfamilie:	Zingiberaceae, Ingwergewächse
Englisch:	turmeric
Französisch:	curcuma
Italienisch:	curcuma
Spanisch:	cúrcuma
nutzbare Teile als Gewürz:	Erdstamm
Herkunft:	Südasien
Anbauländer:	Haïti, Indien, Pakistan, Peru

F Schmidt gez u lith

Koriander

Coriandrum sativum

Koriander ist ein einjähriges Krautgewächs aus der Familie der Doldengewächse. Es kann bis ein Meter hoch wachsen; seine Blätter sind feingelappt und die Blüten klein und weiß bis hellrosafarben. Der eigentliche Koriander als Gewürz sind die getrockneten Früchte. Koriander war von Anfang an in der Mittelmeerregion beheimatet. Sein Name stammt vom griechischen *koris* ("Wandlaus") und deutet auf den recht unangenehmen Geruch seiner Blätter hin: Unreif riechen sie tatsächlich widerlich!

Auf den Spuren der Römer

Koriander gehörte einst zu den angesehenen Heilgewächsen u.a. bei den Ägyptern vor 3500 Jahren und in den medizinischen Schriften im antiken Griechenland. Bei den Römern war es eine gefragte Würzpflanze; mit ihnen kam sie nach Westeuropa - zunächst auf die Britischen Inseln, wo sie von ihnen angebaut wurde, und später mit den europäischen Einwanderern nach Amerika, wo der Koriander zu den allerersten dort angebauten Kräutergewächsen gehörte. Die Wege seiner Ausbreitung sind auch in den Osten zu verfolgen. Koriander ist eines der wenigen europäischen Gewächse, die bereits vor langer Zeit in Indien zuerst als Heilmittel und dann auch als Gewürz seine Anhänger fand.

Süße Würze

Wenn die fast kugelförmigen Korianderfrüchte bräunlich dunkelgelb geworden sind, sind sie auch reif zum Ernten. Sie finden breite Anwendung bei der Herstellung von verschiedenen Lebensmitteln und alkoholischen Getränken. Als Gewürz ist Koriander insbesondere in den Ländern Südamerikas populär. Während des Zweiten Weltkriegs, als es an Rohwaren für Konfitüren fehlte, wurde Koriander erneut auf eine sehr alte Weise, als Zuckerpillen gegessen, d.h. mit weißem oder rosafarbenem Zuckerdragée überzogen. Mit solchen Süßigkeiten bewarf man in alten Zeiten die Zuschauer von Karnevalszügen. Später hörte man mit einer derartigen Verschwendung auf, behielt aber den abgewandelten Namen - Konfetti.

wissenschaftliche Bezeichnung:	Coriandrum sativum
Pflanzenfamilie:	Umbelliferae, Doldengewächse (Apiaceae)
Englisch:	coriander seed
Französisch:	coriandre
Italienisch:	coriandolo
Spanisch:	cilantro
nutzbare Teile als Gewürz:	Früchte
Herkunft:	Mittelmeer
Anbauländer:	Argentinien, Bulgarien, Indien, Marokko, Nigeria, Pakistan, Polen, Rumänien, Tschechien, Teile vom ehemaligen Jugoslawien, Teile der ehemaligen Sowjetunion, USA

XIII. e.
A
B
C
D
E
F
G
H
J
K
L
M
N
O
P
Q
R

Kümmel & Kreuzkümmel

Carum carvi, Cuminum cyminum

Kümmel, den die Deutschen so gern auf das Sauerkraut streuen und die Skandinavier in ihre Brantweinsorten, ins Brot und in den Käse mischen, ist eines unserer ältesten Gewürze. Es ist bereits aus den Fundstellen der Steinzeitkultur in der Schweiz bekannt und möglicherweise das älteste nachweislich verwendete Gewürz Europas überhaupt. Der Kümmel ist ein Doldengewächs mit feinlappigen Blättern und weißen Blüten, das sowohl in Europa als auch in Asien vorkommt. Das Gewächs ist zweijährig und blüht erst in seinem zweiten Lebensjahr, wo es auch Früchte trägt. Die Araber schätzten es als Gewürz und nannten dieses Gewächs *qarauya* (vgl. das englische *caraway*, aus den Kochbüchern bereits seit dem 14. Jahrhundert bekannt). Der deutsche Name "Kümmel" wurde vom lateinischen *cuminum* abgeleitet, das seinerseits vom griechischen *kymion* herstammt.

Nach Indien kam die Pflanze wahrscheinlich durch die Araber.

Gibt Brot und Würstchen den letzten Pfiff

Auch der Kreuzkümmel gehört zur Pflanzenfamilie der Doldengewächse, seine langgezogenen, schmalen Blattlappen unterscheiden ihn aber deutlich von den übrigen Mitgliedern dieser Familie. Die Blüten sind weiß oder hellrosafarben; die Früchte sind oval, länglich (ca. 6 mm), braungelb und dem Kümmel insgesamt sehr ähnlich. Kreuzkümmel wurde in den altägyptischen Papyrusschriften bereits 1500 Jahre v. Chr. erwähnt und von Plinius als ein Appetitanreger empfohlen. Auch in Frankreich, Deutschland und den Niederlanden wird Kreuzkümmel zum Würzen von Brot und Käse verwendet.

Zu den größten Verbrauchern von Kreuzkümmel gehören die Hersteller von Curry- und Chilipulver, vor allem in den USA, wo sich die Konsumtion von Kreuzkümmel im 20. Jahrhundert vervierzigfacht hat. Kreuzkümmel findet jedoch auch in vielen Wurst- und Würstchensorten, in Pickles, Chutney und einer langen Reihe anderer Lebensmittelprodukte Verwendung.

wissenschaftliche Bezeichnung:	Carum carvi
Pflanzenfamilie:	Umbelliferae, Doldengewächse (Apiaceae)
Englisch:	caraway
Französisch:	carvi
Italienisch:	carvi
Spanisch:	alcaravea
nutzbare Teile als Gewürz:	Früchte
Herkunft:	Eurasien, Nordafrika
Anbauländer:	Europa (insbesondere Deutschland), Türkei

wissenschaftliche Bezeichnung:	Carum carvi
Pflanzenfamilie:	Umbelliferae, Doldengewächse (Apiaceae)
Englisch:	cumin
Französisch:	cumin
Italienisch:	comino
Spanisch:	comino
nutzbare Teile als Gewürz:	Früchte
Herkunft:	östliches Mittelmeer, Vorderasien
Anbauländer:	China, Indien, Indonesien, Iran, Japan, Marokko, Mexiko, einige südliche Teile der ehemaligen Sowjetunion, Türkei

Sesam

Sesamum indicum

Sesam ist ein knapp meterhohes Krautgewächs aus der Familie der Sesamgewächse, das aus Indonesien und den tropischen Regionen Afrikas stammt und sich fast nach ganz Asien und bis nach Nordafrika ausbreitete. Seinen Namen erhielt Sesam bereits von den Ägyptern; es wurde in der Zeit um 1600 v. Chr. auch in Mesopotamien angebaut. Seine Samen enthalten große Mengen - fast das halbe Volumen - einer Ölsorte, die auch heute in der Küche verwendet wird. Sesam wurde schon in der Zeit v. Chr. aus Indien über das Rote Meer nach Europa exportiert. Später übernahmen die ägyptischen Hersteller einen sehr großen Teil seiner Produktion im Lande selbst, von wo das Sesamöl u.a. in die italienischen Häfen gelangte.

Nützliches Öl

Die westafrikanischen Sklaven nahmen die Sesamsamen mit nach Amerika, wo Sesam seitdem von ihnen unter dem Namen *benne* angebaut wird - eine heute noch gebräuchliche Bezeichnung in manchen Gegenden Südamerikas. Seine Blüten sind schön anzusehen und erinnern an die des Fingerhuts. Die Blüten erzeugen kleine, flache, ovale Samen von ca. 3 mm Länge. Sie werden ganz verwendet - oft aufs Brot gestreut, manchmal auch gesahnt, wodurch sie einen leichten Nußgeschmack erhalten. Sesam dient jedoch heute hauptsächlich zur Herstellung von Sesamöl, das reich an mehrfach ungesättigten Fettsäuren ist und daher viel bei der Herstellung von Margarinen, Speiseölen, Dressings usw. Verwendung findet. Der Anbau von Sesam nahm aus diesem Grund insbesondere in den USA (Arizona, Kalifornien und Texas) sehr zu. Der größte Produzent von Sesam ist aber China, wo er nicht nur zu Öl verarbeitet, sondern in vielen traditionellen Sorten von Konfekt und Gebäck eingesetzt wird; früher benutzte man Sesamöl auch als Lampenöl.

Sesam, öffne dich!

Was hat eigentlich diese berühmte Phrase mit unseren Sesamsamen zu tun? Natürlich wissen alle, daß dies die Zauberformel war, auf die der arme Ali Baba zufällig kam und mit deren Hilfe sich der Eingang zur Höhle mit den Schätzen der 40 Räuber öffnete. Als dann sein böser Bruder dasselbe versuchte, vergaß er das Zauberwort vollkommen, so daß er gezwungen war, allerlei landwirtschaftliche Produkte durchzugehen - Korn, Weizen, Roggen usw. - doch ohne gewünschtes Ergebnis.

Aber warum hieß das Zauberwort gerade "Sesam"? Vielleicht, weil das Lösungswort auf etwas sehr Alltägliches anspielen sollte, was leicht vergessen werden konnte? Sollte dies stimmen, dann war Sesam vor 1000 Jahren für die arabischen Geschichtenerzähler etwas Typisches, Alltägliches.

wissenschaftliche Bezeichnung:	Sesamum indicum
Pflanzenfamilie:	Pedaliaceae, Sesamgewächse
Englisch:	sesame
Französisch:	sésame
Italienisch:	sesamo
Spanisch:	ajonjioli
nutzbare Teile als Gewürz:	Samen
Herkunft:	in tropischen Regionen Asiens und Afrikas
Anbauländer:	Brasilien, China, Guatemala, Indien, Libanon, Mexiko, Nikaragua, El Salvador, Sudan, Syrien, USA

Gewürze der Neuen Welt

Spiegelbilder auf Kollisionskurs

Es ist schon 500 Jahre her, seit die Europäer Amerika entdeckten - ein schicksalsträchtiges Ereignis der Weltgeschichte, doch für die amerikanischen Ureinwohner kaum ein Anlaß zur Freude. Es dauerte nur einige Jahrzehnte, bis Scharen europäischer Glückssucher und Plünderer reiche und hochentwickelte Kulturen zerstörten, alles verwüsteten, was verwüstet werden konnte, und so viel Gold und Silber an sich rissen, wie es nur ging.

Das Gold war jedoch bald zu Ende, und die leichtgewonnenen Reichtümer wie auch ihre Besitzer sind seit langem vom Winde verweht. Was die Eroberer des 16. Jahrhunderts nicht ahnen konnten, das waren andere Quellen des Reichtums, von denen Europa in den darauffolgenden Jahrhunderten in viel größeren Ausmaßen profitierte als von Gold und Silber oder von all den prachtvollen Goldgegenständen der Azteken und Mayas, die von ihnen ausgeraubt wurden.

Getrennte Wege, ähnliche Folgen

Amerika wurde während der großen Eiszeit in der frühen Steinzeit von Volksstämmen bevölkert, die aus Zentralasien über den damaligen Landweg der Beringstraße eingewandert waren. Sie breiteten sich über den gesamten amerikanischen Kontinent aus und etablierten sich als geschickte Jäger auf den Prärien und in den wildreichen tropischen Regionen. Als die Gletscher infolge steigender Temperaturen zu schmelzen begannen und der Meeresspiegel wieder stieg, war die Landverbindung zwischen der Alten und der Neuen Welt abgeschnitten. Fortan entwickelten sich die jeweiligen Kulturen unterschiedlich, wenngleich nicht ohne gewisse Parallelen. Hier und dort wurden die Jäger zu Bauern, und mit der Zeit entstand auch eine landwirtschaftliche Tierhaltung.

Da die natürlichen Bedingungen der beiden Welten sehr verschieden waren, ging man bei ihrer Ausnutzung zur Herstellung von pflanzlichen und tierischen Lebensmitteln dementsprechend unterschiedliche Wege. In der Alten Welt

Oben: Austausch von Gaben zwischen Indianern und Europäern in Florida.

Links: Die Entdeckung Amerikas im Jahre 1492. Kolumbus' Schiff Santa Maria, ein Gemälde von A. van Eertvelt (1590-1652).

züchtete man Kühe und Schafe, in der Neuen waren es die Lamas; auf der einen Seite des Ozeans hatte man Hühner und Enten auf dem Hof, auf der anderen Puten. Die Asiaten bauten den Reis an, die Europäer Korn, Weizen und Roggen, die Amerikaner den Mais. Auf der einen Hälfte der Erde trank man Wein und Öl, auf der anderen berauschte man sich mit Kokablättern und Kaktusgetränken. Die Araber erfanden den Kaffee als Getränk, die Chinesen den Tee, und die Indianer die Schokolade...

Gewürze und Gemüse sind beständiger als Gold

Nachdem die erste Begeisterung für das entdeckte Gold und die damit verbundene Habgier der Europäer abgeebbt waren, wandten sie allmählich ihre Blicke auf den Alltag der neuentdeckten Völker Amerikas. Der erste Kulturaustausch der Europäer mit der Neuen Welt war kaum positiver Art: Kolumbus' Mannschaften brachten die Syphilis nach Europa, die sich wie ein Lauffeuer durch das bislang sorglos promiskuitive Europa ausbreitete; die Gegenleistung der Europäer in der Gestalt von Masern war nicht weniger effektiv - die Indianer starben wie die Fliegen. Allmählich fing man an, einige Errungenschaften der Neuen Welt zu Hause in Europa hoch zu schätzen, oft sogar höher, als sie dort geschätzt wurden. In Europa wurde mehr Tabak geraucht und Schokolade getrunken, es wurden mehr Tomaten gegessen und Kartoffeln angebaut, als es die Indianer jemals getan hatten. Der orientalische Gewürzbestand wurde durch spürbaren Zuwachs ergänzt: Nelkenpfeffer, Chili, Paprika, Cayennepfeffer und milde Vanille.

Vanille

Vanilla planifolia

Am 14. September 1502 genoß vielleicht zum ersten Mal eine europäische Zunge den Geschmack der Vanille. Dies geschah im heutigen Nikaragua, und die besagte Zunge gehörte einem Mann namens Christoph Kolumbus, der sich dort auf seiner vierten und letzten Reise auf der Suche nach einem Hintereingang nach Indien befand. Die von ihm gekostete Vanille war eine Zutat in der Portion Schokolade, mit der ihn ein Indianerhäuptling ehrte - dieses Getränk war nämlich nur Fürsten und ihresgleichen vorbehalten. Im Laufe der etwas spröden Konversation über eine Tasse Schokolade glaubte Kolumbus einige wichtige Informationen gewonnen zu haben, die ihn dazu veranlaßten, an seinen König zu schreiben, er würde bereits in 10 Tagen in Japan an Land gehen.

Schokolade und Vanille sind untrennbar

Die Schokolade war bei den Azteken nicht nur ein Getränk. Die Kakaobohnen galten im Reiche des Montezuma auch als Handelsmünze. Sobald Cortéz Mexikos Hauptstadt erobert hatte, eilte er zunächst zur kaiserlichen Schatzkammer, wo er hoffte, tonnenweise Gold vorzufinden. Es zeigte sich jedoch, daß die Schätze hauptsächlich aus lauter Kakaobohnen bestanden, was für den Kriegsherrn eine Ernüchterung war. Den wahren Wert dieser Bohnen ahnte er nicht. Auf dem lokalen Markt konnte man im Jahre 1513 für 100 Kakaobohnen eine erstklassige Hausfrau oder einen ordentlichen Sklaven kaufen, für nur zwei Bohnen konnte man mit einer Luxushure eine ganze Nacht verbringen.

Zu dem Zeitpunkt hatte übrigens Bernal Díaz, einer von Cortéz' Offizieren, seine Bekanntschaft mit diesem Getränk bereits hinter sich. Montezuma hatte ihn auf eine (goldene!) Tasse Schokolade eingeladen, wobei der Gast mehr von dieser Tasse und dem (goldenen!) Löffel fasziniert war als vom Getränk. Die aztekische Schokolade stellte eine üppige Masse dar, bestehend aus gemahlenen Bohnen des Kakaobaumes (aztek. *cacauatl*), gewürzt u.a. mit Vanille, Cayennepfeffer, Maismehl und manchmal auch noch mit einer Portion Honig; das Ganze war mit einem roten Saft angerichtet, so daß man glaubte, man trinke Blut.

Die Vorstellung, daß die Vanille ein Geschmacksverbesserer in der Schokolade sei, war nicht nur in Mexiko vorherrschend, sondern noch lange Zeit auch in Europa. (Ihre andere und sehr verbreitete Verwendung ist die als Aromaspender im Vanilleeis.) Die Bezeichnung für Vanille in der Sprache der Azteken war ungefähr *tlilxochitl*. Von den Azteken wurde sie geerntet, getrocknet und gegoren, um dann in zermahlenem Zustand mit dem Schokoladenpulver vermischt zu werden. Von den Spaniern wurde das neuartige Getränk nach Europa gebracht, wo es sehr schnell

wissenschaftliche Bezeichnung:	Vanilla planifolia
Pflanzenfamilie:	Orchidaceae, Orchideengewächse
Englisch:	vanilla
Französisch:	vanille
Italienisch:	vaniglia
Spanisch:	vainilla
nutzbare Teile als Gewürz:	aufgegangene, getrocknete Früchte
Herkunft:	Zentralamerika, Karibik
Anbauländer:	Indonesien, Madagaskar, Malaysia, Mexiko, Moçambique, Französisch Polynesien, Réunion, Seychellen, Tahiti, Uganda

Eine Kakaofrucht mit Samen (Bohnen)

Vanilla planifolia Andrews.

große Popularität erlangte, wobei die Spanier seitdem zu seinen treuesten Konsumenten gehörten. Die Vanille importierte man aus Mexiko zusammen mit den Kakaobohnen, und zusammen erschienen diese Artikel auf den europäischen Märkten. Die Bezeichnung der Vanille ist daher in den meisten europäischen Sprachen ziemlich gleichklingend und kommt vom spanischen *vainilla,* das seinerseits mit dem lateinischen *vagina* verwandt ist und auf die Form der Samenkapseln dieses Gewächses anspielt.

Erst im Jahre 1602 entdeckte ein Hugh Morgan, der Hofapotheker der Königin Elizabeth I. von England, daß die Vanille sogar allein als ausgezeichnete Würze zu Süßigkeiten paßte. Im 18. Jahrhundert kamen die Franzosen darauf, sogar Tabak mit Vanille anzureichern. Was aber das wachsende Interesse der Europäer für dieses Gewächs noch weiter stärkte, war die Verkündung des Deutschen Bezaar Zimmermann, einer medizinischen Autorität jener Zeit, Vanille sei ein unübertroffenes Aphrodisiakum. Nicht weniger als 342 impotente Männer, wie in einer Schrift aus dem Jahre 1762 behauptet wurde, sollten nach dem Genuß eines Vanillesuds nicht nur sich selbst, sondern einer entsprechenden Anzahl Frauen eine überraschende Freude bereitet haben. Andere Ärzte fanden, daß Vanille Magengeschwüre zu heilen und Faulpelze aufzuheitern vermag (und nicht nur im soeben genannten Sinne!), sie konnte auch als vielseitiges Gegengift eingesetzt werden. In den USA z.B. enthielten die Pharmakopöen Vanille als Gegengift bis in das Jahr 1910.

Kolumbus war vermutlich der erste Europäer, der Vanille und Schokolade gekostet hat.

Große Familie Unnütz

Die Gattung der Orchideen ist die zahlreichste aller Pflanzenfamilien - sie umfaßt über 20000 Arten - streng genommen sind sie aber vollkommen unnütz, wenn man natürlich von ihrer Wirkung auf Frauen absieht. Die einzige Art dieser 20000 Orchideenarten, die eine nützliche und praktische Verwendung hat, ist die Vanille.

Die Gattung Vanilla umfaßt ca. 50 Arten, unter ihnen produziert jedoch nur Vanilla planifolia echte Vanille. Zwei andere Arten - Vanilla pampona und Vanilla tahitiensis - werden ebenfalls zu einer weniger aromatischen, doch recht akzeptablen Variante der Vanille verarbeitet; sie enthalten aber nur ein Drittel des Vanillingehalts im Vergleich mit der echten Vanille. Das Vanillin verleiht der Vanille ihren spezifischen Geschmack und Geruch, sein Prozentanteil ist übrigens ganz gering: ca. 2 - 3% des Gesamtgewichts.

In wildem Zustand ist die Vanillepflanze ein wucherndes, schlingerndes Gewächs, das in seiner natürlichen Umgebung, im tropischen Regenwald , in eine Höhe von 25 - 30 m an Bäumen hoch klettert und sich dort mit ihren Luftwurzeln festklemmt. Ihr Stiel ist fleischig und saftig, ihre bis zu 25 cm langen Blätter sind glänzend, dick,

Links: Anfänglich wurde Vanille von den zentralamerikanischen Indianern als Geschmacksverbesserer von Schokolade verwendet. Kakao erfüllte eine sehr wichtige wirtschaftliche Funktion, und die Kakaoanbauer der Mayas wurden sogar von einem eigenen Gott namens Ekehuauh geschützt.

Rechts: Die Vanillestangen sehen vor dem Ernten beinahe wie *haricots verts* aus. Die Vanillegewächse verlangen einen sorgsamen Umgang; die geernteten Stangen müssen aber noch vorsichtiger behandelt werden.

platt und lanzettförmig. Die Blüten sind recht groß, ca. 5 - 7 cm, und riechen angenehm; sie fallen aber mit ihrer weißgelblichen Färbung nicht besonders ins Auge. Unter den übrigen Orchideensorten gilt die Vanille wahrscheinlich als Aschenputtel. Die Blüten welken im Laufe nur eines einzigen Tages.

Die Ursprungsregion der Vanille ist Zentralamerika, die Karibik und die Nordküste Südamerikas. Sie bevorzugt windgeschützte Flächen mit viel Feuchtigkeit (ca. 3000 mm jährlich) und kann in einer Höhe von bis zu 700 m über dem Meeresspiegel wachsen. Beim Anbau wird die Vanille steril. Sie muß daher mit Hilfe von Stecklingen vermehrt werden, die schon recht groß sind, damit sie an die unteren Zweige der Bäume herankommen; es dauert dann 10 bis 12 Wochen, bis sich eine Vanillepflanze entscheidet, ob sie ihre Wurzeln ausschlägt oder nicht. Das Verfahren mit den Stecklingen führt dazu, daß im Prinzip alle Vanillepflanzen einer Plantage dasselbe Gewächs sind. Man kann der Natur nur dankbar dafür sein, daß die Vanille selbstbefruchtend ist, d.h. sie braucht nicht von fremden Pflanzen befruchtet zu werden.

Vanilleanbau - keine leichte Sache

Wer eine Vanilleplantage betreiben will, muß zuerst für seine Klettergewächse Bäume zum Klettern anschaffen. Deshalb fängt man zunächst damit an, schnell wachsende Bäume oder feinblättriges Gebüsch, mit Ästen tief über dem Boden wachsend, bereits einige Jahre im voraus anzupflanzen. Die Vanille wird so beschnitten, daß sie eine für die Ernte bequeme Höhe erreicht, und dann läßt man sie nicht weiter wachsen. Nach drei Jahren blüht sie in der Regel; eine gesunde Ranke kann im erwachsenen Alter bis zu über 1000 Blüten tragen, wovon etwa fünfzig zum Pollinieren benutzt werden, höchstens ein halbes Dutzend per Blütenstand. Die Blüteperiode beträgt ca. zwei Monate; die Blüten gehen bei Sonnenaufgang auf.

Das Besondere und Beschwerliche mit der Vanille ist die Tatsache, daß sie sich nicht von allein vermehren kann und daher vom Menschen polliniert werden muß. Es war sicherlich nicht immer so gewesen, sonst hätte es gar keine Vanillepflanzen gegeben. Als man zu Beginn des 19. Jahrhunderts zum ersten Mal versuchte, Vanille außerhalb von Mexiko auf Java anzupflanzen, erhielt man gewiß üppige, feine Gewächse, sie besaßen jedoch keine Spur von Schoten. Erst im Jahre 1836 löste Charles Morren, der belgische Botaniker und Professor aus Liège, dieses Mysterium: Diese Pflanze brauchte zur Fortpflanzung externe Hilfe, in diesem Fall den Menschen, wenn schon die natürliche Hilfe in Gestalt von Insekten und Kolibris fehlte. Wer dieser natürliche Überträger der Pollen in Mexiko ursprünglich war, darüber herrscht unter den Fachleuten keine Einigkeit. Eine genaue Antwort kann nicht mehr gegeben werden, denn selbst in Mexiko werden die Vanillepflanzen längst künstlich befruchtet.

Blüht nur einen Tag

Das Orchideengeschlecht hat einen recht komplizierten Aufbau, der dazu dient, eine ganz besondere Art oder eine Artengruppe von Insekten anzuziehen; die Fortpflanzungsmechanismen der

Die Befruchtung der Vanilleblüten geschieht per Hand und muß in der frühen Morgenstunde vorgenommen werden, gerade nachdem die Blüte ausgeschlagen hat.

Orchideen sind eben auf das Zusammenwirken mit nur diesen auserwählten Insektenarten eingerichtet. Um das Jahr 1841 kam ein ehemaliger Sklave in der französischen Kolonie Réunion im Indischen Ozean auf die Idee, wie das Problem mit den fehlenden richtigen Insekten gelöst werden könnte. Mit Hilfe eines gespitzten Bambusstabes holte er sich etwas von der Samenmasse und trug dann diese auf die eingeschlossenen Stempel auf. Auf dieselbe Weise arbeitet man im großen und ganzen noch heute, was allerdings einen immensen Arbeitseinsatz erfordert. Nur so kann aber überhaupt eine Ernte gesichert werden.

Die Vanille besitzt eine große endständige und mehrere achselständige Blütentrauben, eine lange, schotenartige und bei der Reife etwas fleischige Frucht, die von der Spitze zweiklappig aufspringt und mit einem balsamischen, von sehr kleinen Samen strotzendem Mus gefüllt ist. Der Befruchter nimmt mit der linken Hand einen besonderen Griff vor, so daß die Frucht zur Seite gedrückt wird und die Samen freigelegt werden. Mit einem Bambusstöckchen oder einem kleinen Pinsel fängt der Befruchter das Pollenklümpchen auf und führt dieses zum Stengel, der mit dem Daumen der linken Hand festgeklemmt wird.

Das ganze geschieht zur Morgenstunde, wenn die Blüte aufgeht; ein erfahrener Befruchter kann an einem einzigen Vormittag bis zu 1000 Blüten befruchten. Bei Sonnenuntergang verwelkt die Blüte, und es dauert dann vier bis neun Monate, bis die Schoten erntereif sind. Sie werden gepflückt, wenn ihre Färbung anfängt, von grün zu gelblich überzugehen (vollreif sind sie schokoladenbraun).

Berechtigt teures Gewürz

Vanille ist ein wertvolles Produkt, daher muß es vor illegaler Ernte und unerlaubtem Verkauf geschützt werden. Auf Madagaskar markiert man deswegen seine Vanilleschoten mit einer Art Tätowierung auf der Schale, die entweder die Initialen des Eigentümers oder sein Warenzeichen enthält. Diese Markierungen werden durch sehr feine Stiche in die Schale gemacht.

Das Aroma kommt aus den Früchten und wird desto besser, je länger die Früchte sind. Höchste Qualität besitzen die Früchte bei einer Länge von 25 cm. Beim Pflücken haben sie noch gar keinen Geruch, er entwickelt sich erst im Prozeß der Verarbeitung. Dazu dienen in verschiedenen Teilen der Welt verschiedene Methoden. Auf Madagaskar z.B. taucht man die Früchte direkt nach dem Pflücken für ein paar Minuten in kochendes Wasser. Dadurch wird zwar das weitere Reifen aufgehalten, jedoch nicht die enzymatischen Prozesse, die an dieser Stelle einsetzen, wobei ein in der Frucht befindliches Glykosid durch die Wirkung eines Enzyms zu Vanillin umgewandelt wird. Um diesen Prozeß zu ermöglichen, müssen die Früchte von einem bestimmten Grad Wärme und Feuchtigkeit umgeben sein. Während mehrerer Monate werden sie deshalb wie Babys behandelt, sie werden zum Trocknen in die Sonne gelegt und am Abend in Wolltücher zum nächtlichen Schwitzen eingerollt - all dies dauert an, bis sie die richtige dunkelbraune Färbung bekommen. Dann werden sie getrocknet und endlich - nach einem halben Jahr liebevoller Fürsorge - sind sie reif zur Distribution. Oft haben die Früchte in diesem Stadium eine Oberfläche, die mit winzigen nagelförmigen Kristallen besät ist.

Heute verfährt man oft mit schnelleren Methoden, besonders in Uganda, wobei die Gärperiode bei höheren Temperaturen kürzer ausfällt, die Früchte müssen aber dabei zuerst zerkleinert werden. Das Ergebnis ist im Grunde dasselbe, das Aroma stimmt vollkommen, man hat aber nicht mehr die klassischen Vanillestangen, die die Kunden immer noch wünschen, daher wird solche Vanille zur Herstellung von Extrakten verwendet.

Verschlossen aufbewahrt

Zum Schluß werden die Vanillestangen nach Qualität und Größe sortiert und in eine luftdichte Verpackung gelegt, damit das Aroma sich nicht verflüchtigt. Das Gewicht geht durch die Verarbeitungsprozesse deutlich zurück und beträgt nur ein Fünftel des Gewichts beim Pflücken. Die Ernte per Hektar beträgt normalerweise - bei erwachsenen und voll produktiven Pflanzen - bis zu 100 kg getrocknete Vanillestangen. Der hohe Preis der Vanille auf dem Weltmarkt ist damit genügend motiviert; noch teurer ist nur der Safran. Die Vanilleproduktion stellt einen wichtigen wirtschaftlichen Faktor in den jeweiligen Ländern dar, vorausgesetzt, daß die Produktion großangelegt ist. Zu den größten Produzenten gehören Madagaskar, die Komoren und Réunion, sowie - wenn auch in kleinerem Maßstab - Mexiko, Indonesien, die französischen Inseln in Polynesien, die Seychellen und Uganda.

Chemische Herstellung

Im Jahre 1858 isolierte ein Chemiker namens Gobley erstmals aus der Vanille das Vanillin; 1874 gelang es seinen Kollegen, diese Substanz unter Einsatz von Glykosiden im Kiefernharz künstlich herzustellen, was in kurzer Zeit zur Massenproduktion von Vanillin führte. In den 1890er Jahren wurden die entsprechenden Verfahren durch die Anwendung von Nelkenöl bzw. Zucker als Ausgangsmaterial weiter vereinfacht. Mit der Zeit entdeckte man auch, daß Vanillin außerdem aus Pappmaché, Sassafrasöl und Teer gewonnen werden konnte; vanillinähnliche Substanzen wurden auch in Tonkabohnen gefunden. Alle diese Erkenntnisse und die Etablierung neuer chemischer Technologien stellten anfänglich eine direkte Bedrohung für das Fortbestehen der Vanilleproduktion dar. Es erwies sich jedoch, daß es für Gerichte, die auf dem natürlichen Geschmack der Vanille beruhen, keine künstliche Alternative gibt. Nichts kann das extra reiche Aroma der authentischen Produkte, die dem Vanillin fehlen, ersetzen.

Soufflé a la vanille

ZUTATEN

2-3 Vanillestangen
150 ml Milch
75 ml Streuzucker
1 Eßlöffel Zucker für die Form
30 g gewöhnliches Weizenmehl
5 Eiweiß
4 Eigelb
etwas Salz
etwas Streuzucker und
15 g weiche Butter für die Form
1 Teelöffel Puderzucker

Die Milch zusammen mit den Vanillestangen aufkochen (siehe genauere Hinweise weiter unten), stehen und abkühlen lassen; die Vanillereste durchseihen. Den Ofen auf 200°C erwärmen. Eiweiß und Eigelb voneinander trennen. Die Soufflèform muß das Volumen von ca. 120 ml haben und 8 -9 cm tief und zylindrisch sein. Die Form sorgfältig in allen Ecken und bis zur oberen Kante mit Butter einschmieren; einige Löffel Streuzucker hineingeben und die Form hin und her bewegen, bis die gesamte Innenfläche damit überzogen ist. Den überflüssigen Zucker ausschütten.

Etwas Milch in die Kasserolle geben und sie zu einer gleichmäßigen Massen schlagen. Den Rest der Milch hinzugeben und bei mäßiger Wärme langsam rühren, bis die Masse dicker wird und anfängt zu kochen; noch eine halbe Minute weiterrühren, bis alles richtig dick geworden ist. Die Kasserolle vom Herd nehmen und die Masse ständig rühren, bis Sie eine Fingerspitze in die Masse stecken können, ohne sich zu verbrennen. Darauf achten, daß nichts am Boden anbrennt. Bei fortgesetztem Rühren ein Eigelb hinzugeben und schlagen. Jetzt wird eine Hälfte der weichen Butter hinzugegeben; die Reste der Butter von den Wänden des Topfes abkratzen und über die Teigmasse verteilen, damit sich keine Haut bildet.

Die fünf Eiweiß mit einer Prise Salz schlagen, bis sich kleine weiche Hügel bilden, dann Zucker zugeben und wiederholt schlagen, bis die Schlagmasse steife Spitzen bildet. Dann sofort ein Viertel vom Eiweiß in den Teig geben, den Rest vorsichtig unterheben; das läßt sich am besten mit einem Gummi- oder Plastikspachtel machen. Man schiebt den Eiweißschaum vorsichtig in den Teig, indem man die Form langsam um ihre Achse dreht. Das Eiweiß soll so viel wie möglich von seiner Steife bewahren.

Die Form in die Mitte des Ofens setzen und die Temperatur auf knapp unter 200°C einstellen. Nach 25-30 Minuten muß das Soufflé hochgegangen sein und eine schöne braune Färbung bekommen haben. Innen ist es cremig, und es ist sehr wichtig, daß es in diesem Zustand sofort serviert wird. Weitere fünf Minuten im Ofen machen es zu sehr durchgebacken. Das Soufflé in diesem Fall herausnehmen und fünf Minuten ruhen lassen. Kontrollieren Sie mit einem spitzen Gegenstand (z.B. mit einer Stricknadel), ob es im Inneren trocken ist - wenn ja, ist es fertig. Es fällt nicht so schnell in sich zusammen wie im ersten Fall, dafür muß das Soufflé bei offener Luke ganz unten im Ofen stehen. Vor dem Servieren mit Puderzucker bestreuen.

Als eventuelle Sauce kann zu diesem Soufflé geschlagene Sahne mit etwas Kirsch- oder Fruchtlikör serviert werden. Es paßt auch eine milde, nicht zu saure Marmelade oder ein Fruchtkompott dazu.

Zubereitung von Vanille

Alternative 1: Die Stange aufschneiden und die kleinen Samen in der Flüssigkeit, die im jeweiligen Rezept vorgesehen ist, auskratzen. Dann auch die Stange einlegen und ca. 20 min. ziehen lassen. Nach einer Weile testen, ob in der Flüssigkeit bereits genügend Vanillearoma vorhanden ist, wenn nicht, weiter ziehen lassen. Ist man mit dem Geschmack zufrieden, wird die Vanille durchgeseiht.

Alternative 2: Zwei ganze Vanillestangen (ca. 15 g) mit 100 g Würfelzucker in einem Mixer zerstückeln. Die Mischung in einer dicht verschlossenen Glasdose über eine Wochen stehen lassen. Den Vanillezucker durch ein feines Sieb durchseihen, was ein intensiveres Aroma ergibt.

Man kann auch Zucker mit leichtem Vanillegeschmack erhalten, wenn einige Stangen Vanille in eine Dose mit Streuzucker gelegt werden; vorteilhaft ist es in diesem Fall, wenn die Stange nicht so schnell austrocknet.

Piment

Nelkenpfeffer, Neugewürz

Pimenta dioica

Als der spanische Eroberer Hernán Cortéz im November 1519 in der Hauptstadt der Azteken Tenochtitlán eintraf, spielte ihm König Montezuma gezwungenermaßen Gastfreundschaft vor. Bevor jedoch eine offene Konfrontation und späteres Blutvergießen eintraf, nahmen der aztekische Monarch und der spanische Abenteurer eine gemeinsame Mahlzeit ein. Die mexikanischen Forscher sind heute der Meinung, daß sich unter den Gerichten, mit denen Montezuma seinen Gast bewirtete, eines befand, das als geschmorte Pute in Chili- und Schokoladensauce beschrieben werden könnte: Dieses Gericht stellt eigentlich den Prototypen des heutigen mexikanischen Nationalgerichts Mole Poblano dar. Das Rezept dieses Gerichts von jenem verhängnisvollen Treffen ist uns natürlich nicht zugänglich; zu einem späterem Zeitpunkt tauchte es aber wieder auf, als die Nonnen des Klosters Santa Rosa in Puebla den damaligen mexikanischen Vizekönig bei einer Gelegenheit zu einem Essen einluden, wobei er gerade dieses stark gewürzte Gericht serviert bekam. Und nicht nur das: Sie lieferten auch ein Rezept dazu! Dieses Dokument hat bis in unsere Zeit überlebt.

Kein richtiger Pfeffer

Sicher ist jedenfalls, daß dieses Gericht in seinem aztekischen Original ein wichtiges Gewürz enthielt, das im internationalen Sprachgebrauch - u.a. im Deutschen und im Französischen - häufig die irreführende Bezeichnung Piment (die lateinische Gattungsbezeichnung ist *pimenta*) trägt und für zahlreiche Verwirrungen sorgt. Sowohl der lateinische als auch der deutsche Name sind in diesem Fall falsch, weil sie aus dem Spanischen *pimienta* abgeleitet sind, was einfach "Pfeffer" bedeutet. Im Französischen, der tonangebenden Sprache der Kochkunst, kann *piment* auch Früchte verschiedener Capsicumarten umfassen wie z.B. Chili, den die Spanier *pimiento* nennen, obwohl dieses Gewürz weder eine Pfeffer- noch eine Capsicumsorte ist. Wie ist es zu dieser Verwirrung gekommen?

Die Spanier und die Portugiesen suchten, wie bekannt, fieberhaft nach Gewürzländern. Als Kolumbus in Westindien ankam, wurde er mit einer Flora konfrontiert, die mit der ostindischen Pflanzenwelt wenig gemeinsam hatte. Gewiß fand man auch hier Gewürze, jedoch nicht die klassischen, bereits aus der Antike bekannten Sorten mit festgelegten Namen.

"Allgewürz"

Die Neue Welt hatte einiges an Gewürzen zu bieten - mild im Geschmack wie die Vanille oder scharf und bitter wie die Capsicumfrüchte. Bald entdeckte man dazu noch ein Gewürz, das geschmacksmäßig irgendwo dazwischen lag. Der Gewürznelke (mit der es nah verwandt ist), Zimt und Muskatnuß zugleich ähnlich, besaß es so ein reiches Aroma und einen so charakteristischen Geschmack, daß es vielseitig verwendet werden konnte. Kolumbus und die anderen Pioniere des neuen Kontinents konnten es sicherlich nicht übersehen haben, legten aber auf dieses

wissenschaftliche Bezeichnung:	Pimenta dioica
Pflanzenfamilie:	Myrtaceae , Myrtengewächse
Englisch:	allspice, Jamaica pepper
Französisch:	piment des anglais, poivre de Jamaïque
Italienisch:	pepe di Giamaica
Spanisch:	pimienta gorda
nutzbare Teile als Gewürz:	unreife Beeren
Herkunft:	Karibik und Zentralamerika
Anbauländer:	Honduras, Jamaika, Mexiko

PIMENTO. Off.
Myrtus Pimenta. Bot.
Nelkenpfeffer.

Gewürz offenbar keinen größeren Wert, denn sie suchten etwas anderes. Der erste, der die Existenz dieses Gewürzes im Jahre 1494 dokumentierte, war einer von Kolumbus' Begleitern auf der zweiten Reise, ein Arzt aus Sevilla namens Alvarez Chanca; aber auch er konnte damals die künftige großartige Karriere dieses Gewürzes nicht vorausahnen.

Erstaunliche Ähnlichkeit

Als die Spanier die Gewürze der Neuen Welt und die Arten ihrer Verwendung bei den einheimischen Völkern Amerikas kennenlernten, mußten sie diesen neuen Gewürzen Namen geben. Entweder assoziierte man ihren Geschmack mit den bereits bekannten Geschmäckern - so wurde Capsicum als *pimiento* bezeichnet - oder es spielte eine äußere Ähnlichkeit die entscheidende Rolle, wodurch ein Gewürz mit pfefferähnlichen Körnern *pimienta* heißen durfte. Dazu kam, daß verschiedene Namengeber oft unabhängig voneinander arbeiteten und über die Arbeit der anderen nicht genügend informiert waren. In den 70er Jahren des 16. Jahrhunderts stieß Francisco Hernandez, der bevollmächtigte Forscher von König Philip II. von Spanien, in der mexikanischen Provinz Tabasco auf eine Pflanze, der er den Namen *pimienta de Tabasco* gab; etwas später entdeckte einer seiner Kollegen dieselbe Pflanze in der benachbarten Provinz Chiapa, die nun den Namen *pimienta de Chiapa* trug. Beide waren jedoch nicht nur miteinander identisch, sondern auch mit der *pimienta de Jamaica*. Daß es sich in diesem Fall um dieselbe Pflanze handelte, entdeckte erst gegen Ende des 17. Jahrhunderts der britische Naturforscher John Ray, der u.a. diese Art in ihren lokalen Varianten im Buch *Historia plantarum* (1693) beschrieb. Er bezeichnete dieses Gewürz "sweet-scented Jamaica pepper" (süßer Jamaikapfeffer) oder "allspice" (Allgewürz), und gerade diese Benennung ist in mehrere europäische Sprachen eingegangen (vgl. fr. *toute-épice*; dän. und norw. *allehånde*).

Viele Verwendungsbereiche

Dieses Gewürz begann man erst zu Beginn des 17. Jahrhunderts nach Europa zu exportieren, wo es bis zum 19 . Jahrhundert stets größere Popularität gewann. Um das Jahr 1800 betrug der Export allein aus den britischen Kolonien Westindiens die imponierende Menge von über 1000 Tonnen Piment. Seitdem war die Nachfrage weniger stark, vor allem in der Küche, dafür entstanden aber neue Anwendungsbereiche für Piment u.a. in der Kosmetik- und Parfümindustrie sowie bei der Herstellung von gewissen Likörsorten. (Bénédictine und Chartreuse enthalten einen recht hohen Anteil von Pimentöl.) In den USA würzt man mit Piment vor allem Desserts, Aufläufe, Pickles, Fruchtkonserven und Saucen wie z.B. Ketchup; in Skandinavien wird Piment u.a. in einem Fleischtopfgericht namens *kalops* verwendet, in Deutschland in mehreren Wurstsorten. Die Franzosen sind an sich keine großen Nelkenpfefferverbraucher, geben aber dieses Gewürz Marinaden und bestimmten Füllungen bei.

Gern karibisch

Das Piment gewinnt man aus einer Baumsorte, die auf den Karibischen Inseln, in den südlichen Provinzen von Mexiko und in den Ländern Zentralamerikas beheimatet ist. Besonders reich an dieser Baumart ist Jamaika, von wo auch das Piment mit höchster Qualität stammt. Ohne Übertreibung kann man sagen, daß diese Insel mehr oder weniger das Weltmonopol über die Pimentproduktion besitzt. Das holländische Monopol in Ostindien brach seinerzeit zusammen, weil Samen herausgeschmuggelt und in anderen tropischen Regionen angebaut wurden. Dasselbe versuchte man auch mit dem Piment, jedoch vergeblich, da diese Pflanze in anderen Umgebungen, z.B. auf Ceylon, zwar wächst und gedeiht, zugleich aber entweder gar keine Beeren trägt oder von nur sehr schlechter Qualität ist.

Großer Baum

Der Pimentbaum ist recht groß und kann im Landesinneren bis zu 10 m hoch wachsen. Seine Rinde, die sich jährlich erneuert, ist weich und hellgrau, sein Stamm ist schlank und die Zweige wachsen erst hoch über der Erde. Die paarweise, mit den Oberflächen einander zugewandten Blätter sind dunkelgrün auf der oberen Seite und hellgrün auf der unteren, ca. 10 cm lang und lanzettförmig. Die Blätter enthalten dieselbe aromatische Substanz wie die Früchte, hauptsächlich Eugenol. Im Blattwerk der Zweigspitzen sitzen recht kleine, weiße, stark duftende Blüten in kleinen Büscheln. Seine Früchte sind erbsengroß, enthalten zwei nierenförmige Samen und werden im reifen Zustand purpurrot oder fast schwarz. In diesem Stadium haben sie ihr würziges Aroma bereits vollständig verloren, daher werden sie von Juli bis August noch grün geerntet. Die klassische Art des Erntens besteht darin, daß agile junge Männer in die Bäume klettern, die Zweige mit Hilfe eines Stocks zu sich ziehen, die Beerenbüschel abreißen und sie zunächst auf die Erde fallen lassen, wo sie von Frauen und Kindern aufgesammelt und in Körbe gelegt werden. Danach werden die Früchte getrocknet - früher tat man das in der Sonne, jetzt meistens in Öfen. Ein normaler Baum erbringt jährlich 30 - 40 kg getrocknete Beeren.

Fast ausgerottet

Vor 100 Jahren fiel die Nelkenpfefferproduktion auf Jamaika einer seltsamen Mode beinahe zum Opfer. Vor allem in England und in den USA war es sehr modern, Spazierstöcke aus Pimentholz zu besitzen; dasselbe Holz wurde auch bei Regenschirmfabrikanten sehr beliebt. Millionenfach fielen junge Pimentbäumchen dieser Mode zum Opfer. Ein Verbot gegen diese sicherlich gewinnbringende, jedoch kurzsichtige Marktstrategie und eine drohende Ausrottung von Jamaikas Wirtschaftsfaktor Nummer eins traf erst im Jahre 1882 ein. Daß die Nelkenpfefferplantagen überlebten, hatte man jedoch nicht diesem Gesetz, sondern der vergänglichen Mode zu verdanken. Sie kam glücklicherweise nie zurück.

Der Nelkenpfeffer kann bis zu 10 m hoch wachsen und 30 - 40 kg Pfeffer jährlich erbringen.

Paprika & Cayennepfeffer

Capsicum annuum, Capsicum frutescens

Einmal herrschte im 17. Jahrhundert ein türkischer Pascha namens Mehmet in Budapest. Eines Tages erblickte er eine wunderschöne ungarische Wasserträgerin, die er ohne größeres Zögern seinem Harem einverleibte. Der Harem besaß einen an verschiedenen exotischen Gewächsen reichen Garten; unter ihnen befand sich eine Ranke mit großen, schönen, roten Früchten, die die Türken zu einem Pulver zermahlten und damit sowohl ihr eigenes Essen als auch das der Haremdamen würzten. Die Neue fand, daß sie niemals etwas Schmackhafteres gegessen hatte und wollte heimlich etwas von den Fruchtsamen nach draußen schmuggeln.

Vor ihrem Erscheinen im Harem war die junge Frau schon mit einem Bauern verlobt gewesen, und ihre Liebe zu ihm war unverändert. Nach einiger Zeit gelang es ihr, einen geheimen Gang zu finden, den der Pascha für sich hatte anlegen lassen. Durch diesen Gang schlich sie sich dann eines nachts zu einem Treff mit ihrem Geliebten; vor ihrem Abschied legte sie noch einen Beutel mit den geschmuggelten Paprikasamen in seine Tasche. Kurze Zeit später blühte Paprika in allen Gärten in und um Budapest, und die Vorliebe der Ungarn für dieses Gewürz scheint seitdem nicht geringer geworden zu sein. Was bald nach dieser Geschichte geschah, wissen wir auch: Das österreichische Heer vertrieb die Türken aus Ungarn. Was von ihnen übriggeblieben war, ist ein neuer Favorit unter den Gewürzen, der sich in ganz Europa verbreitete.

Kommt nicht aus Ungarn!

Diese Geschichte mag natürlich erfunden sein, anzunehmen ist aber, daß Paprika höchstwahrscheinlich durch die Türken nach Europa kam, wenn auch auf eine weniger romantische Weise. Wie wir schon wissen, hieß der klassische schwarze Pfeffer auf Griechisch *péperi;* dieselbe Bezeichnung gaben die Griechen auch dem "spanischen Pfeffer", den sie im 16. Jahrhundert kennenlernten. Aus Griechenland breitete sich der Pfefferanbau bei den benachbarten Völkern im Norden aus, u.a. bei den Bulgaren und eben bei den

wissenschaftliche Bezeichnung:	Capsicum annuum
Pflanzenfamilie:	Solanaceae, Kartoffelgewächse
Englisch:	paprika
Französisch:	paprika
Italienisch:	peperone
Spanisch:	pimiento, pimentón
nutzbare Teile als Gewürz:	Beeren
Herkunft:	Zentral- und Südamerika
Anbauländer:	Bulgarien, Teile vom ehemaligen Jugoslawien, Marokko, Rumänien, Teile der ehemaligen Sowjetunion, Tschechien, Türkei, Ungarn, USA

wissenschaftliche Bezeichnung:	Capsicum frutescens
Pflanzenfamilie:	Solanaceae, Kartoffelgewächse
Englisch:	cayenne pepper, chili pepper
Französisch:	piment
Italienisch:	pepe di Caienna
Spanisch:	pimiento, chile
nutzbare Teile als Gewürz:	Beeren
Herkunft:	Zentral- und Südamerika
Anbauländer:	Äthiopien, Chile, China, Indien, Indonesien, Japan, Kenia, Malaysia, Mexiko, Nigeria, Sierra Leone, Thailand, Türkei, Uganda, USA

b
c
d
e
h
a
g
f

Türken. Nach der Eroberung Ungarns durch die Türken im Jahre 1541 erlaubten sie einer Anzahl bulgarischer Bauern mit Erfahrung beim Anbau von Paprika, sich in Ungarn niederzulassen. Von diesen Bauern erhielt Ungarn sein Nationalgewürz, dessen neuer Name *paprika* (Entlehnung aus dem Serbischen) die letzte Metamorphose des ursprünglich altindischen *pippali* darstellt.

Von Kolumbus übersehen

Der ungarische Paprika ist nur eine der vielen unterschiedlichen Erscheinungsformen der Mitglieder der Pflanzenfamilie Capsicum, die sich nach Kolumbus' Entdeckung an verschiedenen Orten der Welt entwickelt haben. Kolumbus selbst kümmerte sich bekanntlich nicht um die authentischen ostindischen Gewürze. Er war ja auf der Jagd nach richtigen Gewürzen - Pfeffer, Zimt und Muskat! Der erste Europäer, der sich für sie interessierte und sie auf der Rückfahrt nach Spanien untersuchte, war der Gelehrte Alvarez Chanca aus Sevilla. Von ihm erhielten die Spanier die erste Beschreibung des neuen Gewürzes, das bei den Indianern *agi* oder *aji* hieß (dieser Name ist heute noch in Peru gebräuchlich). Der bekannte italienische Gelehrte namens Petrus Martyr Anglerius, der am spanischen Hof seit 1487 u.a. als Chronist angestellt war, teilte im Jahre 1493 der gelehrten Welt mit, man habe aus dem neuentdeckten Land im Westen eine Pfeffersorte mitgebracht, deren Wirkung vielfach stärker ist als die des "kaukasischen" (d.h. indischen) Pfeffers.

Die Neuheit setzte sich als Gewürz nicht sofort durch, wurde aber in exklusiven Gärten wohlhabender Leute gern als Schmuckgewächs angepflanzt. (Dasselbe Schicksal traf übrigens anfänglich auch die Kartoffel.) Die Verwendungsmöglichkeiten der Paprikafrucht in der Küche entdeckte man erst nach einigen Jahrzehnten. Der Anbau von Paprika breitete sich dann schnell über die ganze Mittelmeerregion aus. Am Ende des 16. Jahrhunderts betrieb man Paprikaanbau sogar schon in der Tschechei und in Süddeutschland. Das Interesse für dieses Gewürz in Mitteleuropa nahm aber bald wieder ab und kehrte erst um die Mitte des 20. Jahrhunderts zurück, diesmal sowohl als Gemüse als auch als Gewürz.

Seine größten Erfolge konnte der Paprika in Richtung Osten verzeichnen. Durch die Europäer kam die Gattung Capsicum nach Indien, China und Südostasien, wo vor allem die schärfsten Sorten allgemeine Anerkennung fanden.

Paprikaanbau in Ungarn

Stark in Farbe und Geschmack

Es gibt ein Dutzend Arten der Gattung Capsicum, die zur Familie der Kartoffelgewächse gehören, unter deren Mitgliedern sich giftige Pflanzen wie z.B. Bilsenkraut und Belladonna befinden, aber auch Tomate und Tabak. In bezug auf die Gastronomie sind davon zwei Arten interessant. Paprika (Capsicum annuum) ist zunächst eine milde, frische Gemüseart mit großen, zuerst grünen, dann gelben oder roten Früchten, die wir u.a. für Salate, Fleisch- und Fischgerichte verwenden. Diese Pflanze ist einjährig, knapp 1 m hoch und eine unserer Gemüsesorten, die am reichsten an Vitamin C sind.

Eine Faustregel bei solchen Gewächsen lautet: Je intensiver die Farbe, desto stärker der Geschmack. Am mildesten ist dementsprechend der gelbliche Paprika. Besonders süß und aromatisch ist der gelbe Paprika, der sich deshalb zum Belegen von Brötchen zusammen mit Käse gut eignet. Vor grünen, unreifen Exemplaren soll man sich in acht nehmen, sie können unerträglich scharf sein. Der rote Paprika hat den reichsten Geschmack, doch auch in dieser Kategorie gibt es milde Sorten, z.B. der dunkelrote, platte "Tomatenpaprika", der recht spät im Herbst reift. In den kleinen Sorten sind die scharfen Substanzen konzentrierter vorhanden, weshalb diese im allgemeinen die schärfsten sind.

Geschmacksreiches Pulver

Das Paprikapulver, das wir zur Zubereitung von z.B. Gulasch verwenden, wird aus einer Sorte mit kleineren und etwas konischen, roten und glänzenden Früchten hergestellt. Der Geschmack kommt wie bei allen Capsicumarten von der bitteren Substanz Kapsaizin, die Farbe von den Substanzen Kapsaizin und Karotin; die letztgenannte Substanz enthalten auch Mohrrüben. Das Kapsaizin besitzt einen dermaßen durchdringenden, starken Geschmack, daß ein Gramm davon, aufgelöst in 10000 Litern Wasser, noch deutlich spürbar ist. Am mildesten ist der spanische, am schärfsten der ungarische Paprika.

Gewürzpaprika anzubauen ist arbeitsaufwendig. Zunächst müssen die Stecklinge eingepflanzt und später ausgesetzt werden. Früher hängte man die geernteten, reifen Früchte für mehrere Wochen zum Trocknen in die Sonne, heute geschieht dies industriell mit Warmluft.

Jeder weiß sicherlich, wie das Innere einer Paprikaschote aussieht: Die längsverlaufenden Trennwände sind mit den Samen übersät; je mehr davon mitgetrocknet wird, desto schärfer wird der Geschmack des Endprodukts. Nach den ungarischen Klassifikationskriterien darf die feinste Qualitätsklasse keine solcher Trennwände und eine minimale Menge Samen enthalten, von denen zudem das Kapsaizin entfernt wurde. (Diese milde Sorte ist die gewöhnlichste auf dem amerikanischen Markt.) Bedeutend schärfer im Geschmack ist der sogenannte Rosenpaprika, besonders beliebt in Deutschland und Skandinavien. Die Ungarn selbst essen am liebsten mittelscharfe Sorten.

Das schön anzusehende Paprikapulver kann in seiner Schärfe variieren. Je mehr Samen und Innensegmente mitgemahlen werden, desto schärfer der Geschmack.

Nach dem Braten hinzufügen

Wer in einem Gericht mehr Paprika haben will, muß mildere Sorten wählen. Zu beachten ist beim Zubereiten, daß das Paprikapulver nicht in zu warmes Fett kommt, sein Geschmack kann dadurch völlig zerstört werden. Zuerst also das Hühnchen oder das Steak braten, dann Paprika hinzufügen und bei Bedarf bei kleiner Wärme weiter braten lassen.

Der Gewürzpaprika wird heute außer in Ungarn in Spanien, Portugal, in den neuen Ländern vom ehemaligen Jugoslawien, in Bulgarien, Marokko und in Südkalifornien angebaut. Vor dem II. Weltkrieg wurde der Markt von Bulgarien und Ungarn beherrscht, während des Krieges blieben die Exporte nach Amerika aus, so daß sich dort eine eigene Produktion entwickelte. Paprika war in den USA schon damals ein modisches Gewürz.

Der feurige Cayennepfeffer

Schärfer als der Gemüse- und Gewürzpaprika ist das Gewächs Capsicum frutescens, aus dem solche starken Gewürze wie Cayennepfeffer, Tabasco und Chili hergestellt werden, dazu noch eine ganze Reihe indonesischer (z.B. *boemboes*) und chinesischer Chilisaucen und Pasten.

Capsicum frutescens ist ein hochgewachsenes (ca. 1,5 m), mehrjähriges Gewächs mit strauchartigem Stamm, seine Früchte sind klein, nur 2 - 4 cm lang. In den Ländern, wo sein brennendes Aroma Anerkennung findet, werden immer schärfere Sorten entwickelt. Die Rohware zum

Eine Auswahl von unendlich zahlreichen Paprikasorten.

Cayennepfeffer, dem gewöhnlichsten in unserer Küche, stammt trotz seines Namens nicht aus Cayenne im französischen Guyana, sondern aus China, Indien, Japan, Mexiko und USA wie auch aus vielen Ländern in Afrika. Manche der afrikanischen Sorten enthalten so viel Kapsaizin, daß sie beim Zubereiten sogar brennende Schmerzen in den Augen und Fingern verursachen können. (Wer aus Unwissenheit ein Stück tropisches Capsicum in den Mund genommen hat, der sollte das brennende Feuer nicht mit Wasser, sondern mit einer Portion Zucker löschen!) Der etwas mildere Rotpfeffer wird aus einer größeren Sorte vom Cayennepfeffer hergestellt, die recht viel im Süden der USA (Kalifornien) und in der Türkei angebaut wird.

Chilipulver

Chilipulver ist ein recht gängiges Gewürz in Ost und West geworden. Es handelt sich hier um eine relativ milde Gewürzmischung, die außer scharfen Capsicumfrüchten u.a. Oregano, Kümmel und Knoblauch enthalten kann. Ähnliche Mischungen, allerdings ganz aus einheimischen Gewächsen bestehend, verwendeten die Azteken in der Zeit vor den Kontakten mit den Europäern. Ihre Eßgewohnheiten wurden von ihren mexikanischen Nachkommen weitergetragen und sind später von den europäischen Eindringlingen teilweise übernommen worden. Mexikanische Gerichte mit *chili con carne* kann man heute so gut wie auf der ganzen Welt serviert bekommen.

Vielleicht ein merkwürdiges Detail: Das heute so populäre Chilipulver wurde nicht von den Mexikanern, sondern im Jahre 1835 von den englischen Siedlern in Texas erfunden. Auch das Barbecue ist ein alter Begriff mit seinen Wurzeln am Golf von Mexiko; die Saucen und die Gewürzmischungen, die dabei verwendet werden, sind ursprünglich ebenfalls zentralamerikanisch, und was sie alle miteinander vereint, sind die variierenden Mengen von Capsicum annuum und Capsicum frutescens, die sie enthalten.

Unendliche Vielfalt

Neben den oben beschriebenen, viel angebauten Sorten dieser Gewürze, gibt es noch unzählige wenig bekannte Arten, deren Verwendung beschränkt ist. Capsicum chilense z.B. wächst nicht in Chile, wie der Name vermuten läßt, sondern wird in der Karibik, in Zentralamerika und im nördlichen Teil von Südamerika angebaut. Der Roquetopfeffer (Capsicum pendulum oder Capsicum baccatum) ist in Bolivien, Ecuador und Peru sehr beliebt; Capsicum pubescens - durch seine etwas haarige Schote auffällig - stammt aus den Anden und dem Hochland Südamerikas. Außerdem gibt es einige Capsicumarten, die wie Kirschen oder wie kleine Tomaten aussehen, den Unterschied merkt man erst, wenn man zubeißt! Eine Unterart von Cayennepfeffer mit kleinen Früchten nennt man dort "Vogelchili"; nach dem Trocknen in der Sonne schrumpfen sie stark zusammen.

Ein Sortiment verschiedener Paprikasorten.

Gewürze ohne Grenzen

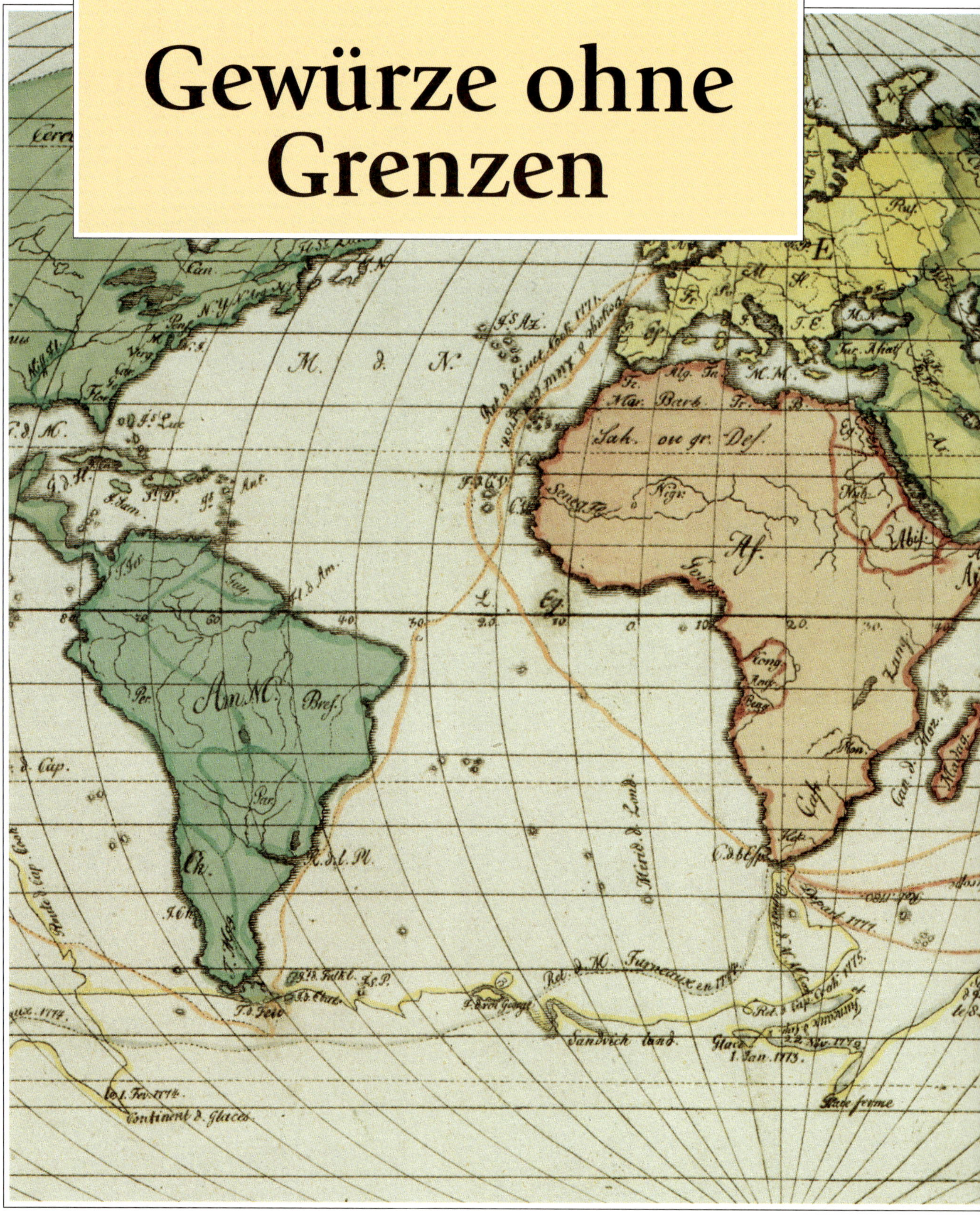

Zucker und Salz

Unser Geschmackssinn ist eigentlich recht primitiv. Die Zunge besitzt nur vier Typen von Geschmacksknospen, und diese reagieren lediglich auf die vier Grundgeschmäcker: süß, sauer, salzig und bitter. Alle übrigen Geschmacksregister kommen jedoch erst mit Hilfe des Geruchsinns zustande, und nur die Kombination dieser beiden gibt uns die Möglichkeit, das Aroma bestimmter Substanzen, u.a. von Gewürzen, relativ voll wahrzunehmen. Es sei nur daran erinnert, wie fade und langweilig auch ein reichlich gewürztes Essen bei einer Erkältung schmeckt.

Die genannten vier Grundtypen des Geschmacks teilen wir übrigens mit den meisten Tierarten, sogar mit den Insekten. Im Vergleich mit dem Geschmacksorgan eines Schmetterlings fällt unseres aber sehr primitiv aus. Ein Schmetterling kann z.B. die Süße in einer Flüssigkeit mit zweihundertfacher Verdünnung wahrnehmen - dieser Verdünnungsgrad liegt vollkommen außerhalb unseres Vermögens, den Zuckergeschmack zu empfinden.

Die zwei Grundgeschmäcker, die wir im folgenden behandeln werden - süß und salzig -, begleiten viele natürliche Nahrungsmittel. Der Mensch begnügte sich aber schon in sehr alten Zeiten nicht mehr mit den natürlichen Mengen dieser Stoffe in seiner Nahrung, sondern wollte etwas Extrageschmack haben, daher können auch Zucker und Salz zu Gewürzen gerechnet werden. Die Verwendung von Gewürzen war - kulturhistorisch gesehen - ein Zeichen dafür, daß der Mensch seinem Essen eine zusätzliche, grundlegende Dimension hinzufügen wollte.

Zuckerrohr & Zuckerrübe

Saccharum officinarum, Beta vulgaris

Das Verlangen nach Süße gehört vielleicht zu den recht differenzierten Bedürfnissen, die sich beim Mensch einstellten, bevor er sich zu einem Menschen im wissenschaftlichen Sinne entwickelte. Es gibt auch heute Affenrassen, die sehr erfolgreich süße Pflanzen ausfindig machen und ihrer alltäglichen Kost damit einen goldenen Schliff verleihen.

Honig, das älteste Süßmittel

Wendet man sich der historisch dokumentierten Zeit zu, wird deutlich, daß die Menschen ihre erste Erfahrung mit dem Süßen von Essen und Getränken den fleißigen Einsätzen der Bienen zu verdanken hatten. Eine sehr lange Periode begnügte sich der Mensch mit dem Sammeln des Honigs von wilden Bienen, davon zeugen die paläolithischen Höhlenmalereien aus Spanien wie die neolithische Kunst aus Indien. Wilde Bienen spielten bereits in vielen der ältesten bekannten Gesetzbücher verschiedener Kulturen eine Rolle, wo geregelt wurde, wer z.B. auf Bäume mit Bienennestern gesetzlich einen Anspruch hatte: der Waldbesitzer oder derjenige, der das Nest entdeckt hatte.

Solche Regeln waren später weniger bedeutsam, als die Menschen die wilden Bienen zähmen und sie in Bienenstöcken halten konnten. Noch lange Zeit danach war man aber ständig auf neue Bienenvölker angewiesen, da es Sitte war, im Spätsommer die Bienenstöcke auszuräuchern, um den Zugang zu Honig und Wachs zu ermöglichen. Wachs war im Mittelalter eine begehrte Handelsware, nicht zuletzt aufgrund des hohen Verbrauchs an Wachskerzen in den Kirchen, insbesondere im orthodoxen Christentum.

Bienenzucht und eine nicht unbedeutende Konsumtion von Honig konnten eine Reihe Kulturen in vorhistorischer Zeit aufweisen; Honig wurde zum Essen und Trinken sowie als Medizin verwendet. Er diente außerdem häufig als Symbol für den Reichtum eines Landes oder eines

wissenschaftliche Bezeichnung:	Saccharum officinarum
Pflanzenfamilie:	Gramineae, Gras (Poaceae)
Englisch:	sugar-cane
Französisch:	canne à sucre
Italienisch:	canna da zucchero
Spanisch:	caña de azucar
nutzbare Teile als Gewürz:	Mark der Stengel
Herkunft:	Indien
Anbauländer:	Ägypten, Argentinien, Australien, Brasilien, China, Dominikanische Republik, Philippinen, Indien, Indonesien, Kolumbien, Kuba, Mexiko, Pakistan, Südafrika, Thailand, USA

wissenschaftliche Bezeichnung:	Beta vulgaris
Pflanzenfamilie:	Chenopodiaceae, Kulturform der Speiserübe
Englisch:	sugar-beet
Französisch:	betterave sucrière (a sucre)
Italienisch:	barbabietola da zucchero
Spanisch:	remolacha
nutzbare Teile als Gewürz:	Rübenkörper
Herkunft:	Europa
Anbauländer:	China, Deutschland, Frankreich, Großbritannien, Italien, Polen, Spanien, Türkei, USA

Beta vulgaris. L.
SACCHARUM off. Saccharum officinale. Bot. Das Zuckerrohr

Honig war sehr lange Zeit das wichtigste Süßmittel. Man war allerdings auf die wilden Bienen angewiesen, weil sie von den Honigsammlern jedesmal zu Tode geräuchert werden mußten, um an den Honig heranzukommen.

Individuums - das bestätigen nicht nur die sehr alten literarischen Quellen wie Homers Epen oder die Bibel, sondern besonders auch die Sagen nordeuropäischer Völker, wie das Kalevala der Finnen bzw. Kalevipoeg der Esten -, wo sich die Dichter im Honig manchmal förmlich wälzen.

Der göttliche Met

In sehr lange zurückliegenden, vorhistorischen Zeiten entdeckten viele Völker jene Freude für die Sinne, die das gegorene Honigwasser bereitete, ein Getränk, das unter dem Namen "Met" bekannt ist. Da dieses Wort in abgeleiteten Formen in mehr oder weniger allen europäischen Sprachen enthalten ist, kann davon ausgegangen werden, daß der Met das älteste Rauschgetränk für die Träger dieser Sprachen war. Auch die Sprachen von den nicht indoeuropäischen Nachbarn - den Finnen, Ungarn oder Mordwinen - enthalten Bezeichnungen für Honig und Honiggetränke, die mit "Met" eng verwand sind.

Die berauschende Wirkung des Mets (wie auch anderer alkoholischer Getränke) assoziierte der Mensch mit einer göttlichen Wirkung.

Konservierungsmittel

Zu den frühen Erkenntnissen gehörte auch jene, daß sich Nahrungsmittel in Honig gut konservieren lassen, und nicht nur Früchte, sondern auch Fleisch - dies tat u.a. ein Indianervolk in Nordamerika. Von da ab war der Schritt zum Balsamierungsmittel Honig getan. Mehrere griechische Schriftsteller berichteten über die Balsamierungsverfahren der Ägypter, die beim Präparieren von Leichen einfacher Leute Honig als Ersatz für teure Konservierungsmittel verwendeten, die man zum richtigen Balsamieren brauchte. Wenn die alten Herrscher bei ihren Kriegszügen durch fremde Länder im Kampf fielen, brachte man sie in Honigsarkophagen zur Bestattung nach Hause. Über dieses Verfahren berichtete auch der Chronist Statios im Bezug auf die sterbliche Hülle von Alexander dem Großen. Nach unbestätigten Quellen wurde der heilige Petrus nach seiner Hinrichtung in Rom ebenfalls in einen mit attischem Honig gefüllten Sarkophag gelegt.

Zum Süßen kam man auch auf anderen Wegen. In den Ländern Mesopotamiens - in Assyrien und Babylon - war der Sirup, den man aus Datteln preßte und Dattelhonig nannte, viel verbreiteter als der Bienenhonig. Es gibt Dattelsorten, die über 50% Zucker enthalten, so daß sie in den Gegenden, wo Datteln wachsen können, keine unerwartete Bezugsquelle waren.

Zuckerrohr kommt aus Indien

In den indischen Regionen Bengalen und Assam richtete die Natur selbst eine Art riesiges Treibhaus ein, weil die wasserhaltigen Monsunwinde aus dem Indischen Ozean für die höchsten Niederschläge auf unserem Planeten sorgen. Das Regenwasser strömt aus den Bergen hinunter in die Küstengebiete durch große und kleine Flüsse, und die Durchschnittstemperaturen sind das ganze Jahr über recht hoch. Die Höhenunterschiede über dem Meeresspiegel schaffen reiche, variierende Bedingungen für Flora und Fauna, die hier wohl zu den reichsten der Erde gehören. Neben den vielen bekannten Gewürzgewächsen brachte diese Region das durstige Zuckerrohr hervor, eine Grasart, die in ihrer ursprünglichen Heimat nicht mehr als 5% Zucker in ihrem Saft enthielt, in veredelter Form aber und bei mäßiger Feuchtigkeit in ihren bambusähnlichen Stengeln einen viel höheren Zuckergehalt entwickeln kann. Es ist heute nicht möglich zu sagen, welche der zahlreichen Arten der Familie Saccharum die

Das Zuckerrohr kann bis zu 6 m hoch werden.

Stammutter der Kulturpflanze Saccharum officinarum war. Als die Europäer die Inseln Südostasiens und des Stillen Ozeans für sich entdeckten, war der Zuckerrohranbau zwischen Bengalen und den Osterinseln bereits vorhanden, zugleich konnten sie keine wildwachsenden Arten dieser Pflanze feststellen. Das Zuckerrohr begleitete offenbar die wandernden Völker Südostasiens und Polynesiens auf ihrer Migration durch die Inselgruppen des Stillen Ozeans.

Zuckerrohrsaft und seine Verwandlungen

Die Bedeutung der Bezeichnung "Zucker" bereitet einige Schwierigkeiten, da dieses Wort ursprünglich für den Zuckerrohrsirup benutzt wurde (altind.: *sárkara*). Den Zuckersaft kochte man zum Sirup auf, um seine Haltbarkeit als Handelsware zu erhöhen. Der Zuckersaft gehörte in Indien auch dort, wo das Zuckerrohr nicht wuchs, zu den gebräuchlichen Heilmitteln und wurde gegen verschiedene Krankheiten von Lepra bis Gallensteine eingesetzt.

Es kann davon ausgegangen werden, daß die Inder um die Mitte des 1. Jahrtausends v. Chr. darauf gekommen waren, aus dem Sirup Zuckerkristalle herzustellen, die transportabler waren. Das neue Produkt hieß *kanda* (vgl. *kandieren*). Nach dem Kochen erstarrte der abgekühlte Saft in den Behältern und es bildeten sich kristallisierte

Verschiedene Erscheinungsformen von Zucker. Von links nach rechts: Fruchtzucker, Rübenzucker in Pulverform, Kandiszucker, unraffinierte Melasse, Rohrzuckerstücke, Rübenperlzucker, Honig, Streuzucker aus Zuckerrohr, Rübenzucker in Stücken, Sirup (aus Zuckerrüben), Streuzucker (aus Zuckerrüben).

Klumpen, die aus dem Sirup herausgenommen und in Stoff eingewickelt wurden; danach wurde noch mehr Sirup herausgedrückt. So entstanden für den Handel geeignete Zuckerhüte.

Das Zuckerrohr eignete sich ziemlich überall zum Anbau in den südasiatischen Regionen und in einigen Gegenden um das Mittelmeer. Im folgenden werden wir seine Spuren in der Welt verfolgen.

Zuckerrohr auf Wanderung

Spätestens im 4. Jahrhundert war die Herstellungstechnologie von Zucker so gut wie in ganz Indien gut bekannt. Aus Indien gelangte sie weiter nach Persien und China, wo dieses Gewächs auch angebaut wurde. In Südchina war im 5. Jahrhundert der Anbau von Zuckerrohr schon allgemein verbreitet, eine Zuckerproduktion ist jedoch erst 200 Jahre später nachzuweisen. Im 5. Jahrhundert betrieb man Zuckerrohranbau auch westlich vom Fluß Indus, um die Stadt Gondischapur herum, die eine alte Königsresidenz und Bildungsmetropole mit guten Handelsbeziehungen war.

Die Perser begannen im 5. Jahrhundert nicht nur mit dem Anbau von Zuckerrohr, sondern auch mit der Herstellung von Zucker. Sie waren übrigens für die bekannte konische Form des Zuckerhuts verantwortlich, weil sie beim Kochen von Sirup die entsprechend geformten Tongefäße benutzten. Der nicht kristallisierte Sirup konnte durch eine Öffnung im Boden des Gefäßes abfließen; der Rest wurde durch Eigengewicht zusammengepreßt, und zurück blieb der klassisch geformte Zuckerhut. (Nach unbestätigten Quellen erfanden die Perser auch die Raffinade. Dazu wurde der Zucker mehrmals erneut aufgekocht und gefiltert, um ihn von Unreinheiten zu befreien.)

Die Araber kommen auf den Zuckergeschmack

Die Bekanntschaft der Araber mit dem Zucker war für seine weitere Verbreitung im Abendland von entscheidender Bedeutung. Als die Araber im 7. Jahrhundert unter dem Kalifen Omar Mesopotamien eroberten, richteten sie ihre Hauptstadt in Damaskus ein und verlegten sie später im Jahre 762 nach Bagdad, womit sie sich nun im Zentrum der damaligen Zuckerproduktion befanden. Mit ihnen breitete sich die Konsumtion dieses beliebten Produkts auf das gesamte riesige Reich aus, das sie geschaffen hatten - von Persien bis zum Atlantischen Ozean. Jetzt betrieb man den Zuckerrohranbau überall in den arabischen Kalifaten, insbesondere in Ägypten mit seinem seit der Antike hochspezialisierten chemisch-technischen Wissen. Die Raffinationstechnologie wurde hier so erfolgreich modernisiert, daß der ägyptische Zucker die beste Qualität besaß. Nach den neuen Technologien wurde der Zucker mit Hilfe chemischer Substanzen gereinigt; diese Technologie erreichte bald auch Persien, China und Indien.

Die Vorliebe der Araber für Zucker (arab.: *qandi*) schien keine Grenzen zu kennen. Man erzählte sich von vornehmen Herrschaften, die beinahe nur noch Zucker konsumierten. Im Jahre 1040 feierte der Hof der Sultans von Kairo das Ende des Ramadan mit 73 Tonnen Zucker! Die Gemächer waren außerdem mit ganzen Wäldern von Zuckerrohr geschmückt. Zur Hochzeitsfeier des Kalifen al-Muqtadi Billah im Jahre 1087 wurden ganze 60000 kg Zucker bestellt!

Über Afrika nach Europa

Mit den Arabern gelang der Zucker nach Nordafrika und dann bis nach Spanien; zum Wendepunkt der Zuckerverbreitung wurde jedoch erst die arabische Eroberung Siziliens im 9. Jahrhundert. Sowohl in Spanien als auch auf Sizilien betrieben die Araber intensiven Anbau von Zuckerrohr. Durch die Sizilianer lernten allmählich die Italiener des Festlandes den Zucker und die Technologie seiner Herstellung kennen.

Gerüchte über Zucker gab es allerdings in Europa schon vorher: Bereits Plinius und Seneca berichteten über eine merkwürdige indische Pflanze, aus der man Honig pressen konnte, es dauerte aber noch viele Jahrhunderte, bis der Zucker in Europa zu einer Handelsware werden konnte. Der richtige Durchbruch kam für den Zucker erst durch die Kreuzzüge und die normannische Eroberung von Sizilien im Jahre 1072. Im Laufe der Kreuzzüge kam die europäische Aristokratie mit der gastronomischen Kultur des Ostens in Berührung, darunter mit der Verwendung von gesüßten Nahrungsmitteln. Mit der Eroberung Siziliens gelangte zum ersten Mal die Zuckerproduktion in die Hände der Europäer. Genua und Venedig waren dann die ersten Handelsmächte, die für die Distribution der neuen Ware in Europa verantwortlich waren.

Zucker und Sklaven

Bereits 15 Jahre nach der Entdeckung Amerikas brachten die Spanier das Zuckerrohr dorthin, und damit wurde eines der dunkelsten Kapitel in der Geschichte dieser Pflanze eröffnet. Die Plantagen auf den großen Inseln Westindiens verlangten viele Arbeitskräfte. Der Nachschub an Sklaven aus den Indianerstämmen nahm ab, weil diese nicht zuletzt in den spanischen Goldgruben wie die Fliegen starben. Es war die Zeit, wo der Sklavenimport über den Atlantik einsetzte - und damit Afrikas Elend. Die größte Insel mit

Zuckerplantage im 17. Jahrhundert. Die geernteten Zuckerrohre werden zur Presse gebracht.

Zuckeranbau war Hispaniola (Española), die sich heute die Dominikanische Republik und Haïti teilen. Ende des 17. Jahrhunderts ging die Insel in französische Hände über und produzierte das ganze 18. Jahrhundert die Hälfte der europäischen Jahreskonsumtion an Zucker - zum Trost der französischen Krone, die zu derselben Zeit große Landverluste in den nordamerikanischen Kolonien bitter hinnehmen mußte, als ganz Kanada und die Hälfte der heutigen USA für sie verloren gingen. Nach dem Pariser Friedensvertrag von 1763 behielt jedoch Frankreich die Hoheit über die Zuckerinseln in der Karibik.

Einige Jahrzehnte später war aber auch Frankreichs Zuckermonopol zu Ende, teilweise wegen der Sklavenrevolten auf Hispaniola im Jahre 1791, infolgedessen die gesamte französische Bevölkerung der Insel getötet und die Produktion von Zucker ganz eingestellt wurde, aber auch weil die Revolution in Frankreich und die darauffolgenden Kriege die Verbindungen nach Amerika völlig abgeschnitten hatten.

Rübenzucker wird billiger

Der Zusammenbruch der französischen Vorherrschaft auf dem Zuckermarkt bereitete den Briten große Genugtuung. Zum neuen Knotenpunkt des Handels mit Zucker wurde jetzt Liverpool. Eine kurze Zeit versuchte Napoleon ohne besonderen Erfolg, den britischen Import in Europa zu stören, dann war es auch damit zu Ende. Zugleich entdeckten die deutschen Chemiker am Ende des 18. Jahrhunderts die Möglichkeit, Zucker aus einheimischen Rübensorten zu gewinnen. Auf Napoleons Anweisung entstanden bald Fabriken zur Herstellung von Rübenzucker, als endgültig klar war, daß der Nachschub an karibischem Rohrzucker infolge der Kontinentalsperre von 1806 zunächst ausbleiben würde. Erst nach seinem Fall kehrte der echte Zucker zurück, der billigere Rübenzucker verblieb jedoch parallel dazu eine preiswerte Alternative. Die Zuckerrübe enthält heute in veredelter Version 15 - 20% Zucker. Als ihr Zuckergehalt im Jahre 1747 erstmals gemessen wurde, betrug er lediglich 1,5%.

Die Wirtschaft mehrerer Länder der Erde ist heute von der Zuckerproduktion abhängig, dazu gehören in erster Linie Kuba und Mauritius und auch die Philippinen.

Der Zuckeranbau

Das Zuckerrohr ist ein Gewächs aus der Gewächsfamilie Saccharum officinarum, eine hochwachsende Grassorte, die im tropischen und subtropischen Klima zu Hause ist. Das Mark der Stengel enthält bis zu 20% Zucker. Eingepflanzt werden Stücke des Stengels, woraus bald Sprosse schießen, die bis sechs Meter hoch wachsen können und fünf Zentimeter dick werden. Nach der Ernte schießen sie sofort wieder hoch, so daß sich die Ernteerträge auf mehrere Jahre hintereinander erstrecken. Die Nutzung des Zuckerrohrs erstreckt sich zumeist auf insgesamt drei Jahre.

In den Zuckerfabriken wird der Zucker durch Auspressen und Eindicken des Saftes gewonnen. Eine Tonne Zuckerrohr ergibt im allgemeinen um 125 kg Zucker, die Verwandlung in Streu- und Würfelzucker geschieht meistens in den Verbraucherländern.

Salz

Natriumchlorid

Nach altnordischer Mythologie entstand in der grauen Zeit des Weltanfangs aus Ginnungagap, der großen Leere, die Urkuh Audhumla, aus deren Euter vier Milchströme flossen. Die Kuh leckte an einem Salzstein, und daraus kam am ersten Tag ein Kopf zum Vorschein; am zweiten Tag der Rumpf, und am dritten trat ein Mensch aus dem Salz. Sein Name war Bure, und er wurde Großvater von Odin (Wotan), dem Gotteskönig der Germanen.

Die Verknüpfung der heiligen Kuh mit dem Salz gehört zu den gemeinsamen Merkmalen der germanischen und der vedischen Mythologie und der in Indien beheimateten Kultur der Arier, die auf ihren gemeinsamen indoeuropäischen Ursprung vor vielen Jahrtausenden schließen läßt. Der mythische Zusammenhang von Weltschöpfung und Salz zeigt auch, wie stark diese Substanz sowohl mit göttlicher Ordnung als auch mit den Anfängen der Nahrungsgeschichte verknüpft war.

Götter und Salz

Bereits 1000 Jahre vor dem Niederschreiben dieser Mythen auf Island berichtete Tacitus über die Germanen, die glaubten, die Götter seien besonders empfindlich für Ansprachen, wenn diese in Salzgruben vorgetragen wurden. Nach den germanischen Vorstellungen wurde Salz von der Natur durch die Verschmelzung zweier entgegengesetzter Elemente geschaffen, Feuer und Wasser. Diese Verehrung von Salz teilten die Germanen mit anderen Völkern. Salzgötter und -göttinnen finden wir ebenfalls bei den Pueblovölkern im Südwesten der USA, und in Babylon galt Salz als eine göttliche Delikatesse, die auf dem Tisch niemals fehlen durfte. Auf Madagaskar benutzt man dasselbe Wort für "Salz" und "Heiligkeit". Die markante Rolle des Salzes in verschiedenen Mythologien spiegelt offenbar seine zentrale Stellung im menschlichen Dasein wieder, weil Salz die wichtigste und älteste Würzung aller Zeiten darstellt.

Ist Salz ein Gewürz?

Natürlich ist Salz ein Mineral und daher kein Gewürz aus botanischer Sicht, weil seine Wirkung durch eine unkomplizierte anorganische Substanz, dem Natriumchlorid, zustande kommt. Funktional betrachtet würde jedoch niemand bestreiten, daß auch Salz bei der Zubereitung von Nahrungsmitteln ähnliche Aufgaben zu erfüllen hat wie die Gewürze. Als Träger der abendländischen Kulturtradition sind wir gewöhnt, daß der Salzgeschmack zu den meisten Gerichten gehört. Ohne Salz empfinden wir unser Essen als fahl und unappetitlich.

Unsere Körper enthalten Salz nicht nur in Aussonderungen wie Schweiß und Tränen, sondern auch im Muskelgewebe und in den Flüssigkeiten des Körpers, der einen ständigen Salzzuschuß braucht. Der täglich notwendige Bedarf an Salz beträgt ca. 5 - 8 g, er steigt aber beträchtlich bei höheren Temperaturen und/oder schwerer körperlicher

wissenschaftliche Bezeichnung:	Natriumchlorid
Herkunft: Das Meerwasser ist die ursprüngliche Quelle aller Salzvorkommen der Erde. Es gibt zwei Hauptarten von Salz: das unraffinierte und das raffinierte Salz. Das unraffinierte Salz ist das Stein, Meer- und Seesalz. Das Steinsalz wird in Salzgruben abgebaut. Meersalz wird durch Wasserverdunstung in Salinen gewonnen. Der Ursprung des raffinierten Salzes ist das Steinsalz. Nach Veredelung durch chemische Prozesse wird es Vakuumsalz genannt. Es ist die reinste Form des Salzes.	
Englisch:	salt
Französisch:	sel
Italienisch:	sale, salato, salare
Spanisch:	sal
Anbauländer:	Meersalz: Brasilien, Ägypten, Frankreich, Indien, Italien, China, Spanien, Tunesien, Türkei, USA.
Steinsalz:	Dänemark, England, Polen, ehemalige Sowjetunion, Deutschland, USA

Salz kann verschiedene Gestalten annehmen, auch wenn alles Salz im Prinzip aus dem Meer kommt. Hier sehen wir das unbearbeitete Meersalz, feines und grobes Steinsalz sowie zwei Salzkristalle.

Belastung. Die Empfehlungen an die Haushalte in der Antike beinhalteten eine tägliche Portion Salz von 20 g für die Sklaven - das wäre eine aus wirtschaftlicher und physiologischer Sicht überhöhte Dosis, wenn man die schwere körperliche Arbeit der Sklaven nicht berücksichtigt. Die Menschen von heute, die lediglich beim Joggen, in der Sauna oder am Strand schwitzen, verbrauchen jedoch trotz der empfohlenen 5 g bedeutend mehr Salz, als eigentlich gut für sie ist: Die Ursache dafür sind unsere überlieferten Eßtraditionen.

Die Kunst des Konservierens

Dies hängt wieder damit zusammen, daß Salz in verschiedenen Kulturen und Epochen die einfachste und preiswerteste Art des Konservierens gewesen ist. Besonders in der vorindustriellen Gesellschaft war es notwendig, einige grundlegende Lebensmittel innerhalb einer Familienwirtschaft zu konservieren. Unsere Technologien machen heute das nur periodische Nahrungsangebot entbehrlich. Es ist uns nicht mehr bewußt, daß viele von den guten Geschmäckern, an die wir uns z.B. beim Käse gewöhnt haben, früher eine Notwendigkeit und kein Luxus darstellten, um den Nachschub an entsprechenden Nahrungsmitteln auch außerhalb der Ernteperioden zu sichern.

Milch im Winter

In alten Zeiten war die Milch für den Nordeuropäer nur im Sommer erhältlich, da die Kühe zur Winterzeit keine Milch produzieren konnten und gegen die Kälte in Scheunen geschützt werden mußten. Das Milchfett wurde deshalb zu Butter umgewandelt und ihre Proteine zu Käse, wobei beide wegen der Haltbarkeit reichlich gesalzen wurden. In Südeuropa, wo die Kühe das ganze Jahr über weiden und kontinuierlich Milch liefern konnten, etablierte sich statt Butter das Olivenöl als das Speisefett der Süd- und Südwesteuropäer.

Fisch- und Fleischkonservierung

Fische wie Lachs und Hering angelte man, ehe sie zum Laichen flußaufwärts schwammen oder sich im Küstenbereich aufhielten. Während dieser Perioden konnte man sich solide Vorräte an Fisch zulegen, die jedoch ohne Konservierung verrottet wären. Dazu wurde Salz - eventuell in Kombination mit anderen alten Konservierungsverfahren wie Einlegen und Trocknen - benutzt. Auf diese Weise entstanden die vielen für Nordeuropa so typischen Grundnahrungsmittel wie z.B. Salzhering, Matjeshering und Stockfisch. Im Mittelalter wurden solche Nahrungsmittel in großen Mengen in den Süden exportiert, wo insbesondere in den bevölkerungsreichen katholischen Ländern ein Bedarf an fettarmen Nahrungsmitteln zur Fastenzeit bestand.

Schweine- und Gänsefleisch gehörte zu den gefragten Nahrungsmitteln mit hohem Fettgehalt. Am Ende des Sommers und im Frühherbst erreichte das Fleisch dieser Tiere ihren optimalen Fettgehalt. Im Herbst entstanden Berge von nahrungsreichem Fleisch, das für die kommende Winterperiode bis zum nächsten Herbst für ein ganzes Bauerngeschlecht ausreichen mußte. Die einzige damals verfügbare Konservierungsmethode war das Salzen, die in allen Ländern nördlich der Pyrenäen und Alpen gebräuchlich war.

Salzhandel

Die Herstellung und der Handel mit Salz war seit mindestens einem Jahrtausend eine Quelle des Reichtums und der Beschäftigung, aber auch vieler kriegerischer Auseinandersetzungen und Konkurrenz zwischen Handelsorganisationen. Ohne Übertreibung kann die wirtschaftliche und allgemeine politische Bedeutung von Salz für das 15. und 16. Jahrhundert mit der von Erdöl in unseren Tagen verglichen werden. Die tägliche Konsumtion von Salz in den salzkonsumierenden Ländern betrug im 16. Jahrhundert bis zu 40 g per Person, im 18. Jahrhundert sogar 70 g - ein Volumen, das die Bevölkerung dieser Länder hätte um die Hälfte reduzieren können, wenn alles Salz durch den Magen gegangen wäre. Ein Teil dieser Tageskonsumtion wurde in Wirklichkeit mit der verbrauchten Salzlake ausgegossen, ehe die Fleisch- und Fischtonnen erneut mit diesen Produkten gefüllt wurden. Ein Teil davon ging außerdem zum Gerben oder fand in der Tierhaltung seine Anwendung. Nichtsdestoweniger war das allgegenwärtige Salzen gesundheitsschädigend und übrigens eine Ursache für die immense Bierkonsumtion, wodurch die Salzüberschüsse aus den Nieren herausgespült werden konnten.

Im Salzkammergut, da kann man gut...

Diese Zeile aus dem "Weißen Rössel" bezieht sich gewiß nicht nur auf die guten alten Zeiten Kaiser Franz Josefs, sondern könnte ebenfalls für die Volksfeiern in derselben Region vor ca. 2600 Jahren gelten, als man dort im Salzkammergut einen mindestens 3,5 km langen Salzbergbau betrieb, der einer der größten in Europa war. Das Salz war bereits in der jüngeren Bronzezeit eine wichtige Handelsware und Quelle großer Reichtümer. Die Salzvorkommen in den Alpen gehörten zu den wichtigen Voraussetzungen für die Entstehung von Europas frühester Eisenkultur, die ihrerseits zur Triebkraft der keltischen Expansion nach Süd- und Westeuropa wurde. Im

Steinsalzabbau

letzten Jahrtausend v. Chr. waren Salz, Bronze und Eisen die drei unschlagbaren Handelsobjekte, womit die frühen Hallstatt- und Latènekulturen ein weitverzweigtes Netz von Handelsbeziehungen schufen, die erst später durch die römischen Eroberungszüge aufgehalten wurden. Es gibt mehrere Hypothesen dafür, warum das keltische Eisenzeitalter einen so großen Salzbedarf hatte. Nach einer Hypothese befanden sich die Kelten in einer Übergangsphase von der animalischen Ernährung mit ihrem reichlichen Eigensalzgehalt zu mehr pflanzlicher Nahrung wie Getreide, vor allem Brot - eine Nahrung, die Zuschuß von Salz braucht. Auch die Nahrung in Nomaden- und Tierhalterkulturen, deren Träger viel Milch tranken, enthielt den notwendigen Salzbedarf: Die Kuhmilch kann bis zu dreimal mehr Salz enthalten als die Frauenmilch. Andere Fachleute weisen auf klimatische Veränderungen am Ende der Bronzezeit hin, die dazu führten, daß man größtenteils in Europa gezwungen war, das Vieh zum Überwintern unters Dach bringen zu müssen, wodurch auch der oben skizzierte zyklische Charakter des Schlachtens und der Konsumtion von tierischen Produkten entstand.

Zentraleuropa besitzt reiche Salzvorkommen, und nicht nur in der Alpenregion. Die althochdeutsche Bezeichnung *halla* stand im Zusammenhang mit dem Bergbau; man braucht die Karte Deutschlands nicht lange zu studieren, um die zahlreichen geographischen Namen dieses Typs festzustellen: Bad Hall, Halle an der Saale usw. sind nur einige davon. Europas bemerkenswerteste Salzgrube befindet sich im Ort Wieliczka südöstlich von Krakau mit ihren bis in eine Tiefe von 300 m gehenden sieben Ebenen und Tunneln von insgesamt 125 km Länge; die Grube wurde erstmals irgendwann im 11. Jahrhundert angelegt.

Sumpf, Steppen und Oasen

Salz liegt nicht nur in den Bergen, es kann schon in der Nähe der Erdoberfläche vorkommen wie in Salzseen, Salzsümpfen und -steppen. Die großen Salzfunde in Nordafrika wurden schon in alten Zeiten ausgebeutet. Herodotos erwähnte im 5. Jahrhundert v. Chr., daß Salz in den Wüstengebieten entlang der Karawanenstraßen damals bereits viel gehandelt wurde. Als Tauschobjekt galten normalerweise Sklaven, eine andere wichtige Handelsware in der Antike.

Meersalz

Zu bestimmten geschichtlichen Perioden und in entsprechenden Kulturen diente das Meer als Hauptquelle des Salzgewinnung. Das Salzwasser enthält in der Regel 2- 3% Salz, im östlichen Teil des Mittelmeeres kann der Salzgehalt bis zu 4% betragen. Hätte man vor, das Salz des Weltozeans zu gewinnen, würde das Meersalz ausreichen, um eine 40 m dicke Salzschicht über alle Kontinente zu legen. Die keltische und vorrömische Kultur Italiens bezog ihre Salzvorräte aus den Alpen und den Karpaten. Die Römer bevorzugten das Meersalz, so daß die alten Salzgruben nicht mehr gebraucht und erst im Mittelalter wieder aktiviert wurden. Weil das Wasser im Adriatischen Meer reichlich mit dem Süßwasser der Flüsse verdünnt ist, war es für die Römer gewinnbringender, das salzhaltigere Wasser ihrer Westküste sowie der

Küste von Gallien (Südfrankreich) in Salinen zu kondensieren. An den Küsten des Tyrrhenischen Meeres entlang transportierte man dann Salz auf der Via Salaria ("Salzstraße") nach Rom und ganz Italien. Heute noch kann man durch die Via XX Settembre im modernen Zentrum der Stadt in Richtung Norden auf die Via Salaria gelangen, wenn auch nicht mehr auf dem antiken Pflaster. Eine großangelegte Salzfabrik lag in der Mündung des Flusses Po in der Nähe von Venedig, die viel Geld einbrachte, ehe diese Stadt zu einem bedeutenden Umschlagsplatz für den Welthandel mit Gewürzen wurde.

In unserer Zeit kommt das meiste Mittelmeersalz aus Sardinien und aus Trapani auf Sizilien. Frankreich betrieb früher eine umfassende Salzproduktion an der Biskayaküste, von der man in Skandinavien zur Wikingerzeit seine Salzimporte bezog. Heute wird Salz in Frankreich hauptsächlich in Aigues-Mortes, in einer alten Kreuzritterfestung in der Bucht von Lion südwestlich von Nîmes hergestellt. Es ist erwiesen, daß man dort damit bereits im 15. Jahrhundert begonnen hatte. Im Jahre 1418 hatte die Stadt die Belagerung durch die Burgunder erfolgreich abgewehrt. Die Zahl der Gefallenen war so groß, daß die Einwohner der Stadt den Schutzgraben im die Stadt herum aus sanitären Gründen mit Salzwasser füllen mußten, um die Leichen dort vor der Verwesung zu bewahren, bis sie begraben werden konnten.

Salz hat man in den Anliegerländern des Mittelmeeres auch auf eine andere Weise gewonnen: In angelegte Salinen wurde Wasser eingelassen, das dort verdunstete. Die Salinen boten ein schillerndes Spektrum verschiedener Farben - von rosa bis türkis - abhängig von der Salzkonzentration in den Kanälen und von den sich dort entwickelnden Mikroorganismen. Heute können die Touristen dieses uralte Verfahren der Salzgewinnung auf den Kanarischen Inseln erleben. Im übrigen findet heute die Herstellung von Salz überall nur noch industriell statt.

Salinen in der Bretagne aus der Vogelperspektive. Die Salinenwirtschaft verlangt viel Unterhalt, damit das gewonnene Salz eine hohe Qualität hat.

Oben rechts: Das Zusammenbringen des Tagesvolumens.

Unten rechts: Salinen im Süden Madagaskars.

Salzkochen und Tangverbrennung

Die leichtere Art der Salzgewinnung durch Verdunstung ist natürlich nur in wärmeren Regionen mit salzhaltigen Gewässern möglich. Für Nordeuropa war dieses Verfahren nicht geeignet, deshalb war man gezwungen, die Sonnenwärme durch andere Energiequellen zu ersetzen. Salz wurde dort durch das Kochen des Meerwassers in großen Behältern über Feuer gewonnen. Das Verfahren verlangte nicht nur bedeutende Arbeitseinsätze, es war wirtschaftlich nur mäßig vorteilhaft und belastete dazu schwer die Waldbestände, die als Brennstoff dienten.

In den Jahren mit trockenem, warmem Wetter war es möglich, Salinen sogar in Südengland anzulegen; in Dänemark, auf der Insel Læsø wurden ähnliche Versuche gemacht, jedoch recht erfolglos. Das Kochen war daher die einzig gängige Methode der Salzgewinnung bei den Norwegern an der atlantischen Küste und bei den Russen am Eismeer. Im 16. Jahrhundert beschrieb der schwedische Bischof und Gelehrte Olaus Magnus in seiner *Geschichte der nordischen Völker*, wie die Norweger versuchten, mit Hilfe hohler Baumstämme das salzhaltigere Wasser aus der Tiefe des Ozeans zu pumpen - eine Methode, die auch in der westschwedischen Provinz Bohuslän noch im 18. Jahrhundert gebräuchlich war. Eine Alternative dazu war die Verbrennung von Seetang, da der Tang salzhaltiger ist als das ihn tragende Wasser. Das Ergebnis war das sogenannte "schwarze Salz", das meist aus Asche und anderen Verunreinigungen bestand. Einen anderen Typ des schwarzen Salzes gewann man in Friesland und im Süden Dänemarks durch Verbrennung von salzhaltigem Torf, was bedeutend mehr Salz erbrachte als die Verbrennung von Tang. Auch die Finnen kochten im Mittelalter Salz in Petsamo, Kandalaksa (heute Petschenga bzw. Kandalakscha) sowie Murmansk in Nordrußland, von wo nach einer Schilderung aus dem Jahre 1555 im Winter ganze Schlittenkarawanen, mit Salz beladen, in Richtung Südfinnland und Rußland zogen. In großen Mengen wurde Salz auch zum Salzen von Lachs verbraucht, den man in den Flüssen am Weißen Meer und auf der Halbinsel Kola fing.

Am schlechtesten sah es mit der Salzproduktion in Schweden aus; es wurden allerdings einige Versuche unternommen, Salz aus der Ostsee und dem Bottnischen Meerbusen zu gewinnen, sie verblieben aber nur eine Randerscheinung. Im 18. Jahrhundert hatte Schweden den heißbegehrten Wunsch, eine kleine Insel in Westindien zu besitzen, um dort Dämme zur Salzgewinnung anlegen zu können. Daraus wurde jedoch nichts, als sich herausstellte, daß die erworbene Insel im Vergleich zu dem immensen Bedarf zu Hause nur ganz unbedeutende Mengen Salz zu produzieren vermochte. Insgesamt mußten jedoch alle nordeuropäischen Länder Salz mehr oder weniger vom Kontinent importieren (außer Norwegen, wo sich Oslo zu einem wichtigen Knotenpunkt des Salzhandels entwickelte). Dies war allerdings alles andere als kostengünstig, und die Gewinner waren dabei vor allem die Hansestädte, die diesen Handel mehrere Jahrhunderte betrieben. Für die gewaltigen Handelsmärkte von Hering in Skåne (Südschweden) und am Skagerrak wurde Salz im 12. und 13. Jahrhundert zumeist aus Friesland geliefert, 100 Jahre später dominierten hier bereits die Lüneburger Handelshäuser sowie

Eine Illustration aus Olaus Magnus' Werk *Historia om de Nordiska Folken* zeigt die Gewinnung von Salz in Norwegen. Das Wasser wurde aus der Tiefe geholt, um einen möglichst hohen Salzgehalt zu erhalten.

Unternehmen anderer norddeutscher Städte. Die deutschen Importe dominierten zu dieser Zeit den gesamten Salzhandel Nordeuropas; über Reval gelangten Salzlieferungen sogar nach Rußland.

Salzsteuer als Wirtschaftsfaktor

Eine Salzsteuer einzutreiben, war sowohl für den Staat als auch für die lokalen Fürsten keine schwere Aufgabe. Dieses Produkt gehörte zu den lebensnotwendigen Waren und brachte daher dem Staat ein gesichertes Einkommen. Salzsteuern hatten bereits die Römer, der berüchtigtste Eintreiber der Salzsteuer war aber der französische Staat, dessen Diener im Jahre 1340 diese Art Steuer, *gabelle* genannt, einführten. Im 16. Jahrhundert konnte das Recht, die Salzsteuer einzutreiben, von privaten Eintreibern, *gabelleurs*, gekauft werden, die aus ihren Revieren erwartungsgemäß das Maximale herauszuquetschen versuchten. Dieses System erwies sich als gefährlich für beide Seiten - für die Eintreiber, die oft zurecht umgebracht wurden, und für die Einwohner des Steuerbezirks, die mit Racheaktionen der königlichen Truppen rechnen mußten. In weiterer historischer Perspektive führte u.a. dieses ungerechte Prinzip zu den sozialen Spannungen, die die französische Revolution mit verursachten. Die berüchtigte Steuer wurde erst 1790 abgeschafft, um dann wieder - beinahe erwartet - von Napoleon eingeführt zu werden. Endgültig schafften sie die Franzosen erst nach dem II. Weltkrieg ab. Die Salzsteuer kam, das muß zugegeben werden, in verschiedenen Formen in den meisten Ländern vor. Ausnahmen bildeten nur Schweden und die USA.

Salzmonopol als politisches Instrument

Das Schikanieren der Bürger in Gestalt des Salzmonopols brachte mehrmals politische Folgen mit sich. Die Idee einer solchen Steuer an sich war bereits im 7. Jahrhundert in China geboren, als sie der Kaiser Xuanzong einführte. In Ungarn war das staatliche Monopol auf Salz die Ursache dafür, daß die aufgebrachten Steuerzahler ein paar Bürokraten aus dem Fenster warfen. In Indien verboten einst die britischen Kolonialbehörden mit Hilfe des Salzmonopols den Indern die eigene Produktion und Distribution von Salz, das in diesem Land in den Küstenregionen reichlich vorhanden war. 1930 wanderte Gandhi, gefolgt von einer Handvoll Anhänger, 300 km von Ahmadabad zu einer Salzebene an der Küste, nahm ein Stück Salz mit sich und ging den gleichen Weg wieder zurück, um danach für ein halbes Jahr eingesperrt zu werden. Die Briten sahen sich danach gezwungen, Hunderte von Indern festzunehmen, die dasselbe taten, begriffen aber schließlich die Absurdität ihrer Prinzipien. Das Salzmonopol wurde dann im Jahre 1946 endlich aufgegeben.

Ein Markt in Marokko. Neben der praktischen Bedeutung für die Menschen hat Salz auch einen symbolischen Wert als Zeichen der Gastfreundschaft.

Brot und Salz

In vielen Kulturen, insbesondere im Orient, sind Salz und Brot ein Symbol für Freundschaft und Gastfreundlichkeit. In einem Märchen aus *Tausend und eine Nacht* bricht ein Dieb in die Schatzkammer des Sultans ein und schleppt einen Sack Juwelen mit sich; auf dem Weg ins Freie leckt er in der dunklen Kammer an einem der Steine und erkennt den Salzgeschmack. Er läßt daraufhin seine Beute zurück - denn man kann ja nicht von jemandem etwas stehlen, dessen Salz man gekostet hat!

Nach deutscher Tradition ging man zum neuen Nachbarn mit Brot und Salz, um ihn willkommen zu heißen. Eine entsprechende Tradition gibt es heute noch in Finnland. Als die sowjetischen Truppen 1989 aus Afghanistan auszogen, wurden sie auf der sowjetischen Seite auch mit Brot und Salz empfangen.

Widerliche Medizin

Salz verwendete man häufig in der Volksmedizin - es sollte böse Geister und Krankheitsdämonen austreiben können. Daß es in alten Zeiten so Sitte war, kann man sich gut vorstellen, bemerkenswert war aber die Empfehlung des englischen Arztes William Lee, der so spät wie im Jahre 1835 seinen Lesern in einem Buch empfahl, Cognac mit Salz zu mischen und davon täglich einen Eßlöffel zu sich zu nehmen - ob alt oder jung, Mann oder Frau. Es sollte u.a. Rheuma, Skorbut, Taubheit, Krebs und Schlaganfall vorbeugen helfen; den Frauen wurde dadurch eine leichte Entbindung und ein gesundes Kind garantiert!

Die bekanntesten Gewürzfamilien

Die obere Reihe enthält die wichtigsten Gewürzsorten. In den einzelnen Familien wurde eine gewisse Anzahl oder nur eine einzige aber die gängigste Art angegeben. Die untere Reihe enthält die weniger verbreiteten Gewürze. Die Familien Nr. 21 - 24 sind Monokotyledonen (einsamenlappige Pflanzen), der Rest sind Dikotyledonen (zweisamenlappige Gewächse).

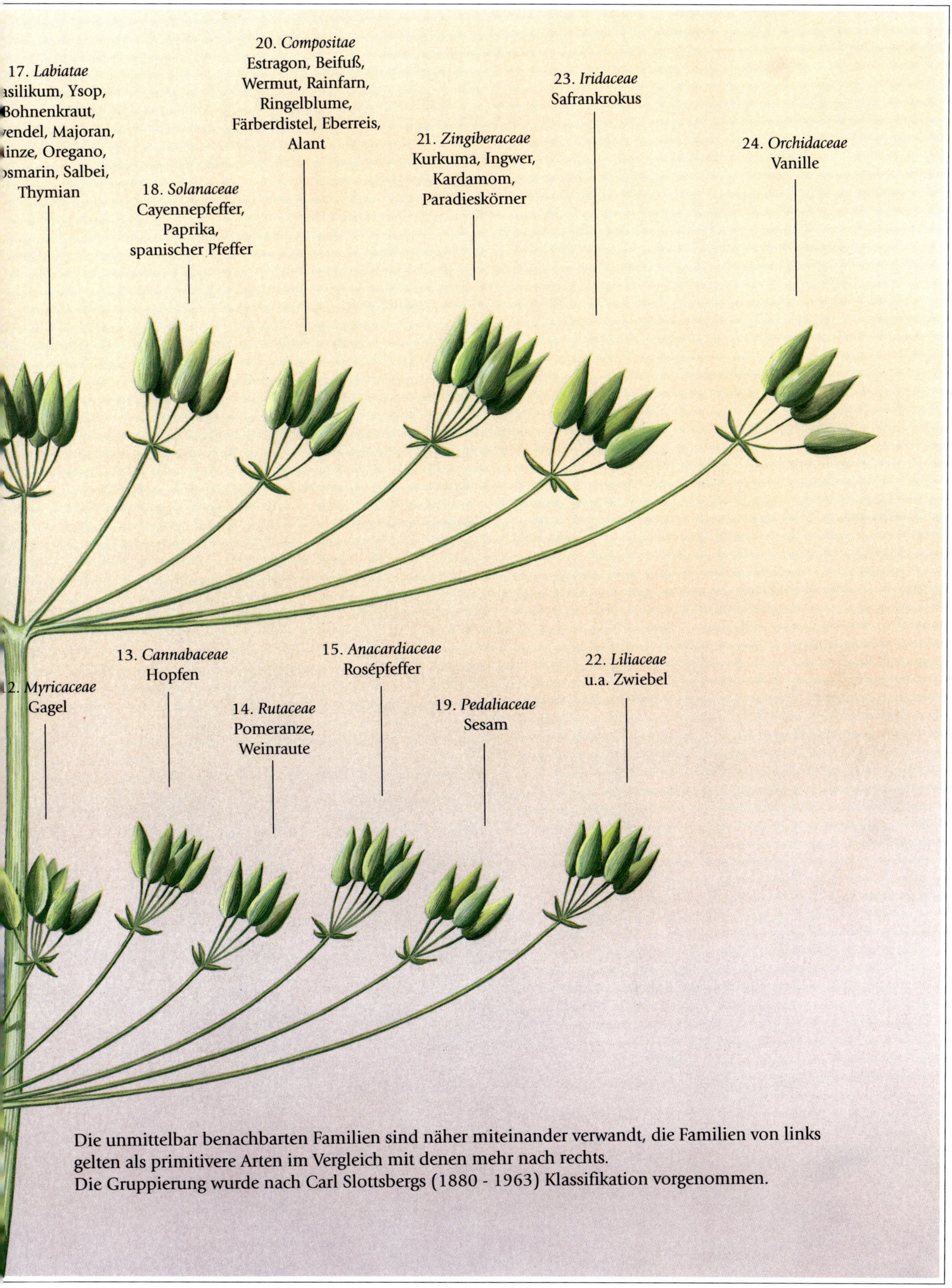

Die unmittelbar benachbarten Familien sind näher miteinander verwandt, die Familien von links gelten als primitivere Arten im Vergleich mit denen mehr nach rechts.
Die Gruppierung wurde nach Carl Slottsbergs (1880 - 1963) Klassifikation vorgenommen.

Verzeichnis der Illustrationen

Sach- und Namenregister

Register lateinischer Bezeichnungen